4,–

Über dieses Buch Die in den letzten Jahren sich häufenden Angriffe gegen Sigmund Freud und seine Psychoanalyse weist der Autor in entscheidenden Punkten mit Nachdruck zurück. Darüber hinaus versucht er auch eine kritische Betrachtung und Systematisierung der in der Freud-Kritik vorgebrachten Einwände. Genauer untersucht werden unter anderem die Diskussionen über die Originalität der Freudschen Konzepte, die Mutmaßungen über Freuds Aufgabe der sogenannten Verführungstheorie und Versuche einer beobachtungswissenschaftlichen Kritik an einer Freudschen Fallgeschichte. Der Autor kommt in seiner Untersuchung zu dem Schluß, daß eine angemessene Rezeption des Freudschen Werks bis heute allein schon aus dem Grunde nicht zustande gekommen ist, weil seine Gegner bei ihrer Auseinandersetzung mit Freuds Thesen gewisse Grundregeln nicht eingehalten haben, die den wissenschaftlichen Diskurs überhaupt erst ermöglichen.

Der Autor Dr. med., Dr. phil. Thomas Köhler ist am Psychologischen Institut der Universität Hamburg tätig. Buchveröffentlichungen über psychosomatische Krankheiten (1985) und über das Werk Sigmund Freuds (1987, Bd. 1; weitere Bände in Vorbereitung).

Thomas Köhler

Abwege der Psychoanalyse-Kritik

Zur Unwissenschaftlichkeit
der Anti-Freud-Literatur

Fischer
Taschenbuch
Verlag

Geist und Psyche
Begründet von Nina Kindler 1964

Originalausgabe
Veröffentlicht in der Fischer Taschenbuch Verlag GmbH,
Frankfurt am Main, April 1989

Umschlaggestaltung: Buchholz/Hinsch/Hensinger
Gesamtherstellung: Clausen & Bosse, Leck
Printed in Germany
ISBN 3-596-42318-X

Inhalt

Vorwort 7

1. Einleitung und Überblick 9

2. Die Anti-Freud-Literatur
   2.1 Freud-Biographik und frühe kritische Literatur zur Psychoanalyse 13
   2.2 Die Psychoanalyserezeption im Deutschland der NS-Zeit 14
   2.3 Grundtypische Züge der Anti-Freud-Literatur, erläutert an Emil Ludwigs *Der entzauberte Freud* 35
   2.4 Einige Autoren der Anti-Freud-Literatur und kritischen Freud-Biographik 46
   2.5 Zur politischen Einordnung einiger Anti-Freud-Autoren 93

3. Prioritätsfragen 113

4. Die Rezeption der frühen Psychoanalyse: Darstellung, Kritik und Gegenkritik 130

5. Ein historisches Dokument und seine Wiedergabe: Freuds Gutachten und Aussage vor der Kommission zur Erhebung militärischer Pflichtverletzungen (»Wagner-Jauregg-Prozeß«) 156

6. Freuds Aufgabe der sogenannten Verführungstheorie und die Mutmaßungen über seine Gründe (Masson, Krüll) 169

7. Zur Kritik und Neuinterpretation der Fallgeschichte vom »Kleinen Hans« (Wolpe und Rachman) 190

Literaturverzeichnis 213

Personen- und Sachregister 231

»Ich beziehe mich dabei nicht auf die Tatsache der Ablehnung oder auf die Entschiedenheit, mit der sie geschah; beides war leicht zu verstehen, entsprach nur der Erwartung und konnte wenigstens keinen Schatten auf den Charakter der Gegner werfen. Aber für das Ausmaß von Hochmut und gewissenloser Verschmähung der Logik, für die Roheit und Geschmacklosigkeit der Angriffe gibt es keine Entschuldigung.«

(Sigmund Freud, *Selbstdarstellung*, 1925 d;
Gesammelte Werke, Bd. XIV, S. 75)

Vorwort

Das vorliegende Buch entstand gewissermaßen als Nebenprodukt einer größeren Monographie über das Werk Sigmund Freuds, von der der erste Band bereits erschienen ist. Zur Abfassung dieser Darstellung war zwangsläufig eine genaue Kenntnisnahme der breiten gegen Freud und die Psychoanalyse gerichteten Literatur nötig, auf die ich – soweit es das Verständnis meiner dortigen Ausführungen erforderte – in den Bänden der erwähnten Monographie bereits eingegangen bin. Gleichzeitig bereitete ich eine kleinere Publikation vor, die vom Preis her auch einem breiten Publikum zugänglich ist, wohl ohne allzu detaillierte Kenntnis der psychoanalytischen Theorie verstanden werden kann und somit ein Gegenstück zu jener häufig populärwissenschaftlich aufbereiteten Psychoanalysekritik darstellt – soweit ich sehe, die erste systematische Erwiderung auf diese Angriffe überhaupt.

Dieser längst fälligen Aufgabe entsprechend, habe ich das Buch bewußt polemisch abgefaßt; angesichts immer geschmackloserer Angriffe, die zudem in eklatanter Weise oft die Grundregeln der wissenschaftlichen Auseinandersetzung mißachten, erschien mir jene vornehme Zurückhaltung, mit der in speziellen Fachbüchern zuweilen Richtigstellungen vorgenommen werden, verfehlt. Ich bin jedoch sicher, bei aller zugestandenen Polemik nie auf jenes Niveau von Abgeschmacktheit hinabgestiegen zu sein, wie es etwa die Psychoanalyse-Rezeption mancher bekannter Autoren kennzeichnet. Die Feststellung der Inkompetenz der Verfasser erfolgt auch nicht a priori – diese Argumentationsweise vieler Psychoanalytiker mache ich mir nicht zueigen –, sondern erst, nachdem ich in den Darstellungen der kritisierten Autoren Fehler und vor allem tendenziöse Verfälschungen nachgewiesen habe.

Die Abfassung einer Arbeit, die im wesentlichen aus Textvergleichen besteht, gleichzeitig sich aber eben nicht primär an den Wissenschaftshistoriker richtet, ist nicht unproblematisch. Da das vorliegende Buch gerade dazu dient, viele Freud-Kritiker der fehlerhaften Quellenbehandlung zu überführen, muß ich mich folglich selbst vor den kleinsten Ungenauigkeiten dabei hüten; beim Widerstreit zwischen minutiöser Textwiedergabe und Lesbarkeit habe ich mich im Zweifelsfall stets für das erstere entschieden. Der Leser, der sich an manchen Stellen durch viele und lange Zitate hindurcharbeiten muß, möge für die schwierige Situation des Autors Verständnis aufbringen. Insbesondere erschien es notwendig, die sonst schwer nachprüfbaren englischsprachigen Belege ausführlich wiederzugeben, was in den umfangreichen Anmerkungen geschehen ist – legitimiert dadurch, habe ich im Text der Lesbarkeit zuliebe zuweilen verkürzt, jedoch meines Erachtens nie sinnentstellend paraphrasiert.

Benigna Gerisch, André Hinz, Christian Jauch und Dittmar Weber danke ich für zahlreiche, im weiteren nicht gesondert gekennzeichnete Texthinweise und gedankliche Beiträge zu diesem Buch, Justine Coles für die Hilfe bei der Übersetzung englischsprachiger Zitate, Frau Ilse Grubrich-Simitis für die Ermunterung zu dieser Publikation, Herrn K. R. Eissler für die Überlassung unveröffentlichter Manuskriptteile, meinen Kollegen, insbesondere Axel Hirsch und Reinhold Schwab, Hamburg, sowie Johannes Pohl, Würzburg, für wertvolle Hinweise auf einschlägige Literatur. Den Herren D. Klotz und R. Asanger, den Verlegern meiner anderen Freud-Bücher, sei für ihr Einverständnis zu dieser Veröffentlichung gedankt, Herrn Günther Busch und insbesondere Herrn Willi Köhler vom Fischer Taschenbuch Verlag für ihr Publikationsangebot und die unschätzbare editorische Hilfe. Wie schon bei meinen anderen Publikationen möchte ich Wolfgang Kühn meine Anerkennung zukommen lassen für geschickte Literaturbeschaffung und insbesondere auch Susanne Elpel für ihr Engagement bei der Textverarbeitung und für zahlreiche stilistische Verbesserungsvorschläge danken.

Hamburg, im Herbst 1988 | Thomas Köhler

1. Einleitung und Überblick

Die Kritik an Freuds Thesen ist kaum weniger alt als seine ersten psychoanalytischen Schriften, nicht erstaunlich insofern, als Freud sehr scharfe und inhaltsreiche, zum Widerspruch herausfordernde Aussagen formulierte, die andererseits mittels Methoden gewonnen waren, die bis dahin weder in naturwissenschaftlichen noch geisteswissenschaftlichen Forschungsinstrumentarien zu finden waren und deren Sonderstellung Freud selbst vielleicht zu wenig erkannt hatte.

Das vorliegende Buch setzt sich nicht zur Aufgabe, die Kritik an Freuds Thesen zu widerlegen; allein die Darstellung der kritischen Grundpositionen würde bereits weit den Rahmen eines Bandes sprengen. Gegenstand dieser Monographie wird vielmehr die Auseinandersetzung mit dem sein, was ich – in Ermangelung eines geeigneteren Ausdrucks – als »Anti-Freud-Literatur« bezeichnen möchte. Diese Anti-Freud-Literatur nimmt unter den kritischen Schriften zu Freuds Thesen insofern eine Sonderstellung ein, als sie sich nicht in detaillierter Form mit einzelnen Aspekten dieser komplexen Theorie auseinandersetzt, sondern zu ihrer globalen Verwerfung ansetzt; sich selbst als aufklärend, geradezu entlarvend begreifend, ist sie in der Art ihrer Darstellung von vornherein an ein breiteres Publikum gerichtet. Bereits der Titel (»Hier irrte Freud«; »Tiefenschwindel«; »The Hoax of Freudism« [»Der Schabernack des Freud(ian)ismus«]; »The Fallacy of Freud and Psychoanalysis«; »Sigmund, the Unserene«) oder der Untertitel (»The Freudian Fallacy«; »Niedergang und Ende der Psychoanalyse«; »The Psychopathy of Freudism«) weist plakativ auf das zu erwartende Ergebnis der Ausführungen hin.

Dieser Anti-Freud-Literatur angliedern möchte ich die Arbeiten von Autoren, welche die Positionen der traditionellen psychoanalytischen Geschichtsschreibung so korrigieren möchten, daß sie nicht allein als modifikationsbedürftig erscheint, sondern geradezu als grobe Geschichtsklitterung oder gar Fälschung enttarnt wird. Die Abgrenzung von Psychoanalyse-Kritik und kritischer Freud-Biographik einerseits, Anti-Freud-Literatur andererseits ist zugegebenermaßen inhaltlich nicht immer genau zu rechtfertigen, formal insofern leichter, als die Autoren der zweiten Gruppe offensichtlich vor allem auf die Publikumswirksamkeit ihrer Ausführungen Wert legen und zu diesem Zwecke sich in der Wahl ihrer Beweismethoden zumeist deutlich von den seriösen Kritikern unterscheiden; hieße es nicht, das Ergebnis der nachfolgenden Untersuchung vorwegzunehmen, so müßte man die Anti-Freud-Literatur über ihre Unwissenschaftlichkeit definieren.

Um zuletzt doch noch eine hinreichend klare Definition des Untersuchungsgegenstands zu geben, so möchte ich mich auf den folgenden Seiten vornehmlich mit den Werken von Ellenberger (1973), Sulloway (1982), Thornton (1983), Eysenck (1985), in geringerem Maße auch von Eschenröder (1986) und Zimmer (1986) befassen und auf einige der dort vertretenen Thesen eingehen. Gewissermaßen in Form von Randglossen und vor allem unter dem Gesichtspunkt des weltanschaulichen Hintergrundes kommen auch einige amerikanische Anti-Freud-Autoren kurz zur Erwähnung, etwa La Piere (1974 [1959]), Pinckney and Pinckney (1965), Kushner (1967), Sokoloff (1971), Jurjevich (1974). Die von Bailey (1965) und Morris (1974) durch freizügige Wiedergabe der Jonesschen Arbeit gezeichneten Pathographien Freuds sollen hier nur der Vollständigkeit halber angeführt werden.

Der erste Teil der Monographie widmet sich den Autoren selbst und der wissenschaftlichen Dignität ihrer Ausführungen, der zweite behandelt einige wissenschaftshistorische und inhaltliche Grundfragen der Psychoanalyse, nämlich die Fragen nach der wissenschaftlichen Priorität der psychoanalytischen Grundaussagen und der Rezeption der Psychoanalyse zu Freuds Lebzeiten, Freuds Aussage im sogenannten »Wagner-Jauregg-Prozeß«, die Aufgabe der sogenannten Verführungstheorie, schließlich ein Beispiel beobachtungswissenschaftlicher Kritik an einer Freudschen Falldarstellung.

Was die ersten beiden Punkte angeht, so mögen solche Streitfragen dem nicht unmittelbar mit der Psychoanalyse befaßten Leser zunächst weitgehend belanglos erscheinen; sie sind es nicht. Nicht nur, daß Freud selbst bezüglich dieser Punkte sehr scharf Position bezogen hatte und so eine Revision der tradierten Anschauung nicht zuletzt auch einen Angriff auf seine Glaubwürdigkeit bedeutet: Die Tatsache der Originalität jener Freudschen Gedanken, die mittlerweile auch außerhalb von Psychoanalytikerkreisen zu allgemein anerkanntem Gedankengut geworden sind, rechtfertigt nicht zuletzt die psychoanalytische Erkenntnismethodik; und die nicht allein kritische, sondern vielmehr oft inkompetente Rezeption, welche die Psychoanalyse von der akademischen Medizin und Psychologie erfahren hat, wirft ein bezeichnendes Licht auf die Unfähigkeit ihrer Vertreter, die psychoanalytischen

Aussagen überhaupt zu begreifen, geschweige sich ernsthaft und kompetent mit ihnen auseinanderzusetzen.

Das nächste Kapitel bezieht sich auf die Geschichte der Psychoanalyse und die nicht selten erhobenen Anschuldigungen, Freud sei ungewöhnlich empfindlich und unversöhnlich gewesen. Ohne dies, da zu wenig verläßliche Unterlagen dazu vorliegen, eindeutig widerlegen zu können, läßt sich zumindest zeigen, daß die angeführten Belege zum Beweis solcher Behauptungen nicht ausreichen. Freuds äußerste Zurückhaltung in einem Untersuchungsausschuß gegenüber Wagner-Jauregg, der bzw. dessen Klinikmitarbeiter ausgesprochen antifreudianisch eingestellt waren, ist wenigstens keineswegs im Sinne solcher Anschuldigungen zu interpretieren; da umgekehrt aber Freuds Verhalten in dieser Angelegenheit genau zum Nachweis von jenen oben skizzierten negativen Eigenschaften dargestellt wurde, läßt sich hier jene ungewöhnliche Art der Quellenbehandlung aufzeigen, wie sie leider nicht selten bei der kritischen Freud-Biographik festzustellen ist.

Das darauffolgende Kapitel setzt sich mit den Argumenten zweier Autoren auseinander, die an sich nicht zu den Verfassern der Anti-Freud-Literatur zu rechnen sind, nach der zuerst gegebenen Definition vielmehr zu den kritischen Freud-Biographen gezählt werden müßten. J. M. Masson vertritt die These, daß Freuds Aufgabe der sogenannten »Verführungstheorie«, die Voraussetzung für die Entwicklung der eigentlichen psychoanalytischen Theorie, keineswegs aus forschungslogisch zwingenden Gründen geschehen, sondern eher als ein Versuch einer Anpassung an die herrschende Medizin aufzufassen sei, somit letztlich Produkt einer menschlichen Schwäche darstelle. Es wird gezeigt werden, daß Massons Ausführungen auf einer irrigen Voraussetzung aufbauen, nämlich einer falschen Wiedergabe des Inhalts der Verführungstheorie und damit auch der Implikationen ihrer Aufgabe.

Marianne Krülls Hypothese, Freud habe deshalb die Verführungstheorie durch die Konzeption der infantilen Sexualität ersetzt, weil er unter Beibehaltung der ersteren bei sich einen sexuellen Mißbrauch durch den eigenen Vater hätte annehmen müssen, ist zwar nicht streng zu widerlegen, kann aber als empirisch unzureichend gestützt zurückgewiesen werden.

Stellvertretend für eine im Rahmen dieser Arbeit nicht zu leistende Auseinandersetzung mit der angeblichen beobachtungswissenschaftlichen Widerlegung psychoanalytischer Thesen wird die Kritik von Wolpe und Rachman an Freuds Fallbericht von der Pferdephobie des

»kleinen Hans« besprochen. Dabei wird gezeigt, daß die Autoren im Rahmen ihrer angeblich streng beobachtungswissenschaftlichen Analyse die Fakten der Falldarstellung verzerren und weitere Entstellungen des Krankenberichts vornehmen müssen, um ihre lerntheoretische Alternativerklärung stützen zu können.

2. Die Anti-Freud-Literatur

2.1 Freud-Biographik und frühe kritische Literatur zur Psychoanalyse

Kein anderer Wissenschaftler hat wohl ein solches intensives biographisches Interesse erfahren wie Freud; neben einer Reihe regelrechter Lebensbeschreibungen (sogar in Romanform) existieren zahlreiche Arbeiten zu speziellen biographischen Fragestellungen und, engst damit verknüpft, zur Geschichte der frühen Psychoanalyse. Die erste Freud-Biographie stammt von Fritz Wittels (1924); sie wurde, obzwar durchaus wohlwollend, von Freud recht abfällig beurteilt und als fehlerhaft bezeichnet (siehe Freud 1960a, S. 345, sowie Jones 1984c, S. 132 und S. 520ff.). Freuds Autobiographie, die *Selbstdarstellung* aus dem Jahre 1925 (1935 noch mit einer kurzen Nachschrift versehen) ist nach wie vor eine der prägnantesten Einführungen in die Entwicklung der psychoanalytischen Theorie und hat gewissermaßen die historischen (bzw. historiographischen) Grundpositionen vorgegeben, die von späteren Biographen nachgezeichnet wurden (Zweig 1983; Jones 1984a,b,c, im weiteren zitiert als Jones Bd. 1,2,3; Schur 1982; Robert 1986), nämlich die Thesen von der wissenschaftlichen Originalität der psychoanalytischen Lehre, der ablehnenden und inkompetenten Rezeption von Freuds Schriften und dem nicht zuletzt im Antisemitismus wurzelnden Widerstand gegen die Psychoanalyse.

Während die Psychoanalyse etwa bis 1910 im wesentlichen auf einen kleinen Kreis von Interessierten beschränkt blieb und entsprechend wenig Resonanz in Fachwelt und Öffentlichkeit fand, entstand mit zunehmender Verbreitung von Freuds Gedanken auch bald ein beachtliches Korpus von gegen die Psychoanalyse gerichteter Literatur*, die

* Etwa Wolfram, 1918: *Gegen Psycho-Analyse. Imagination: Zerrbild und Angesicht.* Raimann, 1924 (eine zweite Auflage wurde schon knapp ein Jahr später notwendig): *Zur Psychoanalyse.* Prinzhorn und Mittenzwey (Hrsg.) 1928: *Krisis der Psychoanalyse.* Maag, 1930: *Psychoanalyse und seelische Wirklichkeit.* Bumke, 1931: *Die Psychoanalyse. Eine Kritik.* Salewski, 1931: *Die Psychoanalyse Sigmund Freuds. Grundfragen und Konsequenzen. Als Protest gegen die Verleihung des Goethepreises an Sigmund Freud.* Egyedi, 1933: *Die Irrtümer der Psychoanalyse. Eine Irrlehre mit einem genialen Kern.* Bumke, 1938: *Die Psychoanalyse und ihre Kinder.* Zur teilweise recht peinlichen Form der Auseinandersetzung der sogenannten akademischen Psychologie mit Freud und der Psychoanalyse, siehe Elliger (1986).

teilweise den Charakter ausgesprochener Schmähschriften annahmen, wie insbesondere auch einige der Beiträge in der Augustausgabe 1931 der rechtsgerichteten *Süddeutschen Monatshefte*, welche den Sammeltitel »Gegen Psychoanalyse« trug. Zu bemerken ist, daß nicht nur einige noch zu erwähnende zeitgenössische Autoren, sondern auch die Verfasser der älteren Anti-Psychoanalyse-Literatur nicht vor Verunglimpfungen ihres Begründers zurückschreckten (etwa Raimann 1924). Im Kontext dieser persönlichen Angriffe gegen Freud ist insbesondere Maylans 1929 erschienene Arbeit *Freuds tragischer Komplex. Eine Analyse der Psychoanalyse* zu sehen, die – im übrigen mittels psychoanalytischer Begriffe – anhand von Freuds Träumen und Erinnerungen ein ausgesprochen gehässiges und von Antisemitismus getragenes Bild des Begründers der Psychoanalyse zeichnet.

2.2 Die Psychoanalyserezeption im Deutschland der NS-Zeit

Die Aufnahme der Psychoanalyse im Dritten Reich ist allgemein bekannt, äußerlich gipfelnd in der Bücherverbrennung, bei der unter dem »Feuerspruch«: »Gegen seelenzerfasernde Überschätzung des Trieblebens, für den Adel der menschlichen Seele!« (zitiert nach E. Freud, L. Freud u. I. Grubrich-Simitis, 1985, S. 282; vgl. auch Aigner 1971, S. 1018), nicht nur sämtliche Schriften Freuds, sondern auch die anderer Analytiker verbrannt wurden.

Ohne tiefer in dieses Gebiet eindringen oder gar einen repräsentativen Überblick zur argumentativen Auseinandersetzung mit der Psychoanalyse geben zu wollen, sei kurz angedeutet, wie die Ablehnung von Freuds Theorien in einzelnen Fällen begründet wurde. Erwartungsgemäß richtete sich die Kritik weniger gegen die unsichere Erkenntnismethode der Psychoanalyse – offensichtlich war man realistisch genug zu sehen, daß die eigene Ideologie noch sehr viel schlechter beobachtungswissenschaftlich gestützt werden konnte – als vielmehr gegen den Charakter des verstandesmäßig Zergliedernden und die Versuche einer materialistischen, triebtheoretischen und individualhistorischen Reduktion des menschlichen Seelenlebens.

In einem Vortrag zum Beispiel, der, noch 1932 gehalten, Ende April 1933 in der *Münchener Medizinischen Wochenschrift* veröffentlicht wurde, wendet sich der Verfasser gegen den Versuch Freuds (wie auch Adlers), das Wesen des Unbewußten und der Persönlichkeitsbildung rationalistisch begründen zu wollen:

»[...] ist andererseits *Freud* und *Adler* hauptsächlich von *Bumke* und *Prinzhorn* ihr *Rationalismus* zum Vorwurf gemacht worden, und zwar Rationalismus in dem Sinne, daß unbewußte triebhafte Vorgänge, wie z.B. das Traumerleben, nach Art von rationalen Vorgängen umgedeutet werden, so als ob auch das Unbewußte mit der ganzen Raffiniertheit des denkenden Verstandes ausgerüstet sei. Zu diesen beiden kritischen Argumenten gesellt sich m. E. ein weiteres Bedenken, das besonders für die Resonanz dieser Lehre in der heutigen Zeit von Bedeutung ist, und das sich ebenfalls gegen den Rationalismus Freuds und Adlers wendet, wenn auch in einem etwas anderen Sinne. Dieser Rationalismus liegt darin, daß der verstandesmäßig nicht zu erklärende mehrschichtige Persönlichkeitsaufbau und vor allem seine Entwicklung rationalisiert werden, d. h. daß die Entwicklung der Anlage zu einer bestimmten Persönlichkeit, die genau so sehr wie die Entwicklung eines Blütenstandes aus einem Samenkorn jeder verständlichen Erklärung trotzt, aus bestimmten Triebschicksalen und Erlebensmomenten abgeleitet werden soll; ich erinnere hier an Freuds rationale Ableitung des Idealichs aus dem Schicksal des Oedipuskomplexes.« (Kant 1933; Hervorhebungen im Original)

Interessanterweise läßt der Verfasser dieses Freudsche Modell dann doch gelten, wenn auch mit sehr eingeschränktem Geltungsbereich, nämlich vorwiegend zur Erklärung der psychopathischen Persönlichkeitsentwicklung; diese wird nämlich von der des »seelisch Gesunden« streng geschieden, und zwar mit einem Argument, das zunächst sehr befremdend wirkt, aber auf dem Hintergrund einer Zeitströmung, die zu einer entschlossenen Rückeroberung des Irrationalen ansetzt, sofort verständlich wird. Es hänge wohl mit jener »allgemeinen psychopathischen Auflockerung der Anlagekräfte« zusammen, die man in einer Entfernung von lebendigem Instinkt erblicken könne (der Autor beruft sich hier auf eine Grundeinsicht von Ludwig Klages). Wo – wie beim Psychopathen – die »lebendige Eigengesetzlichkeit« zurücktrete, folge die Entwicklung eventuell rational faßbaren kausalen Prinzipien. Der seelisch gesunde Mensch hingegen, darauf beharrt der Verfasser, bleibt ein Mysterium; sein Seelenleben ist der rationalistischen Durchleuchtung unzugänglich:

»Je weniger aufgelockert, d.h. je lebensentwurzelter, je erdhafter ein Mensch ist, desto weniger gewinnen die angeführten rationalen Momente Allgemeingültigkeit; die Lebensentwicklung folgt hier viel mehr den irrationalen Anlagegesetzen, unbeeinflußt von den Zufälligkeiten der Umgebung. Daß dieser wesentliche Unterschied zwischen gesunder und psychopathischer Persönlichkeitsentwicklung zweifellos von Freud und Adler übersehen wurde, ist m. E. ein Hauptbedenken gegen ihre charakterkundlichen Aufstellungen. [...] Durchaus berechtigt erscheint es, wenn diese für das *Irrationale blinde, rationalisierende Tendenz für die gesunde Charakterentwicklung abgelehnt* wird. Und es ist bezeichnend, daß der affektive Widerstand erfahrungsgemäß so häufig von solchen Menschen ausgeht, die nicht ›angekränkelt von des Gedankens Blässe‹ seelisch durchaus gesund sind.

Es ist daher, um es zusammenzufassen, meines Erachtens nicht so sehr der Kampf gegen die Ratio, sondern der blinde Rationalismus in dem von mir erläuterten Sinne der wunde Punkt in den Charakterlehren Freuds und Adlers; und die affektive Ablehnung derselben entspringt einer wesentlichen Erkenntnis der heutigen Generation, daß auch in der Persönlichkeitsforschung das Irrationale den ihm gebührenden Platz einnehmen muß, und daß die lebendige Entwicklung jenseits allen rationalen Verständnisses liegt.« (ebda.; Hervorhebungen im Original)

In einem Themenheft »Wider die Psychoanalyse« der *Berliner Börsen-Zeitung* vom 14. Mai 1933 wird die Lehre Freuds in verschiedenen Aspekten kritisch beleuchtet. Hans Korn z. B. akzentuiert den von O. Kant vorgebrachten Standpunkt der Einseitigkeit und Inadäquatheit des psychoanalytischen Menschenbildes, etwa im Vergleich zu dem von Nietzsche. Insbesondere sei aber der deutschen Seelenkunde seit Herder und Goethe, in der Romantik durch Carus, und schließlich in der Gegenwart insbesondere durch Klages die Erstellung eines neuen tieferen und bedeutsameren Menschenbildes gelungen, dem die Psychoanalyse nichts Entsprechendes entgegenzusetzen habe. Durch Hinweis auf den für die Psychoanalyse zentralen Begriff des Unbewußten versucht der Autor dies zu zeigen. Dazu wird zunächst jene »Geistesgeschichtsfälschung« zurückgewiesen, der zufolge Sigmund Freud der ›Entdecker‹ des Unbewußten und damit der ›Kopernikus der Seelenkunde‹ sein soll (ein Argument, das später noch öfter von den Anti-Freud-Autoren vorgebracht werden wird; vgl. etwa Eysenck 1985, S. 34 ff.). Korn schildert Parallelen zwischen den Konzeptionen des Unbewußten bei Leibniz, Herbart und Freud und stellt dem beifällig eine andere Auffassung vom unbewußten Seelenleben entgegen:

»Im Gegensatz zu diesem durch und durch rationalen und anthropozentrischen Unbewußten haben bereits Herder und Goethe (nach Voraufgang von Hamann) im ›Unbewußten‹ etwas grundsätzlich anderes erkannt als ein bloß unbewußtes Bewußtsein (wie Leibniz oder Herbart) und schon gar nicht jenen vom *Sexus* getriebenen Kulissenschieber des Ich-Theaters (wie die Psychoanalyse), sondern vielmehr das Mysterium des leib-seelischen Bildungslebens überhaupt, die Vitalität mit einem Wort (zu der als *Teil*erscheinung *auch* die Sexualität gehört), die als Schicksalsszene der Persönlichkeit zugleich die wahre Quelle alles Schöpferischen darstellt. Das individuelle Unbewußte bleibt darüber hinaus mit dem überindividuellen Unbewußten des Volkes, der Menschheit, des Organismenreiches in seiner Vitalität und schließlich der Erde und des Kosmos verbunden, ist also Teilausdruck des Lebens der großen »Gott-Natur«. In dieses ›Unbewußte‹ oder das ›Leben‹ vermag der menschliche Verstand nicht einzudringen. [...] Sodann: die durch Goethe, die Romantik und Nietzsche immer konsequenter vollzogene Verschiebung des Wertakzents vom Bewußtsein auf das Unbewußte, vom Logos auf den Eros, vom Geiste auf das Leben, bedeutet einen revolutionären Vorstoß gegen den europäischen Rationalismus und die ›Aufklärung‹, bedeutet die Suche der wiedererwachten deutschen Seele nach ihrer mythischen Heimat. Eine Religiosität kam zum Durchbruch, die wir als Ehrfurcht vor den außerrationalen Mächten des Lebens (den ›Müttern‹) bezeichnen möchten.« (Korn 1933; Hervorhebungen im Original)

Auf diesem Hintergrund kritisiert er kurz Freuds Theorie der Religion: »Der ›Oedipuskomplex‹ als Ursache von Religion, Sitte und Kultur!« (ebda.), und führt dann aus, daß die in der Tat notwendige Revision des Kulturbewußtseins nicht von der Psychoanalyse geleistet werden könne. Als Grundschicht des Menschenwesens kenne Freud nur Triebe (die er hauptsächlich sexualistisch auffasse); darüber erhebe sich, gleichsam als »›ideologischer Überbau‹«, »das Bewußtsein (Marxismus!)«. In diesem Gebäude fehle die »Seele«, »da nämlich der Mensch neben seinem Triebgefüge noch ganz anders geartete schauende, empfangend erlebende und gestaltende Kräfte birgt. Diese eben sind es, die das wahre Geheimnis des Unbewußten ausmachen.« (ebda.) Konsequent kritisiert der Autor nun die Freudsche Sexualtheorie:

»Weil für Freud alle ›Lebenstriebe‹ libidinöse Energien sind, übersieht er völlig den grundlegenden Unterschied von Eros und Sexus, ›Liebe‹ und Geschlechtstrieb, weiß er nichts vom ›Dionysischen‹ der Seele. So mußte er dazu gelangen, die unendlich tiefe Mutter-Sohn-Beziehung, die in der Tat eine Urform der Liebe ist, aller seelischen Wirklichkeit zu berauben und als pure Sexualangelegenheit

> mißzuverstehen. Weiterhin mußte er dazu gelangen, nun auch das Triebleben des Kindes vor der Geschlechtsreife schief zu deuten. Die Lutschfreude des Säuglings ist für ihn Oralerotik; der eigene Körper wird zum (wohlgemerkt: sexuellen!) Lustobjekt. Exhibitionismus und Schautrieb, Sadismus, Masochismus und Analerotik sind infantile ›Partialtriebe‹. Kurz: das Kind ist ›polymorph pervers‹.« (ebda.)

Der Psychologieprofessor Felix Krueger, der während der NS-Zeit eine reichlich unselige Rolle spielen sollte, hebt in seinem Artikel »Die Psychoanalyse und das wirkliche Seelentum« (1933) vor allem die gesellschaftliche und moralische Zersetzung durch die Psychoanalyse hervor, hierin späteren Autoren nicht unähnlich (vgl. 2.3 und 2.4):

> »Das massenhafte Schrifttum ist kaum mehr zu überschauen. Seit 1929 erscheint eine populäre Zeitschrift: ›Die psychoanalytische Bewegung‹. Thomas Mann hat sie eröffnet. Er reiht auf seine Weise Freud in die ›moderne Geistesgeschichte‹ ein – als Vollender eines Luther, Goethe und Nietzsche, als den Berufensten, um die Menschheit, vorab die deutsche Jugend, von völkischer Borniertheit und von dem ›Unwesen‹ des Nationalismus zu befreien und zurückzuführen zu internationaler Humanität, zum sozialistischen Fortschrittsglauben, zum echten Geiste der Aufklärung und der Revolution. Ihm steht die Psychoanalyse höher als alle Reformationen, ja das Christentum.
>
> Mannigfach sind die Verbindungen zum Marxismus. Freud selber, Pazifist und Anwalt der ›unterdrückten Massen‹, hat von sich erklärt, er lege kein Gewicht darauf, einer Volksgemeinschaft anzugehören. [...] Tüchtige Männer und Frauen unseres Volks, darunter Dichter, die weit mehr können als Th. Mann, haben mir gestanden, die ganze Lehre mute sie als niederziehend, zerstörerisch, widerwärtig an; aber sie sei doch wohl das letzte Wort der Wissenschaft, zumal in Sachen des *wirklichen*, nicht durch Vorurteile verstellten *Seelentums*.« (Krueger 1933; Hervorhebungen im Original)

Nachdem er Freud durchaus gewisse historische Verdienste zugestanden hat, setzt Krueger nun selbst zu einer Kritik an, die im wesentlichen die Einwände von Korn wiederholt, aber sehr viel konkreter die tagespolitischen Aspekte hervorhebt: Die psychoanalytische Therapie ziele vornehmlich darauf ab, zu zerstören und zu entlarven, wende sich hingegen kaum jemals an die »ganzmachenden Kräfte« (unter anderem führt Krueger hier »Kameradschaft« und »blutvolle Gemeinschaft«, »Pflichtbewußtsein«, »Familien- oder Standesehre« an). Dergleichen

»wurzelhafte Wirklichkeiten des gesunden Menschentums« scheinen gar nicht vorhanden. »Die ungeheuere Leere der so entstandenen Darstellungen vom Menschen« überdecke »nach Freudschem Muster ein Schwall abgezogener Worte mit advokatischer Behendigkeit und rabulistischer Dialektik.« (ebda.) Zum Schluß erfolgt noch ein kurzer Hinweis auf Freuds Rasse im Kontext des Themas »jüdische Weltverschwörung«:

> »Was dem *Menschen* zu innerst eigentümlich ist, was daher seine Gesinnung trägt und schafft, das gerade bleibt jener Denkart notwendig verschlossen.
>
> Für ihre Ausbreitung haben einzelne stammverwandte Vorkämpfer große Geldsummen aufgewendet. Sie taten das erklärtermaßen auch um anderer Ziele als der Wahrheit willen. Der Erfolg, bis vor kurzem, dieser Reklame beweist, daß einige Körnchen – flacher – Wirklichkeitserkenntnis im Spiele sind. Des Weitern beruht dieser Welterfolg auf der *Angepaßtheit* der Lehre an drängende Bedürfnisse einer entarteten und erkrankten Zeit. Der Intellekt sogar, den sie als einzigen Bändiger seiner Triebe dem Menschen zuerkennt, ist nur Anpassung an wechselnde, zeitverhaftete Lagen. Die Zustände, welchen die Psychoanalyse mit ihren Techniken entsprungen ist, und denen sie entspricht, zu *überwinden*, dazu bedarf es eines sehr viel gründlicheren Denkens, ja einer tieferen Wahrhaftigkeit. Dazu gehört Ehrfurcht vor dem *wirklichen Seelentum* und Achtung auch vor seinen wissenschaftlichen Problemen.« (ebda; Hervorhebungen im Original)

Es ist nur konsequent, daß man in der Sehnsucht nach einer Remystifikation des Unbewußten, im Verlangen nach einer unhistorischen Seelenlehre, die gleichwohl den Anschein wissenschaftlicher Einsicht bietet und zudem frei von artfremden Einflüssen ist, auf C. G. Jungs Ideen zurückgreift. So trägt auch ein Artikel der Ausgabe den Titel »Die Reform der Psychoanalyse durch C. G. Jung« (Jenssen 1933), wobei zunächst einmal die andere Denkungsweise und die rassische Andersartigkeit von Freud (auch Adler) und Jung betont wird:

> »C. G. Jung hat aus einer grundsätzlich anderen Artung seines Denkens heraus *Freud und Adler endgültig überwunden*, wenn dies auch noch nicht allgemein anerkannt ist. Diese Ueberwindung war notwendig und zwangsläufig: erstens, weil der Zeitgeist sich nicht nur, wie Thomas Mann noch in seinem Versuch über Freud meinte, eine vorübergehende Unterbrechung des Aufklärungsbestrebens gestattet hatte, sondern in der Erkenntnis der zerstörenden Kraft, die die-

ses von einem bestimmten Stadium an ausstrahlt, und aus gesundem Gefühl sich einem neuen Glauben, einem neuen Tatwillen aus kraftvoll geschlossener Weltanschauung zuwandte. Zweitens aber: die blutsbedingte Geisteshaltung Freuds und Adlers, wie sie sich in der Einseitigkeit ihrer Theorien, in der intellektuell scharfbohrenden, aber auch ›verbohrten‹ Festlegung ihrer Erfahrungen äußert, konnte deutschem Wesen wohl überhaupt nicht innerlich nahegebracht werden; bezeichnend ist *Freuds Bekenntnis*, daß er sich immer als einen *Fremdkörper in der deutschen Nation* gefühlt habe.« (Jenssen 1933; Hervorhebungen im Original)

Jungs Leistung wird zunächst darin gesehen, die Einsichten Freuds und Adlers relativiert und in ein anderes Menschenbild integriert zu haben: Er habe den rationalen Doktrinarismus dieser beiden Lehren überwunden und durch Einordnung ihrer Inhalte in ein im weitesten Sinne religiös bestimmtes Weltbild »recht eigentlich erst fruchtbar gemacht«. (ebda.) Jungs Name werde in Zusammenhang mit der Psychoanalyse geflissentlich verschwiegen, weil man – mit Recht – in seinem Wirken und Werke eine Gefahr für die Psychoanalyse Freudscher Richtung sehe. »Carl Gustav Jung, als echter Deutschschweizer [...], konservativ von Natur, ist ein ebenso vorsichtiger Seelenarzt wie ein umfassender, undoktrinärer, gründlicher – ein *deutscher Denker*.« (ebda.; Hervorhebungen im Original) Obwohl auch Jungs Werk nicht frei sei von »intellektuellen Klopffechtereien«, gelegentlich zu »weitgehenden, kühnen und lockeren Gedankengespinsten«, obwohl er zunächst noch sehr unter dem Einfluß seines Lehrers Freud gestanden sei, stelle man ab einem gewissen Zeitpunkt »bei durchgehender Grundströmung eine [...] Vertiefung der eigenen Schlüsse in *immer deutlicherer Abgrenzung gegen Freud fest*«. (ebda.; Hervorhebungen im Original)

Der Autor zitiert dann aus Jungs Buch »Das Unbewußte im normalen und kranken Seelenleben«: »Die Sexualtheorie ist unästhetisch und intellektuell wenig befriedigend, die Machttheorie Adlers ist entschieden giftig. Beide Theorien sind geeignet, ein hochgespanntes Ideal, eine heroische Einstellung, ein Pathos, eine tiefe Ueberzeugung in schmerzhafter Weise auf eine banale Realität zurückzuführen, wenn man sie nämlich auf dergleichen Dinge anwendet.« (ebda.) Dem wird nun vom Verfasser Jungs Lehre gegenübergestellt:

»Demgegenüber versucht Jungs ›*Analytische Psychologie*‹ aufzubauen, und zwar aufzubauen ein harmonisches ›Selbst‹ der Menschen. Dieses ›Selbst‹ besteht aus dem bewußten Ich einerseits und dem Unbewußten andererseits. Im Unbewußten enthalten sind zweifelsohne verdrängte Komplexe als Quellen der Neurosen und anderer seelischer Gleichgewichtsstörungen. Aber das *Unbewußte ist nicht nur ein Sammelsurium von verdrängten* und heimlich wieder aufbegehrenden Lüsten und Wünschen; denn sonst müßte der Mensch ja durch die psychotherapeutische Behandlung, die die Verdrängungen aufhebt, völlig bewußt werden. Das ist aber nicht der Fall. Jung machte, vor allem bei der Traumanalyse seiner Patienten, die große Entdeckung der positiven Seite des Unbewußten (die Freud nicht sehen konnte, weil er das irrational Schöpferische im Menschen nicht ›in Rechnung stellte‹). Er stellte fest [...], daß das Unbewußte Vorstellungen und Ideen enthält, die nicht verdrängt sein können, die uns als überindividuelle, kollektive, aus der Urzeit der Volksseele stammende Gleichnisse ewiger religiöser Kräfte (Jung nennt sie ›Archetypen‹) erklärt werden können, Vorstellungen also eines ›kollektiven Unbewußten‹. Er machte weiter die Erfahrung, daß gerade diese urreligiösen Vorstellungen bei der Heilung einer Neurose, gar ohne ein Dazutun des Arztes (wir sehen, wie die Psychoanalyse in ihre Schranken verwiesen wird) wertvolle Hilfe leisten können.« (ebda.; Hervorhebungen im Original)

Und nachdem er noch anerkennend einige weitere Konzepte Jungs (das der Individuation, der Persona, der Anima, der Extra- und Introversion) vorgestellt hat, betont der Autor, daß die Grundvoraussetzungen der psychologischen Arbeit Jungs völlig anders seien als bei der Psychoanalyse Freudschen Ursprungs. Jung stelle »im Gegensatz zu deren alleinigem Zweck der Befreiung des Individuums von verdrängten Trieben, also sozusagen der Säuberung einer Ruine von Schutt, wieder das Ideal einer menschlichen Ganzheit, eines Neuaufbaus des menschlichen Selbst nach uralter Erfahrung auf«. (ebda.)

Diese wohlwollende Rezeption läßt sich zunächst an sich Jung nicht anlasten (obzwar seine Lehre – nicht zuletzt auch durch ihre Unbestimmtheit – sich dem reaktionären Mißbrauch geradezu anbietet); es wäre allerdings zu erwarten gewesen, daß Jung gegen die Inanspruchnahme als »deutscher Denker« und als Schöpfer einer dem Blut- und Boden-Mythos entsprechenden Seelenlehre protestiert hätte, was er bekanntlich nicht tat. Unter anderem bedankte sich Jung bei dem Autor des Artikels »Die Reform der Psychoanalyse durch C. G. Jung«, die Unterschiede seines Denkens zum Freudschen herausgearbeitet zu haben, spricht von Freuds zum Teil »diabolischer« Sexualtheorie und dessen absoluter »Entwertung der Seele« (Jung 1972, S. 161 f.).

Ohne hier unter Umgehung eingehender historischer Recherchen

Jung pauschal als Kollaborateur oder gar als Faschist und Antisemit bezeichnen zu wollen (eine gewisse Klarstellung zur Rolle Jungs in der NS-Zeit gegenüber allzu undifferenzierten Angriffen findet sich z. B. in Harms 1946, dessen Gegendarstellung jedoch wiederum mit zahlreichen Fehlern behaftet ist, s. u.), ohne auch anerkennenswerte Motive in Jungs Handeln schlechthin auszuschließen*, bleibt gleichwohl die nicht zu übersehende Tatsache, daß Jungs Verhalten in dieser Zeit Außenstehenden als Zusammenarbeit mit den nationalsozialistischen Machthabern erscheinen mußte.

Als Ernst Kretschmer Anfang April 1933 in Protest gegen nationalsozialistische Maßnahmen als Vorsitzender der Allgemeinen Ärztlichen Gesellschaft für Psychotherapie zurücktrat (der auch viele Nicht-Deutsche angehört hatten, unter anderem C. G. Jung), wurde – folgt man den offiziellen Angaben (Cimbal 1933) – im Laufe desselben Jahres eine »überstaatliche allgemeine ärztliche Gesellschaft für Psychotherapie« begründet, deren Vorsitzender C. G. Jung wurde, daneben aber als Ländergruppe der überstaatlichen eine »deutsche allgemeine ärztliche Gesellschaft für Psychotherapie«, deren Vorsitz Mathias Heinrich Göring, ein Verwandter des späteren Reichsmarschall Hermann Göring, übernahm. Wie es im Bericht des Geschäftsführers hieß, seien die beiden Gesellschaften »voneinander völlig unabhängig, arbeiten aber freundschaftlich miteinander«. Die Trennung der beiden Gesellschaften sei als die zur Zeit einzige Möglichkeit erschienen, »die Ausgestaltung einer einheitlich wissenschaftlichen und praktisch ärztlichen Psychotherapie weiterzuführen«. (Cimbal 1933, S. 143)

In seiner Eigenschaft als Vorsitzender wurde Jung auch zunächst alleiniger Herausgeber des *Zentralblattes für Psychotherapie*, ab 1936 dann in Gemeinschaft mit Mathias Göring. Schon in dem ersten unter seiner Herausgeberschaft erscheinenden Heft vom Dezember 1933 schrieb Jung ein »Geleitwort«, welches im Licht seines 1934 erschei-

* Immerhin ist es für eine Diskussion dieses Sachverhalts wohl unerläßlich, folgende Zeilen Jungs vom 9. Februar 1934 an seinen Schüler Kranefeldt, einen der Autoren des Hefts *Deutsche Seelenheilkunde* (s. u.), zur Kenntnis zu nehmen. Jung schreibt:

> »... Gegen die *Dummheit* kann man bekanntlich nichts tun, aber in diesem Falle können die arischen Leute darauf hinweisen, dass mit Freud und Adler spezifisch jüdische Gesichtspunkte öffentlich gepredigt werden und zwar, wie man ebenfalls nachweisen kann, Gesichtspunkte, welche einen wesentlich zersetzenden Charakter haben. Wenn die Verkündigung dieser jüdischen Evangelien der Regierung angenehm ist, so ist es halt eben so. Andernfalls ist ja auch die Möglichkeit vorhanden, dass dies der Regierung nicht angenehm wäre ...« (zitiert nach: Letter to the Editor [1977], *International Review of Psycho-Analysis* 4, S. 377)

Leider ist der Brief nicht in Gänze veröffentlicht; es ist allerdings schwer vorstellbar, daß diese Zeilen im Kontext einen anderen Sinn ergeben als den hier augenfälligen.

nenden Artikels bereits als Stellungnahme gegen einen tatsächlich oder vermeintlich von der Psychoanalyse Freuds vertretenen Absolutheitsanspruch angesehen werden muß und insbesondere im Kontext des Zeitgeschehens nicht unbedenkliche Worte enthält, vor allem zu den »Verschiedenheiten der germanischen und der jüdischen Psychologie«:

»Durch Rücktritt von Herrn Prof. Kretschmer, des I. Vorsitzenden der Allgemeinen Ärztlichen Gesellschaft für Psychotherapie, ist der Vorsitz und damit zugleich die Leitung des Zentralblattes für Psychotherapie mir zugefallen. Dieser Wechsel fiel zusammen mit der großen politischen Umwälzung in Deutschland. Obschon Psychotherapie als Wissenschaft mit Politik nichts zu tun hat, so wollte es doch das Schicksal, daß ich die Herausgeberschaft des Zentralblattes in einem Augenblick übernehme, welcher, nicht unähnlich dem früheren politischen Zustande, durch eine Konfusion der Lehrmeinungen und Standpunkte in der Psychotherapie gekennzeichnet ist. Einseitige Betrachtungsweisen, die sich nie zu einigen vermochten, haben einen allzu weitreichenden Einfluß nicht nur auf die speziell ärztliche Auffassung, sondern auch auf die seelischen Anschauungen vieler gebildeter Laien gewonnen. Die dadurch verursachten Widersprüche sind durch das Bekanntwerden meiner gänzlich anders gearteten Auffassungen noch gesteigert worden und zwar so sehr, daß das Wort ›Verwirrung der Köpfe‹ wohl am Platze ist. Es wird daher die vornehmste Aufgabe des Zentralblattes sein, unter unparteiischer Würdigung aller tatsächlichen Beiträge eine Gesamtanschauung zu schaffen, welche den Grundtatsachen der menschlichen Seele in höherem Maße gerecht wird, als es bisher der Fall war. Die tatsächlich bestehenden und einsichtigen Leuten schon längst bekannten Verschiedenheiten der germanischen und der jüdischen Psychologie sollen nicht mehr verwischt werden, was der Wissenschaft nur förderlich sein kann. Es gibt in der Psychologie vor allen anderen Wissenschaften eine ›persönliche Gleichung‹, deren Nichtbeachtung die Ergebnisse von Praxis und Theorie verfälscht. Dabei soll, wie ich ausdrücklich feststellen möchte, keine Minderbewertung der semitischen Psychologie gemeint sein, so wenig als es eine Minderbewertung des Chinesen bedeutet, wenn von der eigenartigen Psychologie des fernöstlichen Menschen die Rede ist.

Die Psychotherapie hat längstens aufgehört, ein abgeschlossenes Fachgebiet zu sein. Das Interesse der ganzen Welt richtet sich auf die psychologischen Entdeckungen der Ärzte. Die Psychotherapie wird sich deshalb gezwungen sehen, in ihrer Theoriebildung das Ganze der Seele ins Auge zu fassen und damit ihren Standpunkt über das nur Krankhafte und das Nur-Persönliche hinaus zu erweitern. Diesem Ziele sollen die Bestrebungen des Zentralblattes dienen.« (Jung 1933)

Diese Sätze, zu anderer Zeit geschrieben vielleicht sehr viel unbedenklicher und weniger Möglichkeiten des Mißverständnisses bergend, erhalten zumindest einen bedrohlichen Nebensinn dadurch, daß unmittelbar anschließend, noch auf derselben Seite, eine Mitteilung des Reichsführers der »Deutschen ärztlichen Gesellschaft für Psychotherapie«, Mathias Göring, steht, in der er die Aufgabe der Gesellschaft definiert. Diese bestehe darin,

»im Sinne der nationalsozialistischen deutschen Regierung alle deutschen Ärzte zusammenzufassen, die durchdrungen sind von dem Gedanken, daß der Arzt bei jeder Behandlung das Ganze der Persönlichkeit des Kranken im Auge haben muß, daß er die Seele des Menschen nicht unbeachtet lassen darf; vor allem aber diejenigen Ärzte, die willig sind, im Sinne der nationalsozialistischen Weltanschauung eine seelenärztliche Heilkunst auszubilden und auszuüben.

Die Gesellschaft setzt von allen bei ihr schriftstellerisch und rednerisch tätigen Mitgliedern voraus, daß sie Adolf Hitlers grundlegendes Buch ›Mein Kampf‹ mit allem wissenschaftlichen Ernst durchgearbeitet haben und als Grundlage anerkennen. Sie will mitarbeiten an dem Werke des Volkskanzlers, das deutsche Volk zu einer heroischen, opferwilligen Gesinnung zu erziehen.« (Göring 1933).*

Das *Zentralblatt für Psychotherapie* eröffnete »den Jahrgang 1934 mit einem Doppelheft, das neben einem einführenden Übersichtsreferat des Herausgebers acht Aufsätze deutscher psychotherapeutischer Forscher und eine große Anzahl Buchbesprechungen enthält«. (Cimbal 1934 a) Wie Cimbal weiter ausführte, sei der Jahrgang 1934 nur deshalb mit den Aufsätzen deutscher Forscher begonnen worden, »weil die Neuordnung des ›Zentralblattes‹ erst ganz kurzfristig gelungen war und weil die Vorbereitung der außerdeutschen Zusammenstellungen eine längere Frist erfordert hätte« (ebda.).

Dagegen ist an sich wenig einzuwenden, bemerkenswert ist allerdings, welche deutschsprachigen Beiträge für dieses Heft ausgewählt

* Die Veröffentlichung dieses Manifests im Sonderheft *Deutsche Seelenheilkunde* war anscheinend mit Jung abgesprochen, nicht aber die im *Zentralblatt*, und Jung äußerte brieflich sein Mißfallen (vgl. Wehr 1985, S. 281 f.). Gleichwohl fehlt die offizielle Distanzierung im *Zentralblatt*.

wurden. Diese acht Beiträge sind mit ihren Aneinanderreihungen ideologischer Phrasen so sehr im Geiste der neuen Machthaber abgefaßt, daß sie von M. Göring zugleich in einem Sonderheft mit dem Titel »Deutsche Seelenheilkunde« herausgegeben wurden. Auf ein Vorwort zu diesem Sonderheft, in dem er ausführt, »nicht eine politische Gesinnung, nicht eine intellektuelle Verarbeitung der Leitsätze und Gedanken des Führers, sondern ein tatsächliches Bekenntnis zu seinem Werk, ein erlebnismäßiges Einordnen der nationalsozialistischen Idee« solle aus den folgenden Aufsätzen sprechen (Göring 1934b, S. 7), und das mit »Heil Hitler« schließt, folgt ein weiterer Beitrag Görings, »Die nationalsozialistische Idee in der Psychotherapie« (1934c), sodann die acht Aufsätze aus der Zeitschrift, schließlich ein Artikel Cimbals, »Aufgabe und Wege zu einer deutschen Seelenheilkunde« (1934b). Die acht Aufsätze aus dem *Zentralblatt* verbreiten nicht nur völkisches Gedankengut, sondern gehen auch auf die herrschenden psychotherapeutischen Lehren ein, wobei es kaum einer versäumt, Freuds einseitige Sexualtheorie anzugreifen und dem positiv Jungs Gesamtschau des Menschen gegenüberzustellen. Heyer etwa schreibt:

> »So entstand Freuds Faszination durch die Sexualität, sein uns unerträglicher ›Pansexualismus‹ [...]
>
> Gewiß, die Schlacken des Alten – gegen das sie erbittert stritten – hängen all diesen Pionieren sichtbar an. Denken wir beispielsweise nur daran: Kaum daß Freud die gewaltige Macht des Blutes und seiner zeugerisch-empfängerischen Triebe wiedergefunden, kaum daß ihn ein erster Anhauch getroffen hatte aus dessen weltengebärender und zerstörender, dunkler Macht, versagte sein bewußtes Verstehen. Die Geschlechtlichkeit wurde ihm, als dem Kinde seiner Zeit, zur einzigen Repräsentation des Irrationalen, alles Unter- und Überpersönlichen, des Unbegreiflichen. Freud verstand sie nicht als repräsentativ, signifikant und symbolisch, sondern konkret. D. h. nicht als das große zeugerische Geschehen, das ewige Geheimnis, das Gleichnis kosmischen Wunders im Menschenschicksal – sondern als den Beischlaf des Herrn X mit der Frau Y.
>
> Und wie er damit dem konkretistischen Aftergeist seiner Zeit opferte, so folgte er unbewußt deren rationalistischer Verödung, indem er den Trieb des Blutes weiter banalisierte und verintellektualisierte. Hofft Freud doch sogar, das ganze Geschlechtswesen aus dem Bereich der Psychologie in das ›Exakte‹ der Physiologie dadurch herüberführen zu können, daß die ›libido‹ im Blut chemisch nachgewiesen würde...« (Heyer 1934, S. 21)

Der Artikel schließt mit einer begeisterten Huldigung an Jung und seine Seelenlehre:

»So sind die früheren teilhaften Lösungen in Jungs Werk – im wahrsten Sinne des Wortes – ›aufgehoben‹. Eine meisterliche Seelenlehre ist geschaffen, meisterliche Seelenführung ermöglicht! Diese freilich – das sei ausdrücklich betont! – wird keiner mit allem Wissen, allem Verstand, aller Routine *erlernen* können. Sondern, wie schon das Annehmen der agonalen Polarität des inneren Seins eine durchaus heroische Haltung verlangt, so ist Jungs gesamte Lehre keine intellektuelle Tatsache, sondern bedeutet eine ethische Forderung. Ihr gehört man nicht an wie einem Verein oder durch Befolgung ihrer Vorschriften, sondern letztlich durch innere Arbeit an sich selbst, durch eigenes Sein. Das Bild eines Führers verkörpert er zweifellos im höchsten Maße – erdhaft gefestigter und vom Geiste erleuchteter Mann –; ein Führer, der nicht die bequeme Herde will, sondern der, in jedem nach seinem Maße, durch sein Bild die Verantwortlichkeit in der eigenen Brust wecken möchte. Weit über Neurosenlehre und Krankheitsheilung wächst das Werk und führt hinein in die großen deutschen Fragen seelisch-leiblichen Wesens, Werdens, Wandelns und Wirkens.« (a. a. O., S. 23; Hervorhebung im Original)

Ohne prinzipiell Neues zu dem schon von anderen Autoren Erwähnten hinzuzufügen, führt Kranefeldt das Thema vom Gegensatz Freud–Jung aus und kommt zu einem nicht weiter überraschenden Schluß:

»Freuds einzige dürre – und man muß es sagen – alberne Familien-Antwort auf diese große Lebensfrage ist das ›schlechte Sexual-Gewissen‹, die ›Lustknappheit‹ beim einzelnen und sein Heilmittel: die Beseitigung der ›Verdrängung‹. Nirgends findet sich auch nur eine Andeutung eines Vorstoßes in diejenigen Schichten der allgemeinen Seele, aus denen die kulturbildenden Kräfte den einzelnen erreichen und die großen Gestaltungen des Lebens hervorgehen. Das ›Kollektive Unbewußte‹ Jungs ist jenes Sein, dem Freud niemals begegnet ist. Dennoch ist seine Stimme laut geworden in der ganzen ›gebildeten Welt‹; das 19. Jahrhundert überschichtet noch einmal alle diejenigen, die zunächst abgelenkt werden müssen von dem Neuen, das noch die Stille braucht, um sich vorzubereiten. Dieses Neue wird unser neues Verhältnis zur Erde sein. [...] Was nicht gewachsen ist, hat nimmer mehr mit Erde zu tun und nichts mit bodenständigem Geiste. Jung ist der erste Arzt, der Ernst damit macht, dem natürlichen Wachstum zu folgen und der tief genug ist, das auch zu können [...].« (Kranefeldt 1934, S. 37f.)

Auch in den meisten weiteren Beiträgen des Heftes finden sich abschätzige Bemerkungen über Freud (Schultz-Hencke 1934, S. 93ff; v. Hattingberg 1934, S. 99) und/oder beifällige Erwähnung Jungs (etwa Schultz 1934, S. 67f.; Künkel 1934, S. 74; v. Hattingberg 1934, S. 101). Es wäre nun an Jung gewesen, in seiner Eigenschaft als Herausgeber eines an sich überstaatlichen Publikationsorgans eine Gegenposition zu der von den Autoren verbreiteten pervertiert deutschen Ideologie zu akzentuieren, und jenes den Beiträgen vorangestellte Übersichtsreferat hätte dafür ein denkbar geeignetes Forum abgegeben. Statt dessen setzt Jung dort mit sehr ähnlichen Argumenten zur Kritik einer Psychologie an, die rational analysierend den Seelenzustand aus seinen individualhistorischen Voraussetzungen begreifen will. Der Artikel, überschrieben »Zur gegenwärtigen Lage der Psychotherapie«, gestaltet sich somit zu einem einzigen Angriff auf Freud: Nur allzu viele verschanzten sich hinter »Lehrsätzen, die sie mit dem nicht zu berührenden Heiligenschein des Dogmas umgeben«. Habe es aber wissenschaftliche Wahrheit je nötig gehabt, zur Würde des Dogmas erhoben zu werden? Die Wahrheit könne für sich allein stehen: »Nur *Meinungen* auf wackligen Füßen bedürfen der Stütze der Dogmatisierung.« Die nächsten Abschnitte wenden sich – unmißverständlich – gegen das »technische« Verfahren der Psychoanalyse:

> »*Nolens volens ist der Arzt mit allen seinen Voraussetzungen dabei*, so gut wie der Patient. Es ist sogar in hohem Maße gleichgültig, was er für eine Technik verwendet, denn an der ›Technik‹ liegt es nicht, sondern in erster Linie an der *Persönlichkeit*, welche eine Methode anwendet. Das Objekt der Methode ist weder ein totes anatomisches Präparat, noch ein Abszeß, noch ein chemischer Körper, sondern *die Ganzheit einer leidenden Persönlichkeit. Nicht die Neurose ist das Objekt der Therapie, sondern der, der eine Neurose hat.* Eine Herzneurose z. B. entsteht, wie wir schon geraume Zeit wissen, nicht aus dem Herzen, wie es die alte ärztliche Mythologie haben wollte, sondern aus der Seele des Leidenden. Sie entsteht auch nicht aus irgendeiner dunkeln Ecke des Unbewußten, wie viele Psychotherapeuten auch heutzutage noch zu glauben sich bemühen, sondern aus dem jahre- und jahrzehntelangen Leben und Erleben eines ganzen Menschen und schließlich nicht nur aus diesem Einzelleben, sondern sogar aus dem seelischen Erleben innerhalb einer familiären oder sogar sozialen Gruppe.
>
> In der Neurose tritt dem Arzt nicht ein abgeschlossenes Krankheitsgebiet entgegen, sondern ein kranker Mensch, der nicht aus einem einzelnen Mechanismus oder einem isolierten Krankheitsherd

heraus krank ist, sondern vielmehr aus dem Ganzen seiner Persönlichkeit. Damit ist ›Technik‹ inkommensurabel. Die Persönlichkeit des Kranken fordert die Persönlichkeit des Arztes auf den Plan und nicht technische Kunstgriffe.« (Jung 1934, S. 3; Hervorhebungen im Original)

Im Kontext »Persönlichkeit und Einstellung des Arztes« kommt er nun explizit auf Freud und Adler zu sprechen und billigt deren Annahmen zunächst einen gewissen heuristischen Wert zu, der dann allerdings sofort wieder relativiert wird. Freud und Adler erklärten »im wesentlichen nur aus der infantilen Ecke«, was aber nicht umfassend genug sei. Das Infantile sei auch etwas nicht Eindeutiges: Man müsse ein infantil gebliebenes, ein »bedauerlicherweise noch vorhandenes Stück Kinderleben« von einem im Entstehen Begriffenen, einem wichtigen schöpferischen Ansatz unterscheiden. »Diese Möglichkeiten zu belächeln, steht nur einem Dummkopf an, der nicht weiß, daß die Zukunft noch wichtiger ist als die Vergangenheit. Aus diesem letzten Grunde wäre es sogar besonders angezeigt, wenn man die ›infantil-perversen‹ Phantasien mehr auf ihren *schöpferischen Gehalt* untersuchte [...]« (a.a.O., S. 5).

Es folgen weitere, immer unverstelltere Angriffe auf Freud, etwa: Der ungeheuere Einfluß der Freudschen Ideen beruhe zum guten Teil auch darauf, daß man mit ihnen leicht den anderen an der wunden Stelle treffen und sich selber »auf billige Weise« in Überlegenheit setzen könne (S. 6). Die entscheidenden und in ihrer Peinlichkeit nicht wegzudiskutierenden Worte Jungs folgen aber im nächsten Teil, wo er noch einmal auf das Thema der Persönlichkeit des Arztes zu sprechen kommt und eine Kritik der »*subjektiven Voraussetzung*« fordert. Es dürfe nicht »kritiklose Weltanschauung in die Neurosenauffassung hineingetragen werden«, wie dies etwa in der Freudschen Auffassung des Unbewußten der Fall sei, oder »in dessen materialistischer Voreingenommenheit in bezug auf die religiöse Funktion der Seele« (S. 7). Nachdem er ausgeführt hat, daß wirkliche seelische Behandlung nur individuell sein könne, kommt nun die entscheidende rhetorische Wendung, mittels derer Jung von einer individualspezifischen plötzlich und unmotiviert zu einer rassenspezifischen Betrachtungsweise übergeht:

»Insofern man nun nicht wohl annehmen kann, daß *Freud* oder *Adler* allgemein gültige Vertreter europäischen Menschtums seien, so besteht zunächst für mich die Hoffnung, daß auch ich eine eigenartige Psychologie besitze und mit mir alle jene, welche sich ebenfalls weder dem Primat der infantil-perversen Wunschphantasien noch dem des Geltungsdranges subsumieren können. Es ist selbstverständlich, daß es sich dabei nicht um einen naiven Selbstbetrug handeln darf; vielmehr sollte sich kein Psychotherapeut die Gelegenheit entgehen lassen, sich selbst im Lichte dieser *negativen Psychologien* kritisch zu betrachten. *Freud* und *Adler* haben den *Schatten*, der alle begleitet, sehr deutlich gesehen. Die Juden haben diese Eigentümlichkeit mit den Frauen gemein; als die physisch Schwächeren müssen sie auf die Lücken in der Rüstung des Gegners zielen, und wegen dieser, durch jahrhundertelange Geschichte aufgezwungenen Technik, sind die Juden selber dort, wo andere am verwundbarsten sind, am besten gedeckt. Infolge ihrer mehr als doppelt so alten Kultur sind sie sich der menschlichen Schwächen und Schattenseiten in viel höherem Maße bewußt als wir und darum in dieser Hinsicht viel weniger verwundbar. Auch haben sie es dem Erlebnis der antiken Kultur zu verdanken, daß es ihnen möglich ist, mit vollem Bewußtsein in wohlwollender, freundlicher und duldsamer Nachbarschaft ihrer eigenen Untugenden zu leben, während wir noch zu jung sind, um keine ›Illusionen‹ über uns zu haben. Überdies sind wir vom Schicksal damit betraut, Kultur noch zu schaffen (wir haben sie nämlich nötig), wozu sogenannte Illusionen in der Form von einseitigen Idealen, Überzeugungen, Plänen usw. unerläßlich sind. Der Jude als Angehöriger einer etwa 3000jährigen Kulturrasse, ist wie der gebildete Chinese in einem weiteren Umkreise psychologisch bewußt als wir. Infolgedessen ist es auch für den Juden *im allgemeinen* weniger gefährlich, sein Unbewußtes negativ zu bewerten. Das arische Unbewußte dagegen enthält Spannkräfte und schöpferische Keime von noch zu erfüllender Zukunft, die man nicht ohne seelische Gefährdung als Kinderstubenromantik entwerten darf. Die noch jungen germanischen Völker sind durchaus imstande, neue Kulturformen zu schaffen, und diese Zukunft liegt noch im Dunkeln des Unbewußten in jedem einzelnen, als energiegeladene Keime, fähig zu gewaltiger Flamme. Der Jude als relativer Nomade hat nie und wird voraussichtlich auch nie eine eigene Kulturform schaffen, da alle seine Instinkte und Begabungen ein mehr oder weniger zivilisiertes Wirtsvolk zu ihrer Entfaltung voraussetzen. Die jüdische Rasse als Ganzes besitzt darum nach meiner Erfahrung ein Unbewußtes, das sich mit dem arischen nur bedingt vergleichen läßt. Abgesehen von gewissen schöpferischen Individuen ist der Durchschnittsjude schon viel zu bewußt und differenziert, um noch mit den Spannungen einer ungeborenen Zukunft schwanger zu gehen. Das arische Unbewußte hat ein höheres Potential als das jüdische; das ist der Vorteil und der Nachteil einer dem Barbarischen noch nicht völlig entfremdeten Jugendlichkeit. Meines Erachtens ist es ein schwerer Fehler der bisherigen medizinischen Psychologie gewesen, daß sie jüdische Kategorien, *die nicht einmal für alle Juden verbindlich sind*, unbesehen auf den christlichen Germanen oder Slawen verwandte. Damit hat sie nämlich das kostbarste Geheimnis des germanischen Menschen, seinen schöpferisch-ahnungsvollen Seelengrund als kindisch-banalen Sumpf erklärt, während meine warnende Stimme durch Jahrzehnte des Antisemitismus verdächtigt wurde. Diese Verdächtigung ist von *Freud* ausgegangen. Er kannte die germanische Seele nicht, so wenig wie alle seine germanischen Nachbeter sie kannten. Hat sie die gewaltige Erscheinung des Nationalsozialismus, auf den eine ganze Welt mit erstaunten Augen blickt, eines Besseren belehrt? Wo war die unerhörte Spannung und Wucht, als es noch keinen Nationalsozialismus gab? Sie lag verborgen in der germanischen Seele, in jenem tiefen Grunde, der alles andere ist als der Kehrichtkübel unerfüllbarer Kinderwünsche und unerledigter Familienressentiments. Eine Bewegung, die ein ganzes Volk ergreift, ist auch in jedem einzelnen reif geworden. Darum sage ich, daß das germanische Unbewußte Spannungen und Möglichkeiten enthält, welche die medizinische Psychologie in ihrer Bewertung des Unbewußten berücksichtigen muß. Sie hat es nicht mit Neurosen zu tun, sondern mit Menschen, und das ist ja gerade das schöne Vorrecht einer ärztlichen Psychologie, daß sie nicht künstlich abgetrennte Funktionen, sondern den ganzen Menschen nicht nur behandeln darf, sondern auch soll. Darum muß auch ihr Rahmen weit gespannt sein, so daß nicht nur die krankhaften Irrgänge einer gestörten seelischen Entwicklung, sondern auch die aufbauenden, zukunftschaffenden Kräfte der Seele, nicht nur ein trüber Teil, sondern das bedeutungsvolle Ganze dem ärztlichen Blicke sich offenbaren.« (a.a.O., S. 8ff.; Hervorhebungen im Original)*

* Bei allen sonstigen Verdiensten in Harms' Artikel kann man sich nur über den ernstgemeinten Versuch des Autors wundern, Jungs beifällige Worte als neutral, geradezu pejorativ, hinzustellen. Daß »gewaltig« hier sicher nicht allein zur indifferenten Größenangabe und »mit erstaunten Augen« schwerlich in der Bedeutung von neutralem Überraschtsein interpretiert werden kann, wie es Harms (1946, S. 221) darzustellen versucht, ergibt sich aus dem Kontext, um so mehr als Jung auch sonst zur Charakterisierung des Germanischen nicht mit anerkennenden Attributen wie »kostbar« oder »schöpferisch-ahnungsvoll« geizt. Daß die germanische Seele alles andere sei als der »Kehrichtkübel unerfüllbarer Kinderwünsche und unerledigter Familienressentiments« und auf die »aufbauenden, zukunftsschaffenden Kräfte der Seele« verwiesen wird, machen Harms' Darstellung einer wertfreien Bestandsaufnahme im Jungschen Artikel restlos unhaltbar. Völlig unklar bleibt, wie Harms Jung angesichts dieser Beschimpfungen im Jargon der nationalsozialistischen Machthaber als »Verteidiger Freuds« bezeichnen kann (der Artikel trägt den Titel »Carl Gustav Jung – Defender of Freud and the Jews«).

Nachdem die Schleusen einmal eröffnet sind, kann der Autor, den Freud einmal als den »brutalen heiligen Jung« bezeichnet hat (Freud/Abraham 1965a, S. 180), ungehemmt seine Schmähungen über die Psychoanalyse und ihren Begründer ergießen:

»Die Neurosenpsychologie, die nur das Negative sieht, schüttet das Kind mit dem Bade aus, indem sie den Sinn und Wert der ›infantilen‹, d. h. schöpferischen Phantasie vernachlässigt. Vielfach bestehen ihre Bemühungen im wesentlichen darin, zu versuchen, wie man – irgend etwas – nach Unten erklären könnte, und es gibt tatsächlich nichts, das nicht einer obszönen Karikatur fähig wäre. Diese Möglichkeit beweist aber nie, daß das so erklärte Symptom oder Symbol dies auch meine, sondern sie beweist bloß die schmutzige Adoleszenz-Phantasie des Erklärers.

Ich kann nicht umhin zu sagen, wie häufig es vorkommt, daß sonst ernsthafte Ärzte unter völligster Mißachtung aller Grundsätze wissenschaftlicher Gewissenhaftigkeit ein psychologisches Material durch subjektive Konjekturen erklären – Konjekturen, über die man wirklich nichts anderes ausmachen kann, als daß es Versuche sind, denjenigen obszönen Witz herauszufinden, wodurch das zu erklärende Material in irgendeine Beziehung zu einer oralen, analen, urethralen usw. Sexualabnormität gesetzt werden könnte. Das Gift der entwertenden Deutung ist diesen Leuten dermaßen ins Mark gegangen, daß sie überhaupt nichts anderes mehr denken können als den infantil-perversen Jargon gewisser Neurosefälle, welche sich durch die Besonderheit der *Freud*schen Psychologie auszeichnen. Es ist geradezu grotesk, daß der Arzt selber in jene Denkweise verfällt, die er am andern mit Recht als infantil beanstandet und darum heilen möchte. [...] Wenn aber der Arzt laut oder leise ebenso negativ und entwertend denkt und ebenso alles und jedes in den infantil-perversen Sumpf einer obszönen Witzpsychologie herunterreißt wie der Kranke, so muß man sich nicht wundern, wenn der letztere seelisch verödet und diese Verödung durch einen heillosen Intellektualismus kompensiert.« (a. a. O., S. 10f.; Name im Original hervorgehoben)

Oder: Dem gefürchteten eigenen ›Andern‹ gelte in erster Linie »die entwertende, zerfasernde Unterminierungstechnik der ›Psychoanalyse‹, welche stets hofft, den Gegner damit dauernd zu lähmen«. (a. a. O., S. 13) Gleichzeitig entwickelt Jung nun seine eigene mystifizierende und unhistorische, erzreaktionäre Neurosenlehre. Der wahre Grund zur Neurose liege im Heute; sie werde somit im Heute, nicht im

Gestern geheilt. So sei die »historische Abschweifung ein Umweg, wenn nicht geradezu ein Abweg. Weil in der Neurose ein Stück der eigenen Persönlichkeit steckt, so ist die Abschweifung in die tausenderlei Möglichkeiten obszöner Phantasie oder unerfüllbarer Infantilwünsche ein bloßer Vorwand, der um das Eigentliche herumführt.« (S. 14) Und nach einem Seitenhieb auf den »wissenschaftlichen Rationalismus« (ebda.) fällt er nun unübersehbar in einen historisch weit vor Freud angesiedelten, geradezu schamanenhaften Erkenntnisstand zurück:

»Um die leidende Seele hat sich der Geist der Menschheit seit Jahrtausenden gemüht, vielleicht früher noch als um den leidenden Körper. Das ›Heil‹ der Seele, die ›Versöhnung der Götter‹, die ›Perils of the Soul‹ sind kein Problem von gestern. Die *Religionen* sind psychotherapeutische Systeme in des Wortes eigentlichster Bedeutung, und im allergrößten Ausmaß. Sie drücken den Umfang des seelischen Problems in mächtigen Bildern aus. Sie sind Bekenntnis und Erkenntnis der Seele [...]. Von dieser universalen Grundlage ist keine menschliche Seele abgetrennt; nur einzelne Bewußtseine, welche den Zusammenhang mit dem Ganzen der Seele verloren haben, sind in der Illusion befangen, die Seele sei ein umgreifbarer kleinster Bezirk, der sich als Objekt einer ›wissenschaftlichen‹ Theorie eigne. Der Verlust des großen Zusammenhangs ist das neurotische Grundübel und deshalb verirrt sich der Weg des Kranken in kleine und kleinste Seitengäßchen von zweifelhafter Reputation, weil, wer das Große leugnet, die Schuld im Kleinsten suchen muß. In seiner Schrift über die ›Zukunft einer Illusion‹ hat *Freud*, ohne es zu ahnen, seine Karten aufgedeckt. Er will dem größern Aspekt der seelischen Erscheinung endgültig den Garaus machen, und indem er solches versucht, tut er das, was in jedem Kranken am Werke ist, nämlich: Zerstörung des Zusammenhanges der ›Menschen und Götter‹, Abtrennung von den universal gefühlten und erkannten Grundlagen und Dimensionen der seelischen Erscheinung, und damit ›Leugnung der linken Hand‹, nämlich des Gegenstückes, dessen der Mensch zu seiner seelischen Existenz bedarf.« (a.a.O., S. 15; Hervorhebungen im Original)

Und auch der letzte Absatz, der nur scheinbar Freud gewisse Anerkennung zukommen läßt, führt vor Augen, daß dessen bescheiden aufklärende Psychologie in den eben eingeläuteten neu-alten Zeiten keine Daseinsberechtigung mehr hat:

»Das schicksalhafte Unglück der ärztlichen Psychotherapie ist, daß sie in einer Zeit der Aufklärung entstanden ist, wo altes Kulturgut durch Selbstverschulden unzugänglich wurde, und wo es noch keine Psychologie gab, die irgendwo erheblich über das Niveau eines *Herbart* oder gar eines *Condillac* hinaus ging, auf alle Fälle keine Psychologie, die irgendwie, auch nur annähernd an die Komplexitäten und Perplexitäten heranreichte, mit denen der gänzlich harmlose und aufs Tiefste unvorbereitete *Arzt* auf einmal konfrontiert war. In diesem Sinne muß man *Freud* dankbar sein, daß er wenigstens eine gewisse Orientierung in diesem Chaos geschaffen und dem Arzt Mut gemacht hat, z. B. einen Hysterieanfall wenigstens als wissenschaftliche Proposition ernst zu nehmen. Nachträglich zu kritisieren ist natürlich leicht. Aber es taugt nichts, wenn eine ganze Generation von Ärzten auf *Freuds* Lorbeeren schlafen geht. In Sachen der Seele haben wir noch längstens nicht ausgelernt, und was uns heute in besonderem Maße not tut, das ist die Befreiung von überholten Gesichtspunkten, welche den Blick fürs Ganze in bedenklicher Weise eingeschränkt haben.« (a.a.O., S. 16; Hervorhebungen im Original).[1]

Die traurige Geschichte der Psychoanalyse als Institution in Deutschland während der Zeit des Dritten Reiches ist bekannt: Die fähigsten Analytiker wie Siegfried Bernfeld, Max Eitingon, Otto Fenichel, Erich Fromm, Karen Horney, Wilhelm Reich, Theodor Reik, Hanns Sachs und viele andere wanderten aus (vgl. Brecht et al. 1985, S. 64ff.); die Deutsche Psychoanalytische Gesellschaft existierte zwar gleichgeschaltet zunächst weiter, hatte aber alle ihre jüdischen Mitglieder verloren und löste sich schließlich im November 1938 selbst auf. Gleiches tat die Wiener Psychoanalytische Vereinigung nach dem deutschen Einmarsch im Frühjahr 1938, der Internationale Psychoanalytische Verlag wurde liquidiert, wobei große Bestände der Werke Freuds zur Vernichtung kamen; Freud selbst emigrierte – 82jährig und todkrank – nach London, wo er ein Jahr später starb.

Auch die Rezeption der Psychoanalyse in diesen und den weiteren Jahren läßt sich rasch zusammenfassen: Im *Zentralblatt für Psychotherapie*, dem wesentlichen einschlägigen Publikationsorgan, dessen Herausgeber ab 1936 neben C. G. Jung auch Mathias H. Göring war, wurden die Psychoanalyse und Freud, wenn überhaupt, so im allgemeinen abschätzig erwähnt, nicht erstaunlich insofern, als die Autoren der *Deutschen Seelenheilkunde* wie Göring, Schultz, Schultz-Hencke, Kranefeldt, Cimbal, Künkel, Haeberlin, weiterhin einen Großteil der Beiträge bestritten. Und als Freud, auf den die wissenschaftliche

Psychotherapie mehr als auf irgendeinen anderen zurückgeht, im September 1939 starb, schrieb Jung an den Mitherausgeber Göring am 18.11.1939, er »stimme auch ganz damit überein, dass man unter den gegenwärtigen Umständen schon gar nicht Freud's Bild im Zentralblatt veröffentlichen sollte« (zitiert nach einer Kopie in Brecht et al. 1985, S. 93).* Daran änderte sich begreiflicherweise nichts im Verlaufe der restlichen Jahre, die dem NS-Regime und seiner Ideologie blieben. Ein Überblick über »Die deutsche Philosophie der Gegenwart« (Lehmann, 1943) stellt beifällig auf mehr als sieben Seiten das System C. G. Jungs dar, während Freud im Kapitel über Jung anfangs gerade erwähnt wird: Er habe unter Heranziehung eines großen Materials, insbesondere aus dem Gebiet des Traumlebens, seine medizinische Psychologie, die er »Psychoanalyse« nannte, zu einer Seelenheilkunde ausgebaut,

> »die bald zur Mode, und einer überreizten mit Nahrungssorgen nicht beschwerten Gesellschaftsschicht zum Bedürfnis wurde. Seitdem auch der medizinische Dilettantismus sich dieses ertragreichen Feldes bemächtigt hatte und die Formeln Freuds trefflich zu benutzen wußte, seitdem Freud sich selber Fragen zuwandte, für die er nicht kompetent war (Jung spricht einmal von der ›aufklärerischen Leidenschaft zur Negativerklärung‹ Freuds und leitet sie aus den Idealen des viktorianischen Zeitalters ab), erfüllte sich an der psychoanalytischen Schule das Schicksal aller Schulen: sie zerfiel in eine Mehrheit einander bekämpfender Richtungen.« (Lehmann 1943, S. 457)

Zu den Umbildnern der Psychoanalyse gehöre auch Jung, dessen Psychologie aber nicht mit dem Maße der Freudschen zu messen sei, denn Jung gebe »überall die positiven Gesichtspunkte an, wo Freud im Negativen bleibt«. (ebda.)

Erst nach 1945 beginnt wieder eine ernsthafte Auseinandersetzung mit Freud im deutschen Sprachraum, die sich zu einer Flut von Literatur gesteigert hat, unter der sich bald auch wieder sehr ablehnende Arbeiten finden.

Laut Aniela Jaffé (1968, S. 91) trat Jung 1939 von dem Vorsitz der »Internationalen Gesellschaft« zurück, weil er keine bindende Zusage in bezug auf Nichtanwendung des »Arierparagraphen« erhielt, als drei

* Dieses Schreiben findet sich übrigens nicht in den von Jungs Mitarbeiterin Aniela Jaffé herausgegebenen Briefen. Die dort veröffentlichten herzlichen Briefe an jüdische Adressaten, in denen auch die Nazis abfällig beurteilt werden, sollte man sicher nicht als einzige Quelle benutzen, um sich ein Bild vom Verhalten Jungs während der NS-Zeit zu machen.

neue Landesgruppen aufgenommen werden sollten. So begrüßenswert man diesen Schritt Jungs findet, so selbstverständlich und längst überfällig war er, erforderte angesichts Jungs Schweizer Staatsbürgerschaft auch keinen politischen Mut. Dieser Rücktritt hat eine sehr peinliche Phase beendet, kann diese aber keineswegs mehr ungeschehen machen, und es ist erhellend, wie manche Wissenschaftshistoriker, inbesondere der Freud gegenüber so kritische Henry F. Ellenberger, versuchen, diese eindeutigen Tatsachen zu beschönigen oder gar wegzudiskutieren (siehe auch 2.4 dieses Buches).

2.3 Grundtypische Züge der Anti-Freud-Literatur, erläutert an Emil Ludwigs *Der entzauberte Freud*

Die bald nach Kriegsende erschienene Monographie *Der entzauberte Freud* von E. Ludwig (1946) ist zwar heute mehr oder weniger restlos vergessen*, soll aber hier Erwähnung finden, weil an ihr sehr klar ein bestimmter Typus von Anti-Freud-Literatur veranschaulicht werden kann, dem die Arbeiten verschiedener Autoren entsprechen, wahrscheinlich ohne daß diese voneinander wußten. Diese sich wiederholenden Argumente verleihen jenen gegen Freud gerichteten Schriften, vor allem, wenn man sie rasch hintereinander liest, den Charakter erschreckender Eintönigkeit.

Die Auflösung der »persönlichen Gleichung« in Form von Verunglimpfungen Freuds:

Dieses Grundschema besteht unter anderem in einer Charakterskizze des Menschen Freud, die insofern ohne Schwierigkeiten ein negatives Bild zeichnen kann, als Freud in couragierter Indiskretion verschiedentlich persönliche Schwächen und Fehler offenbarte, um die Analyse seiner Träume und Fehlleistungen verständlich zu machen; der Rest wird passend aus gesicherten oder auch reichlich spekulativen biographischen Daten ergänzt. So versäumen weder Ludwig (1946) noch Kretschmer (1982) noch Eysenck (1985), sonst Autoren, die Freud eine

* Die englischsprachige Version (Ludwig 1948) hat im übrigen anscheinend auch später noch größere Beachtung gefunden; so beruft sich Jurjevich mehrfach auf Ludwig (Jurjevich 1974, S. 68; S. 149; S. 192; S. 278). Eysenck (1985, S. 229), der das von Ludwig gezeichnete Freud-Bild als »zeitweilig ausgesprochen populär« darstellt, irrt gründlich, wenn er Ludwigs Monographie in einem Atemzug mit den Biographien von Jones und Schur nennt und das dort entworfene Porträt als »außerordentlich geschönt« bezeichnet.

Überschätzung des sexuellen Faktors in seiner Theorie vorwerfen, auf Eigenheiten in Freuds Sexualleben hinzuweisen und ungewöhnlich weitreichende Schlüsse daraus zu ziehen. Etwa Ludwig:

> »Damals heiratete er ein Mädchen aus Hamburg, mit dem er viele Jahre verlobt gewesen war, ohne sie mehr als gelegentlich zu sehen. Da niemand etwas von einem Sexualleben Freuds außer seinem Hause gehört hat, so scheint seine Phantasie diese spät erwachten Triebe in seine fanatischen Dogmen geworfen zu haben, so wie sich manch bürgerlich lebender Künstler in seinen eigenen üppigen Romanen oder wollüstigen Bildern entschädigt.« (1946, S. 191)

Erstaunlich ähnlich Kretschmer (1982), der von einer »krisenhaften Bedrängnis« spricht, in die Freud zunehmend in der Berufszeit geraten sei. Laut Kretschmer sprechen »verschiedene Notizen« dafür, daß Freud »nach Geburt des sechsten Kindes das Geschlechtsleben einstellte«; der Autor nimmt an, wegen seiner schlechten finanziellen Lage und »weil er der jüdischen Sitte gemäß Empfängnisverhütung ablehnte«. Er folgert dann: »Bei einem Menschen, der einen starken und zugleich gehemmten Geschlechtstrieb besaß und der die sexuellen Beziehungen als ›die Grundlage des Ehelebens‹ bezeichnet hat, muß das große Entbehrungen mit sich gebracht haben.« (Kretschmer 1982, S. 12; daß Freud übrigens der Empfängnisverhütung sehr positiv gegenüberstand, wird aus seiner Schrift ›Die Sexualität in der Ätiologie der Neurosen‹ [1898a, GW I: 489ff.] deutlich.) Und an einer anderen Stelle gewissermaßen resümierend:

> »Die in der Biographie sich entfaltenden Grundthemen der sinnlichen Triebhaftigkeit und der Moral, aber auch die Skrupellosigkeit und Starrheit des Charakters sowie die Neigung, zu beherrschen und rücksichtslos provozierend (wenn auch nicht maßlos) zu formulieren, das alles läßt uns die Eigenart der Freud'schen Psychoanalyse aus ihren persönlichen Voraussetzungen heraus besser verstehen als alle voreiligen ›Beweise‹ der Richtigkeit.« (Kretschmer 1982, S. 16)

Vielleicht am geschmacklosesten Eysenck, der in bezug auf Freuds Sexualverhalten einen Wandel erwähnt: »Je mehr der Sexualtrieb zum Eckstein seiner allgemeinen Theorie wurde, desto weniger übte er ihn aus, und um die Jahrhundertwende hörte der Geschlechtsverkehr mit seiner Frau praktisch ganz auf.« (Eysenck 1985, S. 39) Und nachdem er an einer anderen Stelle – ohne sich für oder gegen ihre Annahme zu entscheiden – auf mehr als zwei Seiten die biographischen Spekulationen über ein Verhältnis Freuds mit seiner Schwägerin Minna Bernays dargestellt hat, schließt er die Diskussion mit folgenden Sätzen ab:

> »Um mit dieser ziemlich undurchsichtigen Affäre zu Ende zu kommen, will ich noch ELMS' abschließenden Kommentar wiedergeben, der meines Erachtens den ganzen Sturm im Wasserglas in recht vernünftiger Weise zusammenfaßt: FREUD habe geltend gemacht, daß *unbewußtes* inzestuöses Verlangen durch unbewußte Tabus blokkiert sei, so daß ödipale Gefühlsregungen für gewöhnlich nicht in einer wirklichen inzestuösen Beziehung zu einem Familienangehörigen ausgedrückt würden, sondern in der Phantasie, der Neurose und sublimiertem Verhalten. Um 1900 sei FREUD weit mehr an Inzestphantasien interessiert gewesen als an der Sache (scil. dem Inzest) selbst. Er mochte über MINNA phantasiert haben, doch bis jetzt sei kein verläßliches Zeugnis aufgetaucht, nach welchem er jemals solche Phantasien ausgeführt hätte. Jedenfalls brauchte er nicht MINNA, um für Fragen des inzestuösen Verlangens besonders einfühlsam zu werden. Er hatte immer seine Mutter gehabt!
> […] Immerhin möchte ich an die schon in jenem ersten Kapitel aufgestellte These erinnern, daß die Ereignisse in FREUDS persönlichem Leben für die Entwicklung der Psychoanalyse äußerst relevant sind, ganz gleich, ob sie nun angeregt waren durch eine Liebesaffaire mit *Minna* oder durch seine Phantasien über seine geliebte Mutter.« (Eysenck 1985, S. 157f.; Großbuchstaben und Hervorhebungen im Original)

Seit der Monographie von E. M. Thornton (1983), die – ohne eine sehr viel gründlichere und seriösere Vorarbeit zu diesem Thema (Scheidt 1973) überhaupt zu erwähnen – die Hypothese vertrat, Freud habe bis in die 90er Jahre Kokainmißbrauch getrieben, die Psychoanalyse sei also einem toxisch geschädigten Gehirn entsprungen (s. u.), haben die biographischen Mutmaßungen der Anti-Freud-Literatur, über Freuds Sexualleben hinaus, weiteren wichtigen Stoff erhalten. So erwähnen sowohl Eysenck (1985, S. 38ff.) als auch Zimmer (1986, S. 10) beifällig diese dubios belegte Behauptung; dies erstaunt insofern, als beide Autoren sich nachdrücklich auf einen experimentell-szientistischen Standpunkt stellen (Eysenck 1985, S. 9ff. sowie S. 161ff.; Zimmer 1986, S. 112f.) und den nicht zu leugnenden spekulativen Charakter der psychoanalytischen Theorienbildung rügen (Eysenck 1985, etwa S. 103ff., Zimmer 1986, insbesondere S. 65ff.), um dann – wie Eysenck – mit sehr viel gewagteren, in keinem Falle absicherbaren Vermutungen zu argumentieren (bzw. sie wie Zimmer, S. 162, S. 172, suggestiv als Erklärung einfließen zu lassen).

Kritik des psychoanalytischen Menschenbildes:

Eine zweite Gemeinsamkeit vieler gegen Freud und die Psychoanalyse gerichteten Schriften ist naturgemäß eine Kritik der Theorie, die im einfachsten Falle allein in einer von Entrüstung getragenen (zumeist noch falschen) Wiedergabe der Inhalte besteht, bei fundierterer Auseinandersetzung in Form von Überprüfung der inneren Stimmigkeit und der empirischen Evidenz erfolgt; bei einer dritten Gruppe von Autoren stellt sich unter der wissenschaftlichen Verbrämung der Kritik nur allzu deutlich ihre ideologische Motivierung dar. Verständlicherweise kann und will es nicht Aufgabe dieses Buches sein, die nicht zu leugnende Peinlichkeit psychoanalytischer Aussagen aus der Welt zu schaffen. Wiederum ist es jedoch lehrreich, einige dieser kritischen Einwände exemplarisch vorzustellen und das ihnen Gemeinsame herauszuarbeiten. Die fatale Ähnlichkeit zur Freud-Kritik während der NS-Zeit ist nicht zu übersehen (obwohl Ludwig selbst von den damaligen Machthabern geächtet wurde und seine Werke der Bücherverbrennung zum Opfer fielen).

Wie bereits Freud konstatierte, war es die zentrale Bedeutung der Sexualität in der psychoanalytischen Theorie, die vor allem die Empörung der Kritiker hervorrief, insbesondere dabei die Annahme einer bereits regelmäßig bei Kleinkindern zu beobachtenden Sexualbetätigung (siehe etwa 1925e; GW XIV: 104 ff.). Das hat sich auch später nicht geändert: Weder Ludwig (1946) noch Kretschmer (1982) stellen den mühsamen, mittels sehr spezieller und subtiler Methoden gewonnenen psychoanalytischen Einsichten in das kindliche Seelenleben anderes entgegen als den empörten Aufschrei, daß diese nicht wahr seien. Etwa Ludwig, der von den »Phantasien eines Sexomanen« spricht, der in seiner Unkenntnis seltsame Perversitäten verallgemeinere. »Irgendwann einmal mögen Kinder zwischen drei und acht Jahren ihr Geschlecht vergleichen, lachen oder sich balgen und es wieder vergessen. Vom Geschlechtsakt der Eltern haben sie keine Vorstellung, auch wenn sie mit ihnen zusammenschlafen sollten.« (a. a. O., S. 44 f.) Oder:

> »Ich sehe ein halbes Dutzend kleiner Knaben und Mädchen in der Sonne Fangball spielen, sie balgen, zanken und amüsieren sich. In einer Stunde wird jedes von ihnen sich atemlos in Rock oder Schürze seiner Mutter drücken, müde vom Spiel, hungrig nach Milch und Brot, und wenn sie zusammen gebadet haben sollten, werden sie wohl über ihren verschiedenen Anblick gelacht haben. Wenn die Mutter sie nachher abreibt, wird weder sie noch das Kind sexuelle

Gefühle produzieren. Wenn sie im Schlafzimmer der Eltern ihre Betten stehen haben, ein Junge und ein Mädchen, so werden sie vielleicht erwachen, wenn der Vater etwas laut zu Bette geht, das breite Bett etwas kracht, und wenn der Junge wach bleiben sollte, so wird er vielleicht denken, sie spielen miteinander. Wovon die Kinder träumen? Von Bällen, von Hunden, von Schlitten, vom Nikolaus, von Elefanten. Der Morgen wird zwei Kinder so unschuldig wiederfinden, wie der Abend sie verließ.« (Ludwig 1946, S. 76f.)

Kretschmer wischt – ohne sie offensichtlich verstanden zu haben – die Theorie der infantilen Sexualität rasch vom Tisch:

»Da die Psychoanalytiker nach wie vor die frühkindliche Sexualität für eine ihrer Hauptentdeckungen halten, müssen wir prüfen, auf welche Beobachtungen sie sich stützt. Hierher gehöre, so heißt es, der lustvolle enge Kontakt des Säuglings mit der Mutter, besonders beim Saugen, wie überhaupt alle lustvollen körperlichen Wahrnehmungen. Zweitens wird dem Spiel mit dem Genitale eine beweisende Bedeutung beigemessen. Drittens komme Onanie und Orgasmus vor. Schließlich habe in einzelnen Fällen ein kleiner Knabe beim Anblick der nackten Arme seiner Mutter eine Erektion bekommen.

Versuchen wir die Tatbestände zu klären! Bekanntlich macht es keinen erkennbaren Unterschied aus, ob ein Knabe oder ein Mädchen lustvoll an der Mutter saugt. Es fehlt also der geschlechtsspezifische polare Bezug. Ebensowenig ist das Kind, gleich welchen Geschlechts, für die Mutter, die das Saugen lustvoll empfindet, ein ›Geschlechtspartner‹. Daß das Kind und besonders der Knabe sich mit seinem Genitale beschäftigt, ist weder verwunderlich, noch beweist es den Wunsch nach sexueller Befriedigung. Vielmehr spielt der Säugling mit allem Nächstliegenden, natürlich auch mit seinem Körper. Auch wenn die Körperöffnungen berührungsempfindlicher sind als andere Partien der Oberfläche, so braucht das gesunde Kind sie nicht als Lustquelle, weil es von Anfang an andere Möglichkeiten der Lebensfreude hat: So kommt auch die kleinkindliche Onanie bei abnormalen, gehirngestörten oder schlecht betreuten Individuen vor, die keinen unmittelbaren Lebenszugang haben und deshalb unzufrieden sind.« (Kretschmer 1982, S. 50f.)

Und an anderer Stelle führt er aus, die Psychoanalyse habe mit den »dekadenten erotischen Kunstströmungen« gemeinsam, »daß sie das Geschlechtsleben auf das Grobe, die sexuellen Merkmale, die Körperöffnungen und ihr Funktionieren« reduziere, seelisch aufs »Sinnlich-

Triebhafte«, und daß ein »besonderes Interesse am Perversen« bestehe. »Der Mensch wird von unten betrachtet. So begegnet man auf Schritt und Tritt Säuglingssexualität, Inzest, Homosexualität, Sadismus und Masochismus, gleich ob die gesunde oder die kranke Entwicklung betroffen ist. Hinzu kommen die destruktiven Gefühle von Haß, Todeswünschen, Angst und Schuldqual. Das seien die Grundlagen des Seelenlebens.« (Kretschmer 1982, S. 24)

Ein weiterer, immer wieder vorgebrachter Kritikpunkt an der Psychoanalyse ist das dort entwickelte desillusionierende Bild von Kultur und Gesellschaft, die Entlarvung der Religion als Kollektivneurose, die Konzeption von Kultur als Form der Triebunterdrückung, die Auffassung der künstlerischen Tätigkeit als Triebsublimierung; wie es der Psychiater Bumke 1938 so prägnant ausgedrückt hat, da scheine es doch geboten zu sein, »diese ›Wissenschaft‹ als das zu entlarven, was sie in Wirklichkeit ist: *ein rein dialektischer raffinierter Versuch, dem Menschen alle, aber auch alle Ideale zu rauben«*. (Bumke 1938, S. 60; Hervorhebung im Original)

Kaum eine kritische Auseinandersetzung mit der Psychoanalyse, weder in der älteren noch in der neueren einschlägigen Literatur, die nicht auf diesen Punkt hinwiese. Wiederum ist diese Ebene der Freud-Kritik besonders leicht an der Schrift von Ludwig aufzuzeigen:

> »Freud läßt in seinen späteren Büchern *Kunst, Kultur, Religion* aus diesen selben verdrängten Trieben stammen und erklärt die Taten großer Männer aus geheimen sexuellen Trieben. In Unkenntnis der Fakten schließt er die höchsten Vertreter der menschlichen Kultur *seiner Unterwelt* an. Nachdem er erklärt hat: ›Die Triebe und ihre Umwandlungen *sind das Letzte*, was die Psychoanalyse erkennen kann‹, wagt er es, den ganzen Menschen und so auch den großen gänzlich aus Trieben zu erklären.« (Ludwig 1946, S. 19; Hervorhebungen im Original)

Ebenso werden von Kretschmer (1982, S. 88ff.) lange Passagen der Rettung von Religion und Kultur gegenüber der Freudschen Zersetzung gewidmet.

Psychoanalyse als Gesellschaftsgefährdung:

Folgerichtig fehlen in kaum einer einschlägigen Schrift Klagen über oder Warnungen vor gesellschaftlichen Schäden durch das psychoanalytische Gedankengut. Wiederum besonders deutlich bei Ludwig:

> »Alle allgemeinen Thesen Freuds über die menschliche Seele sind

ohne Beweis geblieben. Sie sind geeignet, besonders jungen Menschen alles Streben zu entwerten, Schwache für ihre Passivität zu entschuldigen und Unwissende zu Zynikern vor den Schätzen der Menschheit zu machen. Die Verbreitung dieser von den einfachsten Menschen wie von den feinsten Kennern der Seele geleugneten Behauptungen wächst sich zu einer Gefahr unserer Generation aus.« (Ludwig 1946, S. 19)

Kretschmer (1982, S. 182) charakterisiert die Psychoanalyse als »die ideale Weltanschauung der ›modernen‹ Konsumenten, die ohne innere Bindungen an Elternhaus, Kulturkreis, Vaterland und Religion ihr Leben nach individuellen Nützlichkeitserwägungen gestalten«. Thornton (1983) macht in dunkler Weise offenbar Freud mittelbar oder unmittelbar für alle nur denkbaren tatsächlichen und vermeintlichen Mißstände verantwortlich: Die Freudianische Revolution der sechziger Jahre mit der breiten Anerkennung der Freudschen Theorien und das Heraufkommen der »permissive society« habe die letzten beiden Jahrzehnte zu einer idealen Periode für die Praxisumsetzung dieser Konzepte gemacht. Schriftsteller und andere Gebildete hätten, zum Teil freudianischer als Freud selbst, für die vollständige Abschaffung aller sexuellen Tabus einschließlich der gegen Inzest und auch ungewöhnlichere Varianten im Sexualverhalten gekämpft, seien für die Beseitigung einer diesbezüglichen Zensur eingetreten und hätten das Fehlen eines die Sexual- und Exkrementalfunktionen adäquat beschreibenden Vokabulars beklagt. Therapeutischer Ehebruch sei vertreten und zur Aufklärung der Jugend Nacktheit in der Familie sowie eine Sexualerziehung in den Schulen empfohlen worden, die dem Kind das völlige Ausleben »Freudianischer Sexualität« einschließlich aller möglichen Abweichungen gestattete. In Schweden hätten Eiferer gefordert, Kinder im Alter von drei mit Pornographie zu konfrontieren, die Neo-Freudianer sich zum Glauben an die natürliche Bisexualität bekannt. Auf Freuds Lehre vom Todestrieb und seinen Komponenten basierend, sei eine Mystik entstanden, peinlich genaues Darbieten von Grausamkeiten und Aggression auf der Bühne und in den Medien sei als heilsam angesehen worden.* (Thornton 1983, S. 309f.)[2]

Die Autorin erstellt dann, den Leser immer weniger im Zweifel über ihre politische und weltanschauliche Gesinnung lassend (siehe 2.5), ein

* Die deutschen Paraphrasierungen geben die Aussagen häufig stark verkürzt wieder. Der Leser sei nachdrücklich auf die englischsprachigen Originalzitate in den Anmerkungen verwiesen.

düsteres Szenario mit Drogenkult, »Pille«, »new morality« und »permissive society« und gelangt schließlich zu den achtziger Jahren und auch zurück zu Freud: Eine freudlose, perspektivelose Gesellschaft sei entstanden, eine Gesellschaft, niedergedrückt durch die sozialen Probleme in Folge der »permissive society«. Das versprochene Land habe sich als steinige Wüste herausgestellt und Freud, der den Weg gezeigt hatte, als falscher und treuloser Prophet (a. a. O., S. 312).[3]

Und eine ganze Reihe weiterer Autoren, die etwas genauer in 2.5 besprochen werden sollen, malt die auf Freuds Lehre zurückgehende und jetzt Realität gewordene Gesellschaft mit düstersten Farben. Kushner (1967, S. 131 ff.) widmet zwei Kapitel dem üblen (»evil«) Einfluß Freuds auf die Gesellschaft und auf die Jugend; nach Sokoloff beruht die Freudianische Bewegung wesentlich auf extremer Nachgiebigkeit (Freizügigkeit), die in ihren Auswirkungen zuvorderst gegen die Gesellschaft oder das Establishment gerichtet sei. Er verweist auf den phänomenalen Erfolg der Freudianischen Freizügigkeit auf allen Gebieten des amerikanischen Lebens, in puncto Verbrechen, Drogen, Familie, Erziehung, Unruhen an den Hochschulen, Sexualität, sogar bei den Entscheidungen des obersten Gerichtshofs (Sokoloff 1971, S. 109 f.).[4] Konsequent führt der Autor den chaotischen Zustand des Landes vornehmlich auf die Infektion mit Freudschem Gedankengut zurück (a. a. O., S. 5 ff.).

Kultur und Alltagsleben sind nach der Ansicht von Pinckney und Pinckney bis zu solchem Grade von der Freudschen Lehre durchdrungen, daß nicht nur Moral aus der Mode gekommen, sondern Unmoral geradezu erlaubt sei. Mit jedem Jahr, da die persönliche Philosophie Sigmund Freuds dem Durchschnittsbürger mehr aufgedrängt worden sei, sei das Niveau der einstigen Ideale um einen Strich gesunken (Pinckney und Pinckney 1965, S. 56).[5]

Und Jurjevich stellt an seine Leser die Frage, ob man es zulassen könne, daß sich ein Berufsstand über die moralischen Prinzipien stelle, die für die Mehrheit der anderen Gesellschaftsmitglieder handlungsleitend seien, ob Freudianer das Recht hätten, die überdauernden Werte der Gesellschaft zu mißachten, ob man sie nicht für den moralischen und gesellschaftlichen Schaden zur Rechenschaft ziehen solle, den sie durch ihren Zynismus anrichteten (Jurjevich 1974, S. 133).[6]

Mehr oder weniger ausschließlich dem Schaden durch die Psychoanalyse ist Richard La Pieres Werk *The Freudian Ethic* (1974) gewidmet (siehe auch 2.5), dem wir unter anderem entnehmen, daß niemals eine so morbide, so entmutigende Lehre vom Menschen mit solch wilder Begeisterung bejubelt worden sei (a. a. O., S. 54). Wenn nun, wie es aussehe, die bürgerliche Klasse dem Untergang entgegengehe, dann sei dies Freud mehr als jedem anderen anzulasten. Denn die Auflösung der Bourgeoisie werde nicht durch die Revolte der Massen herbeigeführt, sondern dadurch, daß Mitglieder dieser Klasse die antibürgerlichen Werte übernommen hätten, die durch die Freudsche Lehre vom Menschen gerechtfertigt würden. Der Autor vergleicht diesen Vorgang der Selbstzersetzung mit anderen in der Geschichte, bei denen gesellschaftliche Eliten durch die Aufgabe jener Qualitäten, die sie von der gewöhnlichen Art der Menschen unterschieden, sich selbst zerstört hätten (a. a. O., S. 184f).[7]

Und Eysenck – nachdem er sich an einer wissenschaftlichen Kritik der Psychoanalyse versucht hat (siehe Köhler 1987, S. 361ff.) – ist immerhin ehrlich genug, eine wesentliche Motivation seines Vorhabens einzugestehen:

> »... aber die Frage bleibt doch, ob dieses ›Meinungsklima‹ – und damit ist ein Klima der Nachgiebigkeit, der sexuellen Promiskuität, des Niedergangs ›altmodischer Werte‹ etc. gemeint – unseren Vorstellungen vom rechten Leben entspricht [...] Es ist also an der Zeit, daß wir diese Lehre neu einschätzen, und zwar nicht nur im Hinblick auf ihre wissenschaftliche Wertlosigkeit, sondern auch und gerade im Hinblick auf ihren ethischen Nihilismus.« (Eysenck 1985, S. 220)

Verweis auf Freuds mangelnde Originalität:

Weiter fehlt in keiner der kritisch mit der Psychoanalyse befaßten Arbeiten der ausdrückliche Hinweis darauf, daß wesentliche Elemente der Freudschen Lehre schon vor ihm entwickelt worden seien und er sie lediglich – zumeist ohne Quellenangabe – volkstümlich aufbereitet und weitergegeben habe. Dieser Argumentationsstrang setzt spätestens in den 20er Jahren ein (z. B. Wohlgemuth 1923, passim), wird ausgiebig benutzt in der nationalsozialistischen Gegenpropaganda (etwa Korn 1933; siehe auch Brecht et al. 1985, S. 87), kennzeichnet unter anderem die äußerst ablehnende Psychoanalyserezeption von Karl Jaspers (1959, S. 299ff., S. 450ff.), und zieht sich durch weitere Anti-Freud-Literatur (Ludwig 1946, S. 84ff.; Kushner 1967, S. 23ff.; Jurjevich 1974, S. 176ff.; Kretschmer 1982, S. 20ff.; Thornton 1983, S. 270) bis zu den jüngsten Veröffentlichungen von Eysenck (1985, z. B. S. 25ff., S. 34ff., S. 133ff., S. 179, S. 215, S. 229f.), Eschenröder (1986, S. 171f., S. 182) und Zimmer (1986, S. 266ff.).

Aufgrund der Arbeiten von Ellenberger (1973) und Sulloway (1982), die sich ausgiebig der Abweisung tatsächlicher oder vermeintlicher Freudscher Originalitätsansprüche widmen, nimmt gerade in den jüngst erschienenen kritischen Schriften dieses Thema breiten Raum ein. Der Fragestellung ist deshalb mit gutem Grund ein eigenes Kapitel in diesem Buch gewidmet, wobei ich versucht habe, einerseits die fachpolitische Tragweite dieser Kontroverse aufzuzeigen, andererseits auch die unseriöse Behandlung dieser komplexen Originalitätsfragen bei Ellenberger und Sulloway darzustellen, deren Ausführungen dann ungeprüft und beifällig von späteren Anti-Freud-Autoren weitergegeben wurden.

Anmerkung zum Umgang mit Quellen:

Was schließlich fast durchgehend die Anti-Freud-Literatur und die kritische Freud-Biographik kennzeichnet, ist ihre allen wissenschaftlichen Konventionen widersprechende Behandlung der Originalliteratur. Diese wird häufig sinnentstellend paraphrasiert oder zusammengefaßt; in vielen Fällen fehlt die Quellenangabe, ist unvollständig oder falsch, so daß die von den Autoren beigebrachten Belege oft nicht auf Korrektheit überprüft werden können; nicht selten werden sogar Zitate (!) falsch (und zwar sinnentstellend falsch) wiedergegeben, was allein ausreicht, um die betreffenden Autoren mit dem wissenschaftlichen *anathema sit* zu belegen. Gerade diese formalen Unzulänglichkeiten habe ich ausführlich darzustellen versucht – möglicherweise für den Leser etwas ermüdend –, weil sich damit besonders gut und rasch deutlich machen läßt, welcher unlauterer Mittel sich die Anti-Freud-Literatur zuweilen bedient, um ihr Ziel zu erreichen. Ausgesprochen grotesk ist dies im Falle Eysencks, der wieder und wieder die Unwissenschaftlichkeit Freuds betont (1985, S. 42, S. 161, S. 182, S. 225, S. 234), ohne selbst die überhaupt erst wissenschaftlichen Diskurs ermöglichenden Grundregeln zu beherrschen (s. u.).

Besonders deutlich lassen sich die oben erwähnten Praktiken an der Monographie von Ludwig aufzeigen. Der Autor gibt bei Zitaten nie die Quelle an und zitiert häufig falsch. So schreibt er etwa über die Freudsche Traumtheorie: »Daher ist auch der Traum eine Arbeit, die wissenschaftlich beschrieben werden kann, aber zugleich ist er ein Betrug, ein Trick, durch den man sich Schwierigkeiten entziehen will, um ›das Oberbewußtsein über die wahren Triebe, Gedanken, Gefühle, Wünsche und Absichten des Unterbewußtseins im Dunkeln zu lassen‹.« (Ludwig 1946, S. 25) Daß es sich hierbei nicht um eine authentische Wiedergabe einer Freudschen Aussage handeln kann, sieht man allein schon daran, daß Freud die Begriffe »Oberbewußtsein« und »Unterbewußtsein« nicht verwendet, vielmehr sich nachdrücklich gegen die Verwendung des letzteren ausspricht: »Wir werden auch die Bezeichnung eines ›Unterbewußtseins‹ als inkorrekt und irreführend ablehnen dürfen.« (GW II/III:620; ebenso GW X:269)

In anderen Fällen läßt sich zuweilen auch ohne Quellenangabe die »zitierte« Stelle auffinden; wenn Ludwig schreibt, von Freud sei »die dekadente Aristokratie des Sexus zur Tafel geladen«. Gebe es eine »feinere Visitenkarte für einen geistigen und fortgeschrittenen Menschen, als wenn er Freuds primitiven Nihilismus wiederholt: ›Die Entwicklung des Menschen scheint mir keiner andern Erklärung bedürftig als die der Tiere; ich sehe keinen Trieb zur Vervollkommnung... Der Glaube daran ist eine Illusion.‹« (a.a.O., S. 61), so hat er offenbar einige Sätze aus *Jenseits des Lustprinzips* im Auge, die korrekt so lauten:

> »Vielen von uns mag es auch schwer werden, auf den Glauben zu verzichten, daß im Menschen selbst ein Trieb zur Vervollkommnung wohnt [...]. Allein ich glaube nicht an einen solchen inneren Trieb und sehe keinen Weg, diese wohltuende Illusion zu schonen. Die bisherige Entwicklung des Menschen scheint mir keiner anderen Erklärung zu bedürfen als die der Tiere [...]« (GW XIII:44)

Obwohl hier die resultierende Sinnentstellung vergleichsweise gering ist, wird unmittelbar deutlich, daß das hier in Anführungsstriche Gesetzte bestenfalls noch als freie Nacherzählung der Freudschen Worte aufgefaßt werden kann. In anderen Fällen ist der Sinn bei der Wiedergabe deutlich verändert. Bei Ludwig: »›Der Traum ist die verkleidete Erfüllung eines verdrängten Wunsches.‹« (1946, S. 26) Bei Freud: *»Der Traum ist die (verkleidete) Erfüllung eines (unterdrückten, verdrängten) Wunsches.«* (GW II/III:166; Hervorhebungen im Original), also sehr viel weiter und vorsichtiger formuliert (ebenso sinnentstellend bei Ludwig, S. 40; vgl. dazu GW II/III:189).

Und wenn der im August 1893 verstorbene Charcot zum Kronzeugen gegen die überhaupt erst 1894 publizierte und nicht vor 1896 auf die Basis einer sexuellen Ätiologie gestellte Freudsche Neurosenlehre aufgerufen wird: »Schärfer und weniger ironisch sprach sich Charcot aus, der Freuds ›Übertreibung des Sexus für die Theorie der Neurosen absurd‹ nannte« (Ludwig, S. 91), so sollte man über der erheiternden Plumpheit dieses Irrtums nicht die Ungeheuerlichkeit des Sachverhalts übersehen.

Das heute weitgehend vergessene Buch Emil Ludwigs mußte hier zur Darstellung kommen, weil man an ihm die teilweise erschreckende Niveaulosigkeit und Perfidie von Psychoanalysekritik zeigen kann, die sich ihrerseits tatsächlich wohl am besten nur mit dem der klinischen Theorie entlehnten Begriff des Widerstandes beschreiben läßt. So bereitwillig man konzediert, daß die dreiste Ignoranz Ludwigs nicht mehr erreicht wurde, so nachdrücklich bleibt noch einmal darauf hinzuweisen, daß gewisse an Ludwigs Arbeit aufgezeigte Grundzüge der antifreudianischen Polemik sich bei fast allen späteren Autoren wiederholen und daß sich deren Umgang mit wissenschaftlichen Quellen oft nur graduell von Ludwigs Zitatenfälschung unterscheidet.

2.4 Einige Autoren der Anti-Freud-Literatur und kritischen Freud-Biographik

Nachdem die von ihnen ausgeführten – gewissermaßen sich wiederholenden – Grundthemen dargestellt sind, soll nun auf die einzelnen Verfasser eingegangen werden; insbesondere muß untersucht werden, wie sie das oben skizzierte Grundschema variieren und wieweit ihre Arbeiten, unabhängig von der Stichhaltigkeit der Argumente und dem Anliegen der Autoren, wissenschaftlich seriös zu nennen sind, also die überhaupt im Vorfeld jeglicher wissenschaftlicher Argumentation angesiedelten Spielregeln beachten. Im folgenden Abschnitt dieses Kapitels werde ich dann den schwierigen und undankbaren, aber leider notwendigen Versuch einer genaueren politischen Einordnung einiger Autoren unternehmen.

Die Monographie des Tübinger Professors Wolfgang Kretschmer (Forschungsstelle für medizinische Psychologie und Konstitutionsbiologie) hat vergleichsweise wenig Resonanz gefunden und soll deshalb nur insoweit dargestellt werden, als sich an ihr exemplarisch einige allgemeine Tendenzen der Anti-Freud-Literatur aufzeigen lassen. Anders als Eysenck, Eschenröder oder Zimmer, die vornehmlich Belege gegen die Psychoanalyse vorbringen, wie sie sich aus speziell zu diesem Zwecke angestellten wissenschaftlichen Untersuchungen ergeben haben sollen, versucht Kretschmer gewissermaßen durch »common sense«-Argumente und Hinweis auf den Augenschein Freuds Theorien zu widerlegen. Die Arbeit ähnelt insofern deutlich der Ludwigs und weist auch sonst erstaunliche Parallelen zu ihr auf, obwohl dem Verfasser Ludwigs Schrift offensichtlich unbekannt war, zumindestens von ihm im Literaturverzeichnis nicht aufgeführt wird.

Zunächst ist zum Erstaunen und Erschrecken zugleich festzustellen, daß der Verfasser, Professor an einer deutschen Universität, die Regeln des wissenschaftlichen Zitierens nicht beherrscht. In vielen Fällen fehlt die Quellenangabe ganz, in anderen ist sie unrichtig, im günstigsten Falle zwar korrekt, aber unvollständig ohne Seitenzahl, so daß die Auffindung der Originalstelle ohne besondere Hilfsmittel nicht gelingt; wenn etwa als Quelle (Freud 1917) angegeben wird (Kretschmer 1982, S. 106), womit offensichtlich die fast 500 Seiten umfassenden *Vorlesungen zur Einführung in die Psychoanalyse* (1916–17; GW XI) gemeint sind, kann man ermessen, welche Schwierigkeit es bereitet, das Zitat auf seine Korrektheit zu überprüfen.

Oft ist dann auch das Zitat falsch: Bei Kretschmer (1982, S. 13) steht ohne Quellenangabe: »›Ich bin der Hauptpatient‹«; was der Autor dabei wohl im Sinne hat, ist die Bemerkung in einem Brief an Fließ: »Der Hauptpatient, der mich beschäftigt, bin ich selbst« (Freud 1950a, S. 185), ein sicher nicht wesentlicher Unterschied, der aber zeigt, daß der Verfasser Zitate nicht den entsprechenden Werken, sondern seinem eigenen lückenhaften Gedächtnis entnimmt. In anderen Fällen ist das Zitat sinnentstellend wiedergegeben, etwa Kretschmer (S. 95): »Freud meint zwar (1936): ›Ich bin Revolutionär.‹« Laut Literaturverzeichnis bedeutet Freud (1936) die »Nachschrift zur Selbstdarstellung« (GW XIV: 29 ff.). Dort ist eine solche, zu Freuds Diktion nicht passende Platitüde natürlich nicht zu finden. Tatsächlich schreibt Freud 1936 in einem Brief an Binswanger, bezüglich einer speziellen Fragestellung, nicht allgemein: »Sie sind darin konservativ, ich bin revolutionär« (Binswanger 1956, S. 115), was natürlich einen ganz anderen Sinn ergibt.

In einem anderen Fall ist das Zitat zwar korrekt, aber aus dem Zusammenhang genommen und damit sinnentstellend wiedergegeben:

> »Im übrigen stellt er zuweilen seine Gedankengänge teilweise oder ganz in Frage [...]. Doch ist das als der Ausdruck einer skrupulösen Selbstkontrolle zu nehmen, mit der Freud wohl bestätigen wollte, daß er ›wissenschaftlich‹ vorgeht, die aber keinen Einfluß auf seine Gedankengänge hat. Was wäre auch geschehen, wenn Freud seine berühmte Äußerung (1920) über seine Ergebnisse ernst gemeint hätte und seine Schüler ihn beim Wort genommen hätten: ›... daß ich weder selbst überzeugt bin, noch bei andern um Glauben für sie werbe. Richtiger: ich weiß nicht, wieweit ich an sie glaube... Man kann sich doch einem Gedankengang hingeben, ihn verfolgen, soweit er führt, nur aus wissenschaftlicher Neugierde oder... als advocatus diaboli, der sich darum doch nicht dem Teufel verschreibt.‹ Es ›gäbe gute Gründe zu Mißtrauen‹. Hier geht es nicht um die Polarität der Lebenserscheinungen, sondern lediglich um die Frage richtig oder falsch.« (Kretschmer 1982, S. 72)

Die Stelle findet sich in *Jenseits des Lustprinzips* (1920g; GW XIII:64) und ist – abgesehen davon, daß es im Original »dem Teufel selbst verschreibt« heißt – korrekt wiedergegeben. Das Ganze macht dann den Eindruck, als wäre Freud von seinen sämtlichen Ableitungen nicht überzeugt gewesen; in Wirklichkeit bezieht sich die Aussage nur auf die gerade vorgebrachten Spekulationen über Eros und Todestrieb. Ich gebe die dem angeführten Zitat vorangehenden Sätze wieder:

> »Sollen wir, dem Wink des Dichterphilosophen folgend, die Annahme wagen, daß die lebende Substanz bei ihrer Belebung in kleine Partikel zerrissen wurde, die seither durch die Sexualtriebe ihre Wiedervereinigung anstreben [...]. Daß diese zersprengten Teile lebender Substanz so die Vielzelligkeit erreichen und endlich die Keimzellen den Trieb zur Wiedervereinigung in höchster Konzentration übertragen? Ich glaube, es ist hier die Stelle, abzubrechen.
>
> Doch nicht, ohne einige Worte kritischer Besinnung anzuschließen. Man könnte mich fragen, ob und inwieweit ich selbst von den hier entwickelten Annahmen überzeugt bin. Meine Antwort würde lauten, daß ich weder selbst überzeugt bin, noch bei anderen um Glauben für sie werbe [...].« (GW XIII:63f.)

Neben moralischer Entrüstung über Freuds Thesen, insbesondere zur Sexualität (Kretschmer 1982, S. 24, S. 51f.; siehe auch oben) und zur Religion (a.a.O., S. 97f.) sowie geschmacklosesten Ausführungen über Freuds Persönlichkeit und sein Sexualleben (a.a.O., S. 12, S. 16; siehe auch oben), versucht Kretschmer unter anderem, Widersprüche in zwei zentralen psychoanalytischen Konzepten aufzuzeigen, dem des Unbewußten und der Verdrängung (a.a.O., S. 39ff.). Hier ist nun ein sehr ernstes Wort am Platz: Während die Schwierigkeit der psychoanalytischen Begriffsbildung hier zugestanden sei (von Kretschmer, S. 74, auch richtig gesehen wird) und man so für gewisse Fehler der Kritiker gerne Verständnis aufbringt, kann nicht deutlich genug auf die dreiste Ignoranz und Selbstgefälligkeit hingewiesen werden, mit der die Autoren sich die mühevolle Freud-Lektüre ersparen zu können glauben. So schreibt Kretschmer:

> »Was bewußt ist, war vorher nicht bewußt und wird bald unbewußt sein. Das ist eine Binsenweisheit. Wir können nun sagen, daß das noch nicht Bewußte oder das unbewußt Gewordene in der Potenz oder in der *Bereitschaft* ruht und mit der beabsichtigten oder spontanen Bewußtheit aktualisiert wird, ohne daß wir einen ›Ort‹ dieses Potentiellen finden könnten oder für die Theorie brauchten. Das ›Unbewußte‹ der Psychoanalytiker, das meint doch die *Gefühle und*

> *Themen, die sich nicht bewußt ausgestalten können*; das ›Bewußte‹ meint all das, was im gegebenen Augenblick *bewußt werden kann*. Man bemerke die begrifflichen Widersprüche! Nicht, daß es ein ›Unbewußtes‹ mit seinen besondern Inhalten gäbe, ist wesentlich, sondern daß *etwas im Bewußten erscheinen*, bewußt werden kann.« (a. a. O., S. 43 f.; Hervorhebungen im Original)

Diesem scharfsinnigen Kritiker ist offensichtlich unbekannt, daß Freud die drei psychischen Qualitäten, bewußt, vorbewußt (im Sinne von prinzipiell bewußtseinsfähig) und unbewußt, das heißt durch Widerstand an der Bewußtseinsfähigkeit gehindert, unterscheidet. Ein Blick in den *Abriß der Psychoanalyse* (1940a; GW XVII: 63 ff., dort insbesondere 79 ff.) hätte den Autor von solchen Ausführungen abhalten können. Auch sind Kretschmer, der es unternimmt, über die mittlerweile genügend diskutierte Freudsche Metapsychologie Neues und Kompetentes beizubringen, anscheinend die beiden metapsychologischen Schriften »Die Verdrängung« (1915 d; GW X: 247 ff.) und »Das Unbewußte« (1915 e; GW X: 263 ff.) unbekannt, denn zumindest verliert er über sie kein Wort und führt die beiden grundlegenden Arbeiten im Literaturverzeichnis auch nicht auf.

Andere, nicht systematisch vorgebrachte, wohl aber gelegentlich eingestreute Kritikpunkte an der Psychoanalyse, etwa das Fehlen experimenteller Beweise (Kretschmer 1982, S. 30) oder die zuweilen subjektiv-spekulative Argumentation (a. a. O., S. 36), sind an sich nicht abzuweisen und berechtigen – will man sich auf einen streng-experimentell szientistischen Standpunkt stellen – die psychoanalytische Erkenntnismethodik abzulehnen; solche Hinweise wirken aber dann alles andere als glaubwürdig, wenn man, wie Kretschmer, ausgerechnet den tief im Mystizismus angesiedelten C. G. Jung Freud positiv entgegenstellt: Jung habe die »Psychologie über die primitiven Beziehungen zu ›Objekten‹ hinaus ausgedehnt« und zu ihrem eigentlichen Bereich, der Innerlichkeit, zurückgeführt. Niemand in unserem Jahrhundert außer Ludwig Klages habe »soviel wie er zur Erkenntnis von Eigenart und Eigengesetzlichkeit des Seelenlebens beigetragen und es gegenüber den rationalen und willentlichen Akten so gut abgegrenzt«. (a. a. O., S. 137) Und:

> »Jung handhabt seine ungewöhnlich vielfältigen Beobachtungen, Gesichtspunkte und Schlüsse überlegen und frei und führt sie in tiefsinnige Deutungen des Daseins hinein, an welche sich die im Abschnitt ›Meditation‹ skizzierten Anschauungen unmittelbar anschließen. Der wissenschaftliche Spannungsbogen von den psychi-

schen ›Komplexen‹ bis zur ›Individuation‹ umfaßt in Breite und Höhe so viel, daß man Jung nur abwertend neben Freud stellen könnte. Jungs Verdienst bleibt es, die ›Tiefenpsychologie‹ auf die angemessene menschliche Ebene gehoben zu haben, indem er jenseits der Grundtriebe die Bedeutungs- und Sinntiefe des Daseins psychologisch erschloß.« (a.a.O., S. 141)

Nach all dem Gesagten ist es wohl nur folgerichtig, daß Kretschmer nicht nur Jung, sondern auch Klages schätzt, die des übrigen beide von Ernst Bloch (1985, S. 344) als »Krypto-Fascisten der Psychologie« bezeichnet werden.

Im Gegensatz zu Kretschmers Arbeit hat E. M. Thorntons *Freud and Cocaine. The Freudian Fallacy* (1983) weite Beachtung gefunden und wird von Eysenck (1985, S. 33, S. 39ff.), Eschenröder (1986, S. 46ff.) und Zimmer (1986, S. 10, S. 364) beifällig zitiert. Anders als Kretschmer, Eschenröder, Zimmer sowie die Anti-Freud-Autoren der zwanziger und dreißiger Jahre, die bei aller Kritik gegenüber der Psychoanalyse ihrem Begründer Freud immerhin ein gewisses historisches Verdienst zuschreiben, setzt Thornton – hierin ähnlich Eysenck – zu einer globalen und kompromißlosen Verwerfung an; wie der bereits erwähnte und auszugsweise wiedergegebene Epilog zeigt (s. o.), ist der Verfasserin an einer differenzierten Betrachtung von Zusammenhängen nichts gelegen. Entsprechend eindeutig ist ihre These: Das unbewußte Seelenleben existiere nicht*, Freuds Theorien seien unfundiert und fehlerhaft gewesen, als Freud sie entwickelte, sei er unter dem Einfluß einer Droge mit spezifischer Wirkung auf das Gehirn gestanden (nämlich Kokain). (Thornton 1983, S. 1)[8]

Die Liquidierung Freuds und der Psychoanalyse geht in drei Schritten vor sich: Zunächst wird gezeigt, daß der Anlaß zur Theoriebildung, das einer psychologischen Erklärung bedürftige Rätsel der Hysterie, nie bestand: Es habe sich dabei, wie etwa im Falle traumatischer Hysterien, um organische Läsionen gehandelt (Thornton 1983, S. 197ff.), die hysterischen Anfälle seien von modernen französischen Neurologen als Temporallappenepilepsien erkannt worden[9]. (a.a.O., S. 66)**

* Es wäre eine lohnende Aufgabe, die widersprechenden Aussagen von Autoren der Anti-Freud-Literatur gegenüberzustellen, die sich keineswegs voneinander distanzieren, sondern vielmehr als gegenseitige Stütze heranziehen. Während etwa Thornton die These vertritt, das unbewußte Seelenleben existiere nicht (S. 1, s. o.), schreibt Eysenck (1985, S. 36): »Wohlbemerkt –, daß es unbewußte seelische Aktivität gibt, sei nicht bestritten; [...]«

**Nicht nur, daß der sonst so kritische Dieter E. Zimmer die Behauptung dieser Freud-

Abgesehen davon, daß die psychoanalytische Theorie keineswegs auf die Hysterietheorie gegründet ist, wie es die Autorin behauptet (ebda.) – sie nahm lediglich davon ihren Anfang –, so verdienen diese Ausführungen noch weiteren Kommentars. Es ist sicher richtig, daß die Diagnose Hysterie seinerzeit aufgrund fehlender elektroenzephalographischer und neuroradiologischer Untersuchungsmöglichkeiten zu häufig gestellt wurde. Wenn man jedoch sämtliche hysterischen Anfälle fast ein Jahrhundert später als Temporallappenepilepsien diagnostizieren will, so gerät man tief in die Spekulation. Dazu genügt es nicht, wie es die Autorin (bzw. ihre Gewährsleute) tun, ausgewählte Fallberichte mit der Symptomatologie von Temporallappenepilepsien zu vergleichen; dies müßte für sämtliche in der Literatur beschriebenen Fälle geschehen, und selbst dann wäre man dabei weitgehend auf Analogieschlüsse angewiesen. Eine solche Theorie wäre weiter mit der Tatsache konfrontiert, daß die Temporallappenepilepsie (heute) sehr selten ist und in mindestens gleicher Häufigkeit bei Männern auftritt, während die Hysterie damals anscheinend ausgesprochen häufig war und fast ausschließlich Frauen betraf. Dabei wurde offensichtlich eine solch einseitige Geschlechtsbevorzugung festgestellt, daß man eine ganze Weile überhaupt ein Vorkommen der Hysterie bei Männern für unmöglich hielt, bis erste statistische Untersuchungen von Briquet Mitte des vorigen Jahrhunderts eine Geschlechtsverteilung von 20:1 in der Auftretenshäufigkeit fanden (siehe Ellenberger 1973, S. 156f.); weiter könnte man unter Annahme einer rein organischen Ursache nicht erklären, warum das Symptombild offensichtlich stark zeitbedingten Wandlungen unterlag, etwa das Bild des berühmten »arc de cercle« heute so gut wie verschwunden ist. Vor allem aber wird in der Argumentation übersehen, daß die Hysterie häufig in Form von länger dauernden Symptomen auftrat, über deren Ursache zwar die Theorien verschieden waren, in deren Abgrenzung von organisch-neurologischen Leiden und Zusammenfassung zum Krankheitsbild der Hysterie sich aber sowohl die französischen wie die deutschsprachigen Neurologen einig waren (siehe etwa Krafft-Ebing 1896; zu den nicht zu organischen Läsionen passenden Symptombildern siehe Freud 1893e). Die bekannten Hysteriefälle der psychoanalytischen Literatur (Anna O., Emmy v. N., Lucy R., Elisabeth v. R., »Dora«) litten alle an hysterischen Dauersymptomen.

Gegnerin ungeprüft den Lesern als Wahrheit präsentiert, ihre Aussage ist von ihm nicht einmal richtig erfaßt worden: »Die klassischen ›Hysteriker‹ des Pariser Neurologen Charcot, die den jungen Freud so beeindruckten, wurden mit den Kenntnissen der modernen Medizin allesamt neu diagnostiziert und entpuppten sich dabei als Epileptiker.« (Zimmer 1986, S. 364) Abgesehen von der naiven Vorstellung, hier von einer »Diagnose« sprechen zu können, hatte Thornton, auf die sich Zimmer beruft, lediglich von den hysterischen Anfällen gesprochen.

Was den Fall der Anna O. angeht, die nicht an Hysterie, sondern an tuberkulöser Meningitis gelitten haben soll (Thornton, S. 121 ff.), so läßt sich diese Annahme zumindest als sehr unwahrscheinlich zurückweisen: Nicht nur, daß die von der Autorin angenommenen multiplen Hirnschäden der Patientin keineswegs zu den von Breuer geschilderten Symptomen und ihrem Verlauf passen (siehe Köhler 1987, S. 354 f.); insbesondere hatte Breuer, der das Krankheitsbild sehr lange (über eineinhalb Jahre) studieren konnte, die von ihm zunächst selbst gestellte Diagnose einer tuberkulösen Meningitis offensichtlich aus gutem Grund verworfen, und mehrere seiner Kollegen hatten sich ihm angeschlossen. Unter anderem war es der als Konsiliarius zugezogene Richard von Krafft-Ebing (siehe Hirschmüller 1978, S. 136), der später als Direktor der Psychiatrischen Abteilung des Wiener Allgemeinen Krankenhauses gewissermaßen zum Ersten Psychiater der k. u. k.-Monarchie avancierte und dessen Diagnose an der Patientin selbst zweifellos eine höhere Treffsicherheit beanspruchen sollte als die posthume Diagnose einer Medizinhistorikerin. Amüsiert, aber nicht unvorbereitet nimmt man zur Kenntnis, daß Hans Jürgen Eysenck, der generös Freud und seinen Anhängern Unwissenschaftlichkeit (S. 13, S. 15, S. 41, S. 42, S. 161, S. 182, S. 225, S. 234), sich selbst und dem von ihm vertretenen Ansatz aber strenge Wissenschaftlichkeit (a. a. O., S. 8, S. 218, S. 222, S. 226) bescheinigt, das Ergebnis von Thorntons kühner und die empirische Evidenz mißachtender Spekulation dann als nicht zu bezweifelnde Tatsache hinstellt: »Im übrigen aber litt Anna in Wirklichkeit gar nicht an ›Hysterie‹, sondern an einer schweren körperlichen Krankheit, nämlich an tuberkulöser Gehirnhautentzündung (Meningitis tuberculosa)« (a. a. O., S. 33, ähnlich S. 15, S. 24); ebenso Zimmer (1986, S. 335 f.), der dies dem Leser als Faktum präsentiert, wie so oft in seinem pseudowissenschaftlichen Buch erschreckend kritiklos gegenüber allen Autoren, welche die Psychoanalyse zu diskreditieren versuchen. Sehr viel seriöser ist Eschenröder (1986, S. 46), der hier von einer Annahme Thorntons spricht.

Im nächsten Schritt (Thornton, S. 149 ff.) versucht die Autorin zu zeigen, daß Freud auch in den neunziger Jahren, lange nach Abschluß der berühmten Kokainepisode (1884–1887), noch Kokain nahm und unter der Wirkung dieser Droge seine Ideen konzipierte, insbesondere die zur Rolle der Sexualität. Bewundernswert ist die Sicherheit, mit der die Autorin ihre auf biographischen Spekulationen und Analogieschlüssen beruhende Behauptung als unumstößliches Faktum hinstellt: Freuds abrupte Hinwendung zu den sexuellen Hypothesen sei weder durch eine zufällige Bemerkung Charcots noch durch vergleichbare andere Einflüsse zustandegekommen, sie sei durch Kokain hervorgerufen worden. Kokain habe auch zum frühzeitigen Sistieren sexueller Aktivität bei Freud und Fließ geführt, was sie die männliche Menopause zu nennen pflegten. (a.a.O., S. 188)[10]

Es fehlt hier an Raum, die Thesen der Autorin, etwa die Neuinterpretation von Freuds Herzsymptomen (»undoubtedly a cocaine effect«, Thornton, S. 194), seinem Sprach- bzw. Schreibstil (a.a.O., S. 194) oder seinen Fehlleistungen (a.a.O., S. 256, S. 296) im Licht der Kokain-Hypothese darzustellen und kritisch zu kommentieren. Es sind unbewiesene und unbeweisbare Vermutungen, abgesehen davon, daß dazu eine sehr viel seriösere Vorarbeit (v. Scheidt 1973) existiert, welche die Autorin nicht erwähnt und welche auch nicht annähernd zu so weittragenden Schlüssen über den Wahrheitsgehalt der psychoanalytischen Theorien kommt. Daß der Entstehungszusammenhang einer Hypothese nichts über ihren Wahrheitsgehalt aussagt, hat immerhin auch Zimmer (1986, S. 10) erkannt, der die Ausführungen von Thornton ansonsten als »überzeugend« hinstellt. In diesem Sinne versucht die Autorin jedoch zu argumentieren, nämlich das Interesse Freuds an den Problemen der Sexualität und die Ergebnisse seiner Studien aus seinem angeblichen Kokainkonsum abzuleiten, sich insofern laufend in Zirkelschlüssen verfangend, als umgekehrt die Beschäftigung Freuds mit diesen Themen wiederum Belege für Freuds Drogenmißbrauch liefern soll: Freuds Konzept des Unbewußten müsse seinem Kokain-Mißbrauch zugeschrieben werden. Mit Todeswünschen, infantilen inzestuösen Begierden, Perversion und Exkrementen beschäftige sich ein normaler Geist nicht (S. 253).[11] Freuds zunehmendes Interesse für die auffälligeren sexuellen Abweichungen sei ganz so, wie man es aus seinem chronischen Kokain-Mißbrauch erwarten müsse. Viele Ärzte, die Drogensüchtige behandelten, hätten die Beobachtung gemacht, daß die bei Kokainkonsum gesteigerte Sexualität perverse Formen annehme (S. 241).[12]

Es ist dies wohl die niederträchtigste Art der Auseinandersetzung mit der psychoanalytischen Sexualforschung überhaupt, nicht verwunderlich, als Miss Thornton in ihrem Epilog ja aus ihren moralischen Überzeugungen kein Hehl macht, widersprüchlich aber insofern, als gleichzeitig die Autorin die angeblich feindliche Aufnahme dieser von ihr als pathologisch eingeschätzten Theorien unter Berufung auf Ellenberger, Roazen und Sulloway als Mythos entlarven möchte (a.a.O., S. 236).[13]

Der dritte Themenschwerpunkt von Thorntons Buch ist die Auseinandersetzung mit Freuds Thesen selbst, der Hinweis auf ihre mangelnde logische Konsistenz und auf empirische Widerlegungen. Eingestreut finden sich weitere Diffamierungen Freuds. Während man die ersten beiden großen Thesen, die vom Mythos Hysterie und von Freuds Kokainmißbrauch, zwar als schlecht begründete und zum Teil durch Textentstellung (s. u.) belegte Spekulationen angreifen, aber eben wegen ihres spekulativen Charakters nicht streng widerlegen konnte, läßt sich hier nun in aller Deutlichkeit die Unseriosität und Ignoranz der Autorin aufzeigen. Der Leser mag gerne die ermüdenden Textvergleiche auf den nächsten Seiten überschlagen, wenn er nur bereit ist, sich meinem Urteil anzuschließen und Thorntons Monographie als den infamsten, aber auch hilflosesten Versuch der antifreudianischen Rechten anzusehen, ihre Moralordnung gegen die psychoanalytische Aufklärung zu schützen.

Wie schon bei anderen Verfassern der Anti-Freud-Literatur, muß man vorab die lapidare Feststellung treffen, daß die Autorin die Regeln des wissenschaftlichen Zitierens nicht beherrscht. Während das bei Ludwigs Arbeit nicht weiter erstaunt, mußte man diese Tatsache bereits mit Befremden bei Kretschmer konstatieren, einem auf dem Universitätssektor tätigen Wissenschaftler. E. M. Thornton wird nun sowohl von Eysenck (1985, S. 229) als auch von Zimmer (1986, S. 10) als Medizinhistorikerin eingeführt, arbeitet demnach auf einem Gebiet, dessen wesentliche Forschungsmethode der wissenschaftliche Textvergleich ist; daß eine dergestalt ausgewiesene Wissenschaftlerin sich nicht an die überhaupt ihre Disziplin begründenden elementaren Regeln hält, widerspricht so sehr jeglichem Usus, daß man berechtigt wäre, allein aufgrund dieser Tatsache ihr Buch nach wenigen Seiten ungelesen aus der Hand zu legen. Die Autorin gibt nämlich nur in den allerseltensten Fällen ihre Quelle vollständig an (zuweilen fehlt sie auch ganz), sondern nennt meist nur den Autor und die Jahreszahl, nicht aber die Seite des betreffenden Werks, etwa Jones (1953) (z. B. Thornton 1983, S. 14, S. 39, S. 41, S. 124), Schur (Thornton, S. 193) oder *The Interpretation of Dreams* (z. B. Thornton, S. 183), was im Falle solch umfangreicher, mehrere Hunderte von Seiten umfassender Werke es so gut wie unmöglich macht, die Angaben nachzuprüfen. Nicht selten ist die Quelle falsch angegeben, und zwar in ihrer nur etwa 300 Seiten langen Monographie so häufig, daß man dies nicht mit den unvermeidlichen Irrtümern entschuldigen kann. Ist diese Tatsache bereits per se äußerst peinlich für eine Wissenschaftshistorikerin, so gewinnt sie gewisse Pikanterie dadurch, daß die Autorin selbst unnachgiebig das umfangreiche Freudsche Œuvre nach solchen Fehlern durchmustert, um dann bei tatsächlichem oder vermeintlichem Vorliegen eines solchen äußerst weitreichende Schlüsse zu ziehen (s. u.). Noch sehr viel ernster ist der Sachverhalt, daß die Verfasserin mehrfach Textstellen in verleumderischer Tendenz falsch zusammenfaßt oder paraphrasiert.

Eine Reihe von zwar peinlichen, aber nicht tendenziös verfälschenden Irrtümern[14] spricht zunächst gegen die wissenschaftliche Qualifikation der Autorin und zeigt, daß es ihr weniger darauf ankommt, einen seriösen und korrekten Beitrag zur Wissenschaftsgeschichte zu leisten, als vielmehr unter der Verbrämung einer kritisch-biographischen Arbeit den Schmähschriften gegen Freud eine weitere hinzuzufügen. Vor allem aber hätte die Verfasserin in dieser Beziehung besonders korrekt vorgehen müssen, da sie umgekehrt gegen dergleichen Fehler in der psychoanalytischen Literatur ungewöhnlich kritisch ist (etwa S. 232).

Nun zu dem sehr viel ernsteren Thema der von E. M. Thornton vorgenommenen Quellenentstellung, welches düstere Kapitel lediglich zuweilen durch das erheiternde Unverständnis der Autorin aufgehellt wird. Zunächst eine der die Anti-Freud-Literatur ausnahmslos durchziehenden Prioritätsfragen. Freud – so schreibt die Verfasserin – habe in seiner *Selbstdarstellung* behauptet, von Anfang an die Hypnose eingesetzt zu haben, um die Patienten nach den Ursprüngen ihrer Symptome zu befragen. Wäre dies wahr gewesen, so wäre Freud tatsächlich die Priorität gegenüber Janet zugestanden. Thornton verbessert aber: Hier sei ihm von seinem Gedächtnis ein Streich gespielt worden, denn er habe in den *Studien über Hysterie* definitiv behauptet, zum ersten Male bei der Behandlung der Emmy v. N. im Mai 1889 die kathartische Methode angewandt zu haben (a. a. O., S. 202).[15] Dies liefert den Eindruck, als ob Freud hier unberechtigt Prioritätsansprüche gestellt habe. Tatsächlich gibt die Autorin die Freudsche Aussage falsch wieder: Freud hatte nicht behauptet, Hypnose von Anbeginn als Befragungsinstrument eingesetzt zu haben, sondern zur Suggestion, welches Verfahren wiederum schon lange therapeutische Praxis war. Die entsprechende Stelle in der *Selbstdarstellung* lautet im Original:

> »Dann drang die Kunde zu uns, daß in *Nancy* eine Schule entstanden war, welche die Suggestion mit oder ohne Hypnose in großem Ausmaße und mit besonderem Erfolg zu therapeutischen Zwecken verwendete. Es machte sich so ganz natürlich, daß in den ersten Jahren meiner ärztlichen Tätigkeit, von der mehr zufälligen und nicht systematischen psychotherapeutischen Methode abgesehen, die hypnotische Suggestion mein hauptsächliches Arbeitsmittel wurde.« (GW XIV: 40; Hervorhebung im Original)

Auch die folgende Widerlegung Freuds gelingt nur dadurch, daß zuvor seine Aussage falsch dargestellt wird. Es handelt sich um die Beendigung seiner Zusammenarbeit mit Breuer. In der *Selbstdarstellung* habe Freud geschrieben, der Hauptgrund für Breuers Rückzug sei die schlechte Aufnahme der »Studien« und insbesondere die harte Kritik durch den Neurologen Strümpell gewesen. Nach Ellenberger und Sulloway sei jedoch Strümpells Kritik gemäßigt und vernünftig gewesen. Außerdem habe die Zusammenarbeit bereits 1894, also vor Erscheinen der Studien, aufgehört.[16]

Abgesehen davon, daß Strümpells Kritik alles andere als mild und vernünftig war – die Darstellung bei Ellenberger (1973, S. 1028) und Sulloway (1982, S. 129) ist falsch (siehe Hirschmüller 1978, S. 249, oder Köhler 1987, S. 128 ff.) –, so hatte Freud keineswegs als *Hauptgrund* für Breuers Rückzug die schlechte Rezeption der *Studien* angegeben, vielmehr zuerst eine Reihe anderer Faktoren angeführt: »Das Ereignis, welches diese Zeit einleitete, war der Rücktritt *Breuers* von unserer Arbeitsgemeinschaft. Es hatte schon früh Meinungsverschiedenheiten zwischen uns gegeben, die aber keine Entzweiung begründeten.« (GW XIV: 47; Name im Original hervorgehoben) Freud führt die unterschiedlichen Ansichten über den Entstehungsmechanismus der Hysterie an und fährt fort:

> »Aber dieser und ähnliche Gegensätze hätten ihn wohl der Sache nicht abwendig gemacht, wenn nicht andere Momente hinzugetreten wären. Das eine derselben war gewiß, daß er als Internist und Familienarzt stark in Anspruch genommen war und nicht wie ich seine ganze Kraft der kathartischen Arbeit widmen konnte. Ferner wurde er durch die Aufnahme beeinflußt, welche unser Buch in Wien wie im Reiche draußen gefunden hatte. [...] Am meisten trug aber zu seinem Entschluß bei, daß meine eigenen weiteren Arbeiten eine Richtung einschlugen, mit der er sich vergeblich zu befreunden versuchte.« (GW XIV: 48)

(Von Thornton wird dann das Zerwürfnis mit Breuer als Kokaineffekt interpretiert; a. a. O., S. 232 f.)

Das nächste Beispiel enthält vielleicht die infamste Fälschung, indem ein Vorwurf, den Freud nachdrücklich vorbringt und kommentiert, nun mittels einer Verdrehung benutzt wird, um Freud die von ihm kritisierte Tatsache anzulasten. Die auf den ersten Zeilen ohne Belege, aber ausnahmsweise in etwa zu Recht beigebrachten Vorwürfe demonstrieren noch einmal die Prüderie der Autorin, die nicht zuletzt ihre Freud-Kritik speist; die dann folgende Darstellung ist scheinbar korrekt, mit Ausnahme der wesentlichen Tatsache, daß der Therapievorschlag eben nicht von einem Schüler (disciple) Freuds stammt: Jungen Männern sei gesagt worden, sie seien tatsächlich homosexuell, Ehemännern zur Scheidung geraten worden, Ehefrauen, sich einen Liebhaber zu nehmen. Freud selbst – so die Autorin – schildere die Verlegenheit bei der Konfrontation mit einer Empfängerin solcher Ratschläge. Einer seiner *Schüler* habe eine ehrenwerte Dame mittleren Alters, die kurz zuvor von ihrem Ehemann geschieden worden sei, behandelt und ihre Angstsymptome auf diese Tatsache zurückgeführt. Ihr sei gesagt worden, um gesund zu werden, müsse sie entweder zu ihrem Mann zurückkehren oder sich einen Liebhaber nehmen oder sich selbst befriedigen. Er wolle – habe Freud geschrieben – nicht weiter bei der peinlichen Situation verweilen, in die ihn dieser Besuch gebracht habe (a.a.O., S. 304 f.; Hervorhebung von mir, Th. K.).[17]

Die Quelle, die Thornton dafür angibt (Freud, 1910), ist nach ihrem Literaturverzeichnis (S. 320) *Eine Kindheitserinnerung des Leonardo da Vinci*; in dieser Schrift findet sich die obige Szene natürlich nicht dargestellt, sondern in einer anderen, in Thorntons Literaturverzeichnis nicht aufgeführten Arbeit aus dem Jahre 1910: »Über ›wilde‹ Psychoanalyse«. (1910k; GW VIII: 117 ff.) Dort steht aber klar und deutlich geschrieben, daß es eben kein *Schüler* Freuds war, sondern ein Freud völlig unbekannter Arzt, der die Lehre der Psychoanalyse verkannt oder mißverstanden habe (GW VIII: 119 f.), und:

> »Es reicht also für den Arzt nicht hin, einige Ergebnisse der Psychoanalyse zu kennen; man muß sich auch mit ihrer Technik vertraut gemacht haben, wenn man sein ärztliches Handeln durch die psychoanalytischen Gesichtspunkte leiten lassen will. Diese Technik ist heute noch nicht aus Büchern zu erlernen und gewiß nur mit großen Opfern an Zeit, Mühe und Erfolg selbst zu finden. Man erlernt sie wie andere ärztliche Techniken bei denen, die sie bereits beherrschen. Es ist darum gewiß für die Beurteilung des Falles, an den ich meine Bemerkungen knüpfe, nicht gleichgültig, daß ich den Arzt, der solche Ratschläge gegeben haben soll, nicht kenne und ich seinen Namen nie gehört habe.« (GW VIII: 124)

Um Freuds plötzlich auftretenden Bruch mit etablierten Moralvorschriften zu demonstrieren (was dann in dunkler Weise mit seinem angeblichen Kokainmißbrauch in Verbindung gebracht wird: siehe Thornton, S. 189 ff.), gibt die Autorin Teile eines Briefes (bzw. eines Manuskriptentwurfs) von Freud an Fließ wieder: In einem Manuskript Freuds vom 8. Februar 1893 sei die Forderung erhoben worden, die etablierte Sexualmoral völlig über Bord zu werfen. E. M. Thornton zitiert: »Freier Sexualverkehr der männlichen Jugend mit Mädchen freien Standes« sei dringend nötig. Wenn dies nicht erreicht werden könne, so sei die Gesellschaft – die Autorin setzt ihr Zitat fort – »dazu bestimmt, den unheilbaren Neurosen zum Opfer zu fallen, welche den Lebensgenuß auf ein Minimum herabsetzen, das eheliche Verhältnis zerstören und die ganze Generation durch Heredität ruinieren«. (Thornton, S. 189f.; Rückübersetzung entsprechend Freud 1950a, S. 78, bzw. Freud 1985a, S. 69)[18] Ein Vergleich mit dem Originaltext läßt sofort die Sinnverdrehung erkennen, die durch Auslassen von Sätzen und falsche Verknüpfung der verbleibenden erzielt wird:

> »*Schlußfolgerungen*: Aus dem Vorstehenden ergibt sich die volle Verhütbarkeit wie die volle Unheilbarkeit der Neurosen. Die Aufgabe des Arztes verschiebt sich ganz in die Prophylaxis.
>
> Das erste Stück derselben, die Verhütung der sexuellen Schädlichkeit der ersten Periode, fällt zusammen mit der Prophylaxis der Syphilis und des Trippers, da dies die Noxen sind, welche dem drohen, der sich Masturbation entzieht. Der einzig andere Weg wäre freier sexueller Verkehr der männlichen Jugend mit Mädchen freien Standes, aber er ist nur zu betreten, wenn unschädliche Mittel da sind, die Konzeption zu verhüten, sonst lautet die Alternative – Onanie, Neurasthenie des Mannes, Hysterie – Neurasthenie der Frau oder Lues des Mannes – Lues der Generation, Gonorrhöe des Mannes, Gonorrhöe und Sterilität der Frau.
>
> Dieselbe Aufgabe, schadlose Beherrschung der Konzeption, stellt das sexuelle Thema der zweiten Periode, da das Kondom eine weder sichere noch für den bereits Neurasthenischen annehmbare Lösung des Problems erbringt.
>
> Beim Ausbleiben dieser Lösung zeigt sich die Gesellschaft als bestimmt, den unheilbaren Neurosen zu verfallen, welche den Lebensgenuß auf ein Minimum herabsetzen, das eheliche Verhältnis zerstören und die ganze Generation durch Heredität ruinieren.« (Freud 1950a, S. 67; Sperrdruck im Original; Freud 1985a, S. 32. Eine ähnliche Sinnentstellung findet sich dann noch einmal in Thornton 1983, S. 198f.; vergleiche dazu Freud 1950a, S. 78, Freud 1985a, S. 69.)

Diese wenigen Beispiele mögen genügen, um jene verhängnisvolle Trias von Ignoranz, wissenschaftlicher Unsauberkeit und Verschlagenheit zu demonstrieren. Zum Abschluß noch ein harmloses, aber vielleicht das amüsanteste Beispiel. Thornton (S. 255) zitiert einen Brief Freuds an Fließ vom 3.10.1897 (die Autorin gibt fälschlich 13.10.1897 an), hier in Deutsch wiedergegeben: »daß später (zwischen 2 und 2½ Jahren) meine Libido gegen matrem erwacht ist, und zwar aus Anlaß der Reise mit ihr von Leipzig nach Wien, auf welcher ein gemeinsames Übernachten und Gelegenheit, sie nudam zu sehen, vorgefallen sein muß [...]« (Freud 1950a, S. 189; Freud 1985a, S. 288). Nachdem die Autorin auf Jones verwiesen hat, der die erwähnte Reise etwa zwei Jahre später datiert, fügt sie hinzu: Die Unwahrscheinlichkeit dieser Episode spreche für sich. Eine Frau des 19. Jahrhunderts hätte sich in einem Nachtzug nicht völlig ausgezogen (a.a.O., S. 256). Auch Zimmer (1986, S. 172) spricht von einer »Schlafwagenfahrt«, obwohl dies aus der Textstelle beim besten Willen nicht abzuleiten ist.

Man darf der Autorin nur wünschen, daß nicht in hundert Jahren eine Medizinhistorikerin auf die Idee kommt, aufgrund ihrer pathologischen Suche nach »inconsistencies« und »unlikelihoods« eine posthume psychiatrische Diagnose bei Elizabeth M. Thornton zu stellen.

Man könnte fragen, was mich veranlaßt hat, Thorntons *Freud and Cocaine* so breiten Raum zu widmen, nachdem ein knapper Auszug aus dem »Epilogue« (a.a.O., S. 308ff.) und einige wenige der obigen Beispiele genügt hätten, sowohl Motiv wie wissenschaftlichen Wert der Arbeit aufzuzeigen; es ließe sich hinzufügen, daß die Thesen der Autorin ohnehin den deutschen Lesern nur indirekt über Eysenck, Eschenröder und Zimmer bekannt geworden sind, da noch keine Übersetzung vorliegt (wobei ich eine solche angesichts der Aufnahmebereitschaft des Marktes für Anti-Freud-Literatur in naher Zukunft nicht für unwahrscheinlich halte). Der Grund für diese ausführliche Auseinandersetzung liegt in einem Sachverhalt, den ich bis jetzt nur angedeutet habe und hier nun näher erläutern möchte: die Kritiklosigkeit der Anti-Freud-Autoren gegenüber all jenen Arbeiten, die dieselbe Tendenz verfolgen. Nachdrücklich sei noch einmal der Ansatz begrüßt, psychoanalytische Literatur textkritisch zu untersuchen, wie es unter anderem – wenn auch mit inkorrekten Schlüssen – Sulloway (1982, S. 605ff.) im Hinblick auf die Rezeptionsgeschichte, Eysenck (1985, S. 125ff.) auf die Traumlehre und Zimmer (1986, S. 84ff.) bezüglich der Eindeutigkeit der Fehlleistungstheorie unternimmt. Allerdings muß man von den Autoren billigerweise erwarten, daß jene kritische Analyse sich nicht allein auf psychoanalytische Texte beschränkt, sondern auch alle anderen in diesem Zusammenhang wesentlichen Schriften einschließt (etwa von Sulloway auf die Arbeiten Ellenbergers angewandt wird; s.u.).

Um nun auf E. M. Thorntons *Freud and Cocaine* zurückzukommen:

Es wundert nicht, daß Hans Jürgen Eysenck die Thesen seiner rechten Gesinnungsgenossin beifällig zitiert, ohne sich an ihrer kruden Textentstellung zu stören, zumal er selbst in dieser Beziehung nicht gerade zimperlich ist (s. u.). Daß aber Dieter E. Zimmer, dem bezüglich formaler Korrektheit vergleichsweise wenig vorzuwerfen ist und dessen Psychoanalysekritik keineswegs eine rasche politische Einordnung erlaubt, Thornton mehrfach erwähnt (Zimmer 1986, S. 10, S. 25, S. 150, S. 162), und zwar nie mit Vorbehalten oder kritisch, sondern vornehmlich nachdrücklich anerkennend, weist auf eine deutlich gerichtete selektive Aufmerksamkeit des Autors hin. Nur ein Bruchteil des Scharfsinns und der textkritischen Anstrengung, die Zimmer darauf verwandte, die Freudsche Darstellung seiner Fehlleistungstheorie als widersprüchlich auszuweisen (Zimmer 1986, S. 84 ff.), hätte ausgereicht, die wissenschaftliche Fragwürdigkeit von Thorntons Ausführungen einzusehen – nur um dies zu verdeutlichen, habe ich die Zahl der belegenden Beispiele weit über Notwendigkeit vermehrt. Daß Zimmer die Autorin trotzdem ins Feld führt, enthüllt, daß es auch ihm hier nicht um die Wahrheitsfindung geht, wie es der Autor dem Leser versichert (1986, S. 15 ff.) und möglicherweise sogar selbst glaubt, sondern um die Demontage Freuds und der Psychoanalyse, zu welchem Zwecke dankbar auch die obskurste Schützenhilfe akzeptiert wird. Soweit zu E. M. Thorntons *Freud and Cocaine. The Freudian Fallacy*, eine prototypische Arbeit aus der Gruppe der Anti-Freud-Literatur, die allerdings weniger ein Licht auf Freud wirft als auf die Autorin selbst und alle jene, die sich ihrer tendenziös bedienen.

Von allen Autoren der Anti-Freud-Literatur ist Hans Jürgen Eysenck (geb. 1916) sowohl in Fachkreisen als auch unter Laien mit Abstand der bekannteste, und seine inhaltlichen Einwände gegen die Psychoanalyse wie seine Form der Kritik bedürfen daher besonders genauer Prüfung. Auf den ersten Punkt bin ich teilweise bereits an anderer Stelle eingegangen (Köhler 1987, insbesondere S. 360 ff.), wo ich vor allem Eysencks Kritik der Freudschen Traumlehre behandelt habe; die von Eysenck gepflegte Form der Auseinandersetzung mit Freud soll Gegenstand der folgenden Abschnitte sein.

Eysencks Ablehnung der Psychoanalyse ist nicht neu: Er formuliert sie in Deutsch zumindestens bereits 1956, jedoch – wie man den Eindruck hat – noch deutlich moderater als dreißig Jahre später; immerhin finden wir die bemerkenswerten Schlußworte:

»Ich hoffe nicht, daß der Leser mich mißversteht und glaubt, ich würde die ganze Psychoanalyse in Bausch und Bogen ablehnen. Wie die meisten Psychologen schätze ich den frischen Wind, den Freud in die dumpfe, trockene und weltfremde psychologische Atmosphäre des 19. Jahrhunderts brachte. Das Feuer seines Geistes hat neue Perspektiven eröffnet, die heute niemand mehr missen möchte, und seine scharfe Einsicht hat uns mit zahlreichen Theorien und Hypothesen versorgt, mit denen sich die Forscher noch lange Jahre beschäftigen werden. All dies kann man anerkennen, ohne daß man seinen kritischen Sinn dabei verliert und alle Ansichten Freuds wie Offenbarungen einer höheren Macht annimmt. Freud hat einerseits außerordentlich viel für die Psychologie geleistet, ihr zugleich aber auch außerordentlich geschadet. Das Schlechte auszuscheiden, ohne das Gute zu verlieren, ist die Aufgabe der wissenschaftlich eingestellten Psychologie, und die Antwort auf unsere Frage – Woran krankt die Psychoanalyse? – lautet: Die Psychoanalyse ist unwissenschaftlich. Nur durch Anwendung der traditionellen Methoden wissenschaftlicher Beweisführung und Versuchstechnik können wir hoffen, von den genialen Gedanken ihres Begründers wirklich zu profitieren.« (Eysenck 1956, S. 28)

Heute ist in einem Schlußkapitel das Urteil weniger ausgewogen, und von den »genialen Gedanken« Freuds ist auch nicht mehr die Rede, wenigstens nicht im gleichen Sinne:

»Was also können wir zum Abschluß über FREUD und seinen Platz in der Geschichte sagen? Nun – er war ohne Zweifel ein Genie, allerdings nicht eines der Wissenschaft, sondern der Propaganda, nicht des strengen Beweises, sondern der Überredung, nicht der exakten Versuchsplanung, sondern der kunstvollen Sprache. Sein Platz ist nicht – wie er selber meinte – an der Seite von KOPERNIKUS und DARWIN, sondern an der Seite von HANS CHRISTIAN ANDERSEN und den BRÜDERN GRIMM, den großen Märchenerzählern.« (Eysenck 1985, S. 225)

Auch daß Freud »außerordentlich viel für die Psychologie geleistet« hat, scheint heute nicht mehr Eysencks Ansicht zu sein:

»Doch lassen wir die Zitate der Dichter und Denker beiseite und stellen noch einmal klipp und klar fest, daß die Psychoanalyse bestenfalls eine vorzeitige Kristallisation falscher Orthodoxien ist, schlechtestenfalls aber eine pseudowissenschaftliche Doktrin, die nicht nur der Psychologie und Psychiatrie unermeßlichen Schaden zugefügt hat, sondern auch unzähligen Patienten, die ihrem Sirenenruf gefolgt sind und vergeblich ihre Hoffnungen und Strebungen in

> sie gesetzt haben. Die Zeit ist reif, die Freudsche Lehre wie eine historische Kuriosität abzutun und unser Augenmerk darauf zu konzentrieren, eine wahrhaft wissenschaftliche, soll sagen: objektive Psychologie zu errichten.« (a.a.O., S. 226)

Sicher wäre es nicht berechtigt, hier einen Gesinnungswandel Eysencks zu konstatieren, zumal der Autor auch in der frühen Schrift aus seiner insgesamt ablehnenden Haltung kein Hehl macht. Wenigstens ist er dort bemüht, sich dem üblichen Ton der wissenschaftlichen Auseinandersetzung anzupassen.

Kritische Hinweise auf die Psychoanalyse finden sich bereits in anderen populärwissenschaftlichen Werken Eysencks (etwa 1977, S. 125ff.), jedoch stellt dies dort nur immer eines von mehreren Themen dar. Während Eysencks erste große systematische Auseinandersetzung mit der Psychoanalyse in dem von ihm und Wilson herausgegebenen Buch *Experimentelle Studien zur Psychoanalyse Sigmund Freuds* (1979) vornehmlich an Fachkreise adressiert ist, wendet sich das vor wenigen Jahren erschienene Buch *Sigmund Freud: Niedergang und Ende der Psychoanalyse* (Eysenck 1985) eher an eine breitere Leserschaft, was eine bemerkenswerte Konsequenz hat:

> »Da das vorliegende Buch für den allgemeinen Leser und nicht für den Spezialisten geschrieben wurde, habe ich es mir erspart, jede zitierte oder referierte Äußerung – Kritik oder Kommentar – im einzelnen nachzuweisen. Indes erschien es mir sinnvoll, jene Bücher anzugeben, auf die der Interessierte zurückgreifen kann – sei es als Sekundärliteratur, sei es zur näheren Information über den Diskussionsstand, sei es zum Nachschlagen wichtiger technischer Details.« (Eysenck 1985, S. 227)

Mit dieser sich selbst großzügig erteilten Lizenz ist der Verfasser nun in der Lage, alle Regeln des wissenschaftlichen Anstandes mit Füßen zu treten. So trifft der Autor Feststellungen über Freud (die naturgemäß stets abwertenden Charakter haben), ohne daß dem Leser die Möglichkeit gegeben wäre, diese auf ihre Richtigkeit zu überprüfen. Von den wenigen wörtlichen und genau belegten Wiedergaben abgesehen, wird im günstigsten Fall ohne Seitenangabe auf die umfangreichen Arbeiten von Ellenberger, Sulloway, Thornton oder anderer Autoren hingewiesen; die oft dort schon nicht korrekt vorgebrachten Aussagen werden, jedesmal zum Schaden Freuds, zuweilen noch weiter vereinfacht. Allein dieses Vorgehen ist äußerst ungewöhnlich und mehr im Rahmen der vorwissenschaftlichen Beschimpfung angesiedelt als im wissenschaftlichen Diskurs; mit der ohne Quellenbelege untermauerten Wiedergabe von Behauptungen Freuds oder seiner »Anhänger« ist dann endgültig der Tiefstand der Psychoanalysekritik erreicht, und es macht kaum mehr einen Unterschied, ob diese Aussagen teilweise tatsächlich zutreffen oder – wie sich zuweilen herausfinden läßt – grob falsch wiedergegeben sind; überhaupt ist es diese geschickte Mischung aus nicht abzuweisender Kritik und böswilligen Unterstellungen, die dem Buch eine Suggestivkraft verleiht, der sich viele Leser wahrscheinlich nur schwer entziehen können. Ein Beispiel für solche Halbwahrheiten:

> »Auf der anderen Seite haben Psychoanalytiker, und insbesondere FREUD selber, stets jede Art von Kritik zurückgewiesen und es verstanden, potentielle Kritiker von vornherein zu entmutigen. Gewöhnlich lief die Strategie darauf hinaus, dem Kritiker ›psychodynamische Widerstände‹ unterzuschieben, deren Ursprung in einem unaufgelösten Ödipuskomplex oder ähnlichem liegen sollte – wahrlich eine merkwürdige Art, sich seiner Gegner zu entledigen!« (Eysenck 1985, S. 11)

Tatsächlich trifft dieser Satz für einen gewissen Teil der Psychoanalytiker zu – der »allgemeine Leser«, der die Literatur etwas kennt, wird sich an solche »Widerstands«-Argumente erinnern –, er gilt nicht und schon gar nicht »insbesondere« für Freud, der im wesentlichen sich mit Kritik inhaltlich auseinandersetzte, zuweilen dann, wenn er solche als inkompetent abweisen konnte, sie als Widerstand oder Abwehr zu beschreiben versuchte (etwa GW XI: 219 f. bezüglich der immer wieder mißverstandenen Wunscherfüllungstheorie des Traumes).

Weitere solche Beispiele von nicht belegten Behauptungen, die nur partiell korrekt – und damit in gefährlicher Form inkorrekt – sind, werden bei der genaueren Besprechung von Eysencks Argumentationsgang aufgeführt. An dieser Stelle zum nochmaligen Beleg ein sehr eindrucksvolles Beispiel, in dem Eysenck einem anderen Autor Aussagen über Freud unterstellt, die er nie vorgebracht hat. Eysenck schreibt über Masson (siehe auch Kapitel 6 dieses Buches):

> »Das gleiche Argument trifft auch für einige neuere Veröffentlichungen zu, die behaupten, FREUD habe seine Theorien bewußt geändert, und zwar nicht etwa, weil sie falsch waren, sondern weil sie Feindschaft auf sich ziehen konnten. Dies ist der Tenor eines Buches von J. M. MASSON mit dem Titel *Freud: The assault on truth* [...]. MASSON [...] kommt zu dem Schluß, daß FREUD seine Kenntnisse über konkrete Kindesbelästigungen bewußt zurückhielt, indem er vorsätzlich sein eigenes klinisches Material wie auch die

> Aussagen seiner Patienten fälschte und ohne Rücksicht auf die vorliegenden Fakten seine Vorstellungen über traumatische ›sexuelle Phantasien‹ und ›ödipale Impulse‹ entwickelte.« (Eysenck, a.a.O., S. 12)

Tatsächlich steht dies aber bei Masson ganz anders, und Eysenck, nicht Freud, muß hier eine vorsätzliche Fälschung unterstellt werden; Masson schreibt nämlich:

> »Ich habe eine Vielzahl bislang unbekannter oder einfach unbeachtet gebliebener Fakten angeführt, um meine Ansicht zu untermauern, daß Freud diese These nicht aus theoretischen Erwägungen heraus oder aufgrund neuen klinischen Beweismaterials aufgegeben hat, sondern weil er nicht genug Mut aufbrachte, um auf ihr zu beharren. Ich glaube nicht, daß Freud sich bewußt dazu entschlossen hat, seine früheren Erfahrungen zu ignorieren, oder daß er je den Mangel an Mut als Motiv für seine Tat erkannt hat. Er war zweifellos davon überzeugt, daß er die richtige Entscheidung getroffen und es sich nicht leicht gemacht hat, als er seine Aufmerksamkeit bei der Suche nach der Ursache der Geisteskrankheit von äußeren Traumen ab- und der inneren Welt der Phantasie zuwandte. Dies heißt aber nicht, daß dies die Wahrheit widerspiegelt.« (Masson 1984, S. 218)

Hans Jürgen Eysenck tritt in seinem Buch *Sigmund Freud: Niedergang und Ende der Psychoanalyse* laut Umschlagrückseite an »zu einem Generalangriff gegen Sigmund Freud, seine Schule und die von ihr vertretenen Behandlungsmethoden«. Wie macht man so etwas? Dazu verfaßt man ein erstes Kapitel »Freud als Mensch« (Eysenck 1985, S. 19 ff.), das ehrlicherweise gleich besser eine eindeutigere Überschrift erhalten hätte. Als offenbar notwendige Konzession an die Ausgewogenheit der Darstellung wird von Freuds Gymnasialjahren als Primus, von seinen ausgezeichneten Sprachkenntnissen und von seinen neuroanatomischen Fähigkeiten berichtet. Der Rest des Kapitels stellt die wohl ungehemmteste Freud-Beschimpfung der in dieser Hinsicht (etwa durch die Beiträge von Ludwig und Thornton) keineswegs armen Anti-Freud-Literatur dar. Bereits die Wortwahl, die vom Verfasser anscheinend für sarkastisch gehalten wird, wenigstens auf mich aber eher den Eindruck des ungeheuer Vulgären macht (S. 23: »Mamas Liebling«, S. 26: »Wir ahnen schon: das war die Geburt des Ödipuskomplexes«, ebda: »versammelte eine Schar ergebener Jünger um sich«, S. 27: »Rolle des alten Helden«, S. 34: »Meister«, S. 38: »Der Trick, der dabei benutzt wird«) – allein diese Ausdrucksweise offenbart, daß der Verfasser gar nicht mehr den Anschein einer distanzierten Darstellung geben will, sondern versucht, die Psychoanalyse und ihren Begründer von vornherein als lächerlich hinzustellen.

In diesem Kapitel werden nun Anschuldigungen erhoben, die im Bereich des wissenschaftlichen Umgangs in dieser Form ohnehin nicht gebräuchlich sind, hier aber insofern auch besonders bedenklich, als der Autor sie häufig nicht im einzelnen belegt. So fällt etwa der Vorwurf der Unwahrhaftigkeit:

> »Im übrigen stehen dem interessierten Leser zahlreiche FREUD-Biographien zur Verfügung. Leider sind die meisten, wenn nicht alle dieser Lebensbeschreibungen quasi von Hagiographen verfaßt worden – Heldenverehrern also, die an ihrem Führer nichts Negatives erkennen können und die auch das kleinste Wort der Kritik als Sakrileg angesehen hätten. Infolgedessen werden sogar objektive Tatsachen falsch dargestellt oder falsch ausgelegt, so daß man diesen Schriften nur wenig Glauben schenken kann.« (a. a. O., S. 27)

Und weiter:

> »Das gleiche aber muß über FREUDS eigene Schriften gesagt werden; er war kein vertrauenswürdiger Gewährsmann – denken wir nur an die bereits erwähnte Mißachtung der Priorität anderer Forscher, ganz gleich, wie offensichtlich diese Priorität für den Wissenschaftshistoriker sein mochte. Er war offensichtlich entschlossen, um seine Person und seine Leistungen eine Legende zu bilden; dabei sah er sich in der Rolle des alten Helden, der gegen eine feindliche Umwelt ankämpfen muß und trotz Verfolgung schließlich als Sieger heimkehrt. Mit Unterstützung ergebener Gefolgsleute gelang es ihm in der Tat, die Welt mit dieser durch und durch unaufrichtigen Selbstdarstellung zu beeindrucken.« (ebda.)

Nachdem er Freuds Unaufrichtigkeit erkannt hat, zieht Eysenck Konsequenzen daraus, die er in Form von Ratschlägen auch dem Leser weitergibt:

> »Beim Lesen und Auswerten der Schriften FREUDS und seiner Anhänger empfiehlt es sich daher, eine Reihe von Regeln zu beachten, die wir im Folgenden ausführlich besprechen wollen; dabei soll es uns nicht an Beispielen fehlen, die zeigen, welchen Nutzen wir aus ihrer Anwendung ziehen können.
>
> Die erste Regel – sie ist besonders wichtig für jeden, der die Wahrheit über die *Psychoanalyse* und FREUD herausfinden möchte, lautet so: *Glaube nichts von dem, was irgendwo über* FREUD *geschrieben steht – vor allem nicht, wenn es von* FREUD *selber oder von anderen*

Psychoanalytikern geschrieben wurde –, ohne auf einschlägige Beweise zu schauen! Anders gesagt, was da behauptet wird, ist oft unrichtig und kann sogar das Gegenteil von dem sein, was tatsächlich passierte.« (a. a. O., S. 27; Hervorhebungen im Original)

Diese ungemein harsche Anschuldigung begründet Eysenck im weiteren unter anderem damit, daß Sulloway bezüglich der Rezeption von Freuds Schriften eine erheblich andere Darstellung gibt als Freud oder Jones. Eysenck zitiert dann (die Belege stets aus Sulloway übernehmend) Aussagen von Rezensenten, die eine wohlwollende Stellungnahme suggerieren, nicht im geringsten nur die Möglichkeit in Betracht ziehend, daß wiederum die von Sulloway präsentierte Geschichtsversion inkorrekt bzw. die von ihm ausgewählten Ausschnitte aus Rezensionen nicht repräsentativ sein könnten (zum Nachweis erheblicher Mängel in den Darstellungen Ellenbergers und Sulloways gerade bezüglich dieses Punktes siehe Kapitel 4 dieses Buches).

Eysenck fährt mit seinen Ratschlägen fort: *»Glaube nichts, was* FREUD *und seine Anhänger über den Erfolg der psychoanalytischen Behandlung gesagt haben.«* (a. a. O., S. 32; Hervorhebungen im Original)

Neben der hier nicht zu erörternden komplizierten Krankengeschichte des »Wolfsmann« bezieht sich Eysenck vor allem auf Breuers Fall der berühmten Anna O., welche Patientin, wie Ellenberger (1973, S. 662 ff.) dank eines später aufgefundenen Krankenberichts herausfand, nach Abschluß der kathartischen Behandlung keineswegs geheilt war.* In diesem Zusammenhang bringt Eysenck so, als handele es sich nicht um eine äußerst dubiose Spekulation, sondern um ein unzweifelbares Faktum, die von Thornton (s. o.) vertretene Hypothese vor: »Im übrigen aber litt *Anna* in Wirklichkeit gar nicht an ›Hysterie‹, sondern an einer schweren körperlichen Krankheit, nämlich an tuberkulöser Gehirnhautentzündung (Meningitis tuberculosa).« (Eysenck 1985, S. 33) Wie bereits zuvor in bezug auf Ellenberger und Sulloway zeigt sich, daß Eysenck, äußerst mißtrauisch gegenüber Darstellungen von Psychoanalytikern, die abstruseste Behauptung ungeprüft tradiert, wenn sie nur gegen Freud und die Psychoanalyse gerichtet ist.

* Insofern gibt die von Breuer und Freud in der sogenannten »Vorläufigen Mitteilung« vorgebrachte Aussage, daß die Symptome bei ihren Patientinnen nach Anwendung des kathartischen Verfahrens *»sogleich und ohne Wiederkehr verschwanden«* (GW I: 85; Hervorhebungen im Original) tatsächlich einen falschen Eindruck vom Heilungsprozeß. Allerdings drückt sich Breuer in den *Studien über Hysterie* hierzu sehr viel zurückhaltender aus (Freud und Breuer 1970, S. 35), und Jones (Bd. 1, S. 267 f.) betont ausdrücklich, daß es der Patientin nach Abschluß der Behandlung nicht gut ging. In seinen in den USA gehaltenen Vorlesungen (1910 a) spricht Freud lediglich davon, daß die »Behandlung beendigt« war. (GW VIII: 10)

Bei der Ableitung seiner dritten Regel kommt Eysenck auf ein Thema zu sprechen, welches er später noch mehrfach aufgreifen wird:

»Wir haben aber noch weitere allgemeine Regeln für die kritische Lektüre anzubieten; die dritte lautet: *Traue niemals Originalitätsansprüchen, sondern schaue stets auf das Werk von* FREUDS *Vorgängern!* [...] Das vielleicht klarste und offensichtlichste Beispiel diesbezüglich ist jedoch ›seine‹ Lehre vom Unbewußten. Würde man seinen Apologeten glauben, so war FREUD der erste, der in die dunkelsten Tiefen des Unbewußten eingedrungen ist, der einsame Held überwindet auf seiner Suche nach Wahrheit ärgste Gefahren. Leider ist von der Wirklichkeit nichts weiter entfernt als dies. So konnte WHYTE in seinem Buch über ›Das Unbewußte vor Freud‹ zeigen, daß der Meister Hunderte von Vorläufern hatte, die die Existenz unbewußter Seelenbereiche postuliert und sich ausführlich darüber verbreitet haben. [...]

Wer die angeführten Belege ernst nimmt, wird sicherlich nicht mehr daran zweifeln, daß viele Psychologen und sogar Physiologen lange vor FREUD die Existenz einer unbewußten Seele postulierten und daß die Behauptung, er habe ›das Unbewußte‹ ersonnen, einfach unsinnig ist. HERMANN EBBINGHAUS, der im Alleingang die experimentelle Untersuchung des Gedächtnisses in unsere Wissenschaft einführte, beklagte sich im Hinblick gerade auf FREUDS Vorstellung vom Unbewußten mit dem zum Zitat gewordenen Ausspruch: ›Was an diesen Theorien neu ist, ist nicht wahr, und was wahr ist, ist nicht neu.‹

Dies ist der vollkommene Epitaph für FREUDS gesamtes Werk – nicht nur für seine Lehre vom Unbewußten –, und wir werden noch mehrmals Gelegenheit finden, das Zitat ins Gedächtnis zu rufen.« (a.a.O., S. 34ff.; Großbuchstaben und Hervorhebungen im Original)*

* In der Tat wiederholt Eysenck diesen einprägsamen Spruch bzw. seine Varianten nicht weniger als dreimal (a.a.O., S. 134, S. 141, S. 179). Amüsant ist auch eine Beobachtung, die es wert wäre, genauer verfolgt zu werden: Wenn Eysenck einen Kronzeugen gegen Freud aufruft, versäumt er es selten, zusätzlich einige anerkennende Worte über ihn vorzubringen, etwa Ebbinghaus bezüglich seiner Pioniertat in der Gedächtnisforschung (S. 36), Luria, der eine auf einem fundamentalen Mißverständnis basierende Widerlegung der Freudschen Traumlehre versucht (siehe Köhler 1987, S. 360ff.), machte »raffinierten Gebrauch von der Hypnose« (S. 149), Timpanaro, der sich kritisch mit Freuds Fehlleistungstheorie auseinandersetzt, hat eine »brillant und mit großem Sachverstand geschriebene Darstellung« geleistet (S. 150), abgesehen davon, daß natürlich die einzelnen kritischen Äußerungen der Autoren selbst noch einmal von Eysenck mit Beifall bedacht werden (etwa S. 41, S. 108, S. 121).

Eysencks Abweisung des Prioritätsanspruchs wäre noch eindrucksvoller, wenn Freud selbst oder seine ernsthaften Kommentatoren und Biographen diesen je vorgebracht hätten. Wenn Eysenck von Freuds »Apologeten« spricht, so hätten an dieser Stelle die entsprechenden Belege folgen müssen; da diese fehlen, ist Eysencks Argumentation natürlich streng logisch nicht mehr zu widerlegen. Es mag hier genügen zu zeigen, daß Freud selbst nie die »Entdeckung des Unbewußten« für sich beansprucht hat: Etwa in der *Traumdeutung* (1900a) weist er nachdrücklich darauf hin, daß Unbewußtes schon vorher Gegenstand der philosophischen Betrachtung war; aber das Unbewußte der Philosophen, auch das Unbewußte bei Lipps (einem Zeitgenossen Freuds), der alles Psychische als unbewußt, einiges davon auch als bewußt annehme, decke sich nicht mit dem Unbewußten der Psychoanalyse. Dann führt Freud aus, worin sich seine Konzeption des Unbewußten von allen vorherigen unterscheidet:

> »Aber nicht zum Erweis für *diesen* Satz haben wir die Phänomene des Traums und der hysterischen Symptombildung herangezogen; die Beobachtung des normalen Tageslebens reicht allein hin, ihn über jeden Zweifel festzustellen. Das Neue, was uns die Analyse der psychopathologischen Bildungen und schon ihres ersten Gliedes, der Träume, gelehrt, besteht darin, daß das Unbewußte – also das psychische – als Funktion zweier gesonderter Systeme vorkommt und schon im normalen Seelenleben so vorkommt. Es gibt also *zweierlei Unbewußtes*, was wir von den Philosophen noch nicht gesondert finden. Beides ist Unbewußtes im Sinne der Psychologie; aber in unserer ist das eine, das wir *Ubw* heißen, auch *bewußtseinsunfähig*, während das andere *Vbw* von uns darum so genannt wird, weil dessen Erregungen [...] ohne Rücksicht auf das *Ubw*-System zum Bewußtsein gelangen können.« (GW II/III:619f.; Hervorhebungen im Original)

Ebensowenig hatte natürlich Jones Freuds Priorität bei der Beschreibung unbewußer (d. h. nicht bewußter) seelischer Vorgänge behauptet, etwa Band 1, S. 428: »Und sowohl Lipps als auch Jerusalem, den er [Freud] ebenfalls sehr schätzte, waren eifrige Verfechter der Auffassung von unbewußten psychischen Vorgängen, wenn auch nicht in Freuds dynamischem Sinn.« Auch auf den folgenden Seiten geht Jones auf diesbezügliche Vorläufer Freuds ein, unter anderem Herbart, Fechner und Meynert. Er schließt diese Ausführungen mit den Sätzen:

> »Was das Unbewußte anbelangt, so haben Denker und vor allem Dichter schon längst bemerkt, daß Einfälle spontan im Bewußtsein

auftauchen können, und der Umstand, daß man ihre Quelle nicht kannte, hat oft dazu geführt, daß man sie im Unbewußten annahm. Diese Auffassung, die unter den romantischen Philosophen des 18. und 19. Jahrhunderts weitverbreitet war, erreichte ihren Höhepunkt in dem berühmten Werk von Ed. von Hartmann. Daß medizinische Autoren diesen unbekannten Bereich noch enger als das Bewußtsein mit der Gehirntätigkeit in Verbindung brachten, ist begreiflich. In England nannte man sie mit Carpenters Ausdruck ›unconscious cerebration‹ (unbewußte Gehirntätigkeit).« (Jones, Bd. 1, S. 436 f.)

Freud hat nicht nur in der *Traumdeutung*, sondern wiederholt auch an anderen Stellen auf Konzeptionen des Unbewußten vor der Psychoanalyse hingewiesen (unter anderem 1900a, GW II/III: 533 f., Fußnote 1; 1905a, GW V: 24; 1905c, GW VI: 184; 1909d, GW VII: 445; 1913j, GW VIII: 406; 1940a, GW XVII: 80); allein die Rückführung der hysterischen Symptome auf unbewußte Gedanken durch Pierre Janet wird nicht weniger als siebenmal erwähnt (1905a, GW V: 24; 1907a, GW VII: 81; 1913j, GW VIII: 399; 1916–17, GW XI: 264 f.; 1923a, GW XIII: 213; 1924f, GW XIII: 407; 1925d, GW XIV: 56). Eysenck, der sich selbst bescheinigt, im Laufe eines langen und arbeitsreichen Lebens »mehrere hundert Bücher nebst Tausenden von Artikeln über FREUD und die Psychoanalyse gelesen« zu haben (a. a. O., S. 227), hätte in seiner Belesenheit allein schon durch Zufall auf eine dieser Stellen stoßen müssen.

Zur Begründung der nächsten zu beachtenden Regel: *»Sei vorsichtig bei der Übernahme angeblicher Beweise für die Richtigkeit der* FREUD*schen Theorien; denn oftmals laufen sie auf das genaue Gegenteil hinaus«* (a. a. O., S. 36) beruft sich Eysenck an dieser Stelle auf die Freudsche Traumlehre, derzufolge »Träume stets Wunscherfüllungen sind, wobei die Wünsche sich auf verdrängte infantile Vorstellungen beziehen sollen«. (ebda.) Eysenck versäumt es hier bedauerlicherweise, diese Behauptung zu belegen; bei einem Versuch hätte er zweifellos festgestellt, daß eine solche apodiktische Aussage von Freud nie getroffen wurde. Der Einwand gestaltet sich dann sehr einfach: Keine der in der »Traumdeutung« mitgeteilten Traumanalysen habe auf verdrängte infantile Wünsche geführt, was auch einer der »eifrigsten Bewunderer FREUDS«, nämlich Richard M. Jones, festgestellt habe.* Und nachdem

* Erstaunlicherweise heißt es von Richard M. Jones, der an dieser Stelle als einer »der eifrigsten Bewunderer FREUDS« eingeführt wird (S. 36), an anderer Stelle, er sei ein »Psychoanalytiker, der ebenfalls mit der Zeit zu einer kritischen Einstellung gegenüber FREUDS Theorien gelangte«

Eysenck eine Traumanalyse mitgeteilt hat, die von einem Psychoanalytiker durchgeführt und allgemein als Stützung der Traumlehre aufgefaßt wurde, stellt er fest, daß der dabei gefundene Traumwunsch keineswegs ein unbewußter und schon gar kein infantiler ist. Er folgert:

> »Mit anderen Worten, die Auflösung des Traumes verdankt der FREUDschen ›Traumdeutung‹ nicht das geringste, im Gegenteil, sie widerlegt sie geradezu. Der im Traum enthaltene Wunsch ist vollständig bewußt und zeitlich präsent, und dieser Sachverhalt paßt ganz und gar nicht zu FREUDS Wunsch-Hypothese. So haben wir also die merkwürdige, aber gar nicht selten anzutreffende Situation vor uns, daß uns als Beweis für die Richtigkeit der FREUDschen Lehre Fakten dargeboten werden, die ihr in Wirklichkeit widersprechen.« (a.a.O., S. 38)

Ähnlich argumentiert Eysenck noch einmal in seinem Kapitel über die *Traumdeutung* anhand zweier Traumanalysen (S. 127ff.): »Sämtliche von FREUD in seinem Buch als Beispiele und Beweise für seine Hypothesen angeführten Träume stellen in Wahrheit genau das Gegenteil dar.« Keine von ihnen beruhe auf »Wünschen, die aus der infantilen Verdrängung aufsteigen, und so eignen sich die von ihm ausgewählten Träume letztlich nur dazu, seine Theorie zu widerlegen«. (a.a.O., S. 130) Eine solch geradlinige Widerlegung der Freudschen Traumlehre gelingt natürlich nicht. Zunächst einmal gibt es übrigens durchaus Belege für die infantile Herkunft von Traumwünschen, sie finden sich, wenn man nur die *Traumdeutung* etwas genauer liest (etwa GW II/III:197ff.: im Onkeltraum, siehe auch dazu GW II/III:561f.; oder GW II/III:201ff.: in den Romträumen; GW II/III:214ff.: im »revolutionären Traum«). Weiter wurden die vielen Beispiele in der *Traumdeutung* von Freud dazu ausgewählt, bestimmte andere Eigenschaften des Traumes zu zeigen, etwa die Rolle des rezenten Traummaterials, den Wunscherfüllungscharakter, das Wirken der Traumarbeit und nicht, um jene überhaupt erst im letzten Kapitel – um die Traumentstehung streng analog zur Bildung der neurotischen Symptome zu konzipieren (GW II/III:603) – spekulativ eingeführte Annahme des infantilen Ursprungs der Traumwünsche zu beweisen:

> »Ich möchte also den früher ausgesprochenen Satz, die Herkunft des Traumwunsches sei gleichgültig, beseitigen und durch einen anderen ersetzen, der lautet: *Der Wunsch, welcher sich im Traume darstellt,*

(a.a.O., S. 232). Eysenck scheint keine großen Fähigkeiten im Textvergleichen bei seinen »allgemeinen Lesern« anzunehmen.

> *muß ein infantiler sein*. Er stammt dann beim Erwachsenen aus dem *Ubw*; beim Kind, wo es die Sonderung und Zensur zwischen *Vbw* und *Ubw* noch nicht gibt, oder wo sie sich erst allmählich herstellt, ist es ein unerfüllter, unverdrängter Wunsch des Wachlebens.« (GW II/III:559; Hervorhebungen im Original)

Er fügt auch hinzu: »Ich weiß, diese Anschauung ist nicht allgemein zu erweisen; aber ich behaupte, sie ist häufig zu erweisen, auch wo man es nicht vermutet hätte, und das ist nicht allgemein zu widerlegen.« (GW II/III:559) Ein Traum kann sich aus vorbewußten oder unbewußten postinfantilen Wünschen zunächst oft allein befriedigend erklären lassen, und dennoch kann bei weiterer Deutung, im Sinne einer Überdeutung, der infantile Wunsch zum Vorschein kommen:

> »Seitdem ich ferner durch Erfahrungen bei der Traumanalyse aufmerksam gemacht worden bin, daß auch von Träumen, deren Deutung zunächst vollständig erscheint, weil Traumquellen und Wunscherreger leicht nachweisbar sind – daß auch von solchen Träumen wichtige Gedankenfäden ausgehen, die bis in die frühe Kindheit hineinreichen, habe ich mich fragen müssen, ob nicht auch in diesem Zug eine wesentliche Bedingung des Träumens gegeben ist. [...] Der Traum erscheint häufig *mehrdeutig*; es können nicht nur, wie Beispiele zeigen, mehrere Wunscherfüllungen nebeneinander in ihm vereinigt sein; es kann auch ein Sinn, eine Wunscherfüllung die andere decken, bis man zu unterst auf die Erfüllung eines Wunsches aus der ersten Kindheit stößt, und auch hier wieder die Erwägung, ob in diesem Satze das ›häufig‹ nicht richtiger durch ›regelmäßig‹ zu ersetzen ist.« (GW II/III:223f.; Hervorhebung im Original)

Insofern muß man wohl jene simple, gewissermaßen auf primärprozeßhaftem wissenschaftlichen Niveau angesiedelte Widerlegung der Traumlehre durch Eysenck als gescheitert ansehen. Richtig ist natürlich, daß die von Freud beigebrachten Belege für die infantilen Wurzeln der Traumwünsche sehr spärlich sind (außer der wenigen erwähnten Analysen aus der Traumdeutung findet sich auch in Doras erstem Traum aus »Bruchstück einer Hysterieanalyse«; 1950e, GW V:225ff., reichlich infantiles Material). Die Unvollständigkeit der zumeist eigenen, nicht restlos mitgeteilten Traumanalysen und damit der Belege für die Theorie war dann auch von der Züricher Gruppe um C. G. Jung kritisch an der *Traumdeutung* vermerkt worden (siehe Sulloway 1982, S. 477ff.). Freuds Plan, später ein vollkommen neues Buch über den Traum zu schreiben und dabei insbesondere Träume von Patienten aufzunehmen, deren Analyse er vollständiger als die seiner eigenen Träume hätte mitteilen können, kam aus verschiedenen Gründen nicht zur Ausführung (siehe Jones, Bd. 2, S. 392 f.).

Eysencks kritische Einwendungen sind also weder besonders originell noch fundiert. Sein sonst sicher nützlicher vierter Ratschlag ist an dieser Stelle recht deplaciert; umgekehrt ist man versucht, Eysenck zu raten, vor solchen raschen Widerlegungen Freudscher Theorien diese erst einmal etwas eingehender zur Kenntnis zu nehmen.

Die etwas ausführlichere Darstellung des ersten Kapitels aus *Sigmund Freud: Niedergang und Ende der Psychoanalyse* sollte genügen, um die Form der Auseinandersetzung Eysencks mit Freud und seinen Thesen zu demonstrieren. Auf die inhaltlichen Aspekte von Eysencks Psychoanalyse-Kritik bin ich – wie erwähnt – an anderer Stelle eingegangen. An dieser Stelle nur ein letztes und besonders eklatantes Beispiel von Unverständnis oder bewußter Fehldarstellung.

Eysenck schreibt über die Freudsche Theorie der Fehlleistungen, speziell die Formen von Versprechen: »FREUD erklärte selbstgewiß, daß namentlich Irrtümer beim Sprechen *immer* durch Verdrängung verursacht werden, mit anderen Worten, daß das Motiv für die sprachlichen Fehlleistungen stets in unbewußtem Material zu suchen ist.« (a. a. O., S. 144; Hervorhebung im Original) Ebenso – übrigens in Widerspruch zu der vorher aufgestellten apodiktischen Behauptung:

> »FREUD behauptete, daß alle sprachlichen Fehlleistungen, außer vielleicht einigen der einfachsten Fälle von Antizipation (Vorwegnahme) und Perseveration (Verharrung), durch seine Theorie des Unbewußten erklärt und auf den Verdrängungsmechanismus als Ursache zurückgeführt werden können.« (a. a. O., S. 147)

Schließlich in Erwiderung auf eine im übrigen durchaus positiv verlaufene experimentelle Überprüfung von Freuds Theorie des Versprechens: »Viel schlimmer aber ist, daß FREUDS Theorie ja davon ausgeht, die motivierenden Faktoren seien *unbewußte*(,) *verdrängte infantile Wünsche*.« (a. a. O., S. 149; Hervorhebungen im Original) Alle diese Behauptungen werden wie viele andere ohne Beleg vorgebracht und sind damit für den nicht oder nur wenig mit Freuds Schriften vertrauten Leser nicht nachprüfbar. Tatsächlich ist eine entsprechende Aussage an keiner Stelle des Werkes Freuds zu finden, und in seinen einschlägigen Schriften zu Fehlleistungen wird in aller Nachdrücklichkeit vorgebracht, daß die Fehlleistungen bedingenden Faktoren im allgemeinen weder Wünsche noch unbewußt im Sinne von verdrängt und erst recht nicht infantilen Ursprungs sind. So schreibt Freud etwa in *Zur Psycho-*

pathologie des Alltagslebens (1901b) über die Fehlleistungen, mit speziellem Bezug auf die häufigste, das Versprechen:

»Wir stehen nun vor der Beantwortung der zweiten Frage, welche psychologischen Bedingungen dafür gelten, daß ein Gedanke seinen Ausdruck nicht in voller Form, sondern in gleichsam parasitärer, als Modifikation und Störung eines anderen suchen müsse. Es liegt nach den auffälligsten Beispielen von Fehlhandlungen nahe, diese Bedingungen in einer Beziehung zur Bewußtseinsfähigkeit zu suchen, in dem mehr oder minder entschieden ausgeprägten Charakter des ›Verdrängten‹. Aber die Verfolgung durch die Reihe der Beispiele löst diesen Charakter in immer mehr verschwommene Andeutungen auf. Die Neigung, über etwas als zeitraubend hinwegzukommen, – die Erwägung, daß der betreffende Gedanke nicht eigentlich zur intendierten Sache gehört, – scheinen als Motive für die Zurückdrängung eines Gedanken, der dann auf den Ausdruck durch Störung eines anderen angewiesen ist, dieselbe Rolle zu spielen wie die moralische Verurteilung einer unbotmäßigen Gefühlsregung oder die Abkunft von völlig unbewußten Gedankenzügen. Eine Einsicht in die allgemeine Natur der Bedingtheit von Fehl- und Zufallsleistungen läßt sich auf diese Weise nicht gewinnen. Einer einzigen bedeutsamen Tatsache wird man bei diesen Untersuchungen habhaft; je harmloser die Motivierung der Fehlleistung ist, je weniger anstößig und darum weniger bewußtseinsunfähig der Gedanke ist, der sich in ihr zum Ausdruck bringt, desto leichter wird auch die Auflösung des Phänomens, wenn man ihm seine Aufmerksamkeit zugewendet hat; die leichtesten Fälle des Versprechens werden sofort bemerkt und spontan korrigiert. Wo es sich um Motivierung durch wirklich verdrängte Regungen handelt, da bedarf es zur Lösung einer sorgfältigen Analyse, die selbst zeitweise auf Schwierigkeiten stoßen oder mißlingen kann.« (GW IV:307f.)

In ähnlicher Weise, nun ausdrücklich auf das Versprechen bezogen, erklärt sich Freud im 4. Kapitel der *Vorlesungen zur Einführung in die Psychoanalyse*. (1916–17, GW XI:58ff.)

Ich halte es nicht für angebracht, diskret über diese Ungeheuerlichkeit hinwegzugehen. Auf welches unbeschreiblich tiefe Niveau ist die Auseinandersetzung mit Freud und der Psychoanalyse heute gesunken, wenn es die Kritiker nicht einmal mehr für nötig halten, die wenigen grundlegenden Schriften Freuds zur Kenntnis zu nehmen, statt dessen ausschweifendste Phantasien über die dort vertretenen Thesen verbreiten? Oder, was noch schlimmer wäre: Sollte der Fall gegeben sein, daß ein Autor, der sich selbst Belesenheit in Sachen Psychoanalyse bescheinigt (Eysenck 1985, S. 227; siehe auch oben) und möglicherweise auch aufweist, Freuds Thesen bewußt falsch darstellt, um sie desto eindrucksvoller widerlegen zu können? Weiter: Welch eine Geringschätzung des intellektuellen Niveaus seiner Leserschaft und des Werts seines eigenen wissenschaftlichen Rufes muß man bei einem Verfasser annehmen, der so leicht nachprüfbare und abzuweisende Irrtümer oder Unwahrheiten präsentiert?

Über Christof T. Eschenröders Buch *Hier irrte Freud: Zur Kritik der psychoanalytischen Theorie und Praxis* (1986) kann in diesem Kontext wenig gesagt werden, denn es läßt sich nicht als unwissenschaftlich bezeichnen; als sachliche Kritik der psychoanalytischen Theorie Freuds, die – soweit ich sehe – richtig dargestellt ist und deren Behauptungen korrekt, zumeist durch ausführliche Originalzitate belegt sind, unterscheidet sich die Arbeit wohltuend von den zuvor besprochenen Werken Kretschmers, Thorntons oder Eysencks (insofern erhält der zuvor aufgestellte Satz, die Anti-Freud-Literatur lasse sich geradezu über ihre Unwissenschaftlichkeit definieren, eine bedeutsame und nachdrücklich anzuerkennende Ausnahme*). Dies soll natürlich nicht heißen, daß man gegen Eschenröders Kritik nicht wiederum Einwände vorbringen könnte, aber das ist nicht Gegenstand dieser Monographie und muß von anderer Seite geschehen (im übrigen werde ich im Laufe der folgenden Kapitel indirekt auf Eschenröder eingehen, indem ich versuche, den vom Verfasser in einigen Punkten gegen Freud unkritisch angeführten Gewährsleuten Ellenberger und Sulloway gerade bezüglich dieser Punkte schwere Fehler nachzuweisen). Anzumerken ist allerdings, daß Eschenröders Hinweise auf Äußerungen oder Einsichten des »Wissenschaftsjournalisten Dieter E. Zimmer« (Eschenröder 1986, S. 2, S. 25, S. 32, S. 181) oder auf »Psychologie heute«-Artikel (S. 29, S. 33 ff., S. 84) einen vielbeschäftigten Wissenschaftler nicht gerade zu einer aufwendigen Widerlegung herausfordern, so wie sich wohl auch kaum eine erhitzte Debatte unter Fachleuten entfachen wird angesichts Eschenröders rührendem Versuch, auf sieben Seiten eine wissenschaftstheoretische Standortbestimmung der Psychoanalyse vorzunehmen, deren Ergebnisse dann einprägsam und optisch hervorgehoben in zwanzig Zeilen zusammengefaßt werden (a. a. O., S. 13 f.).

Ähnliches läßt sich über Dieter E. Zimmers *Tiefenschwindel: Die endlose und die beendbare Psychoanalyse* (1986) sagen: Bei aller Pole-

* Vgl. jedoch Fußnote in Kapitel 6, S. 174.

mik und Abgeschmacktheit der Diktion wird man die Monographie nicht als unwissenschaftlich bezeichnen können, ohne den Begriff ungebührlich auszuweiten. Anders als bei Eschenröder finden sich aber hier einige sofort abzuweisende Fehldarstellungen der psychoanalytischen Lehre. Es beginnt damit, daß Zimmer Psychoanalysekritik nicht notwendig mit konservativer Gesinnung in Zusammenhang gebracht sehen will und deshalb unter anderem schreibt:

> »Politisch ist Freuds Theorie ziemlich neutral; zu einem Progressiven läßt sich ihr Begründer schwerlich machen. Jedenfalls hing er keinerlei politischer Utopie an, und einmal – in seinem Brief an Albert Einstein – empfahl er als Mittel gegen die zerstörerischen Triebe des Menschen vor allem die Übertragung der Macht an eine starke Zentrale, die den Rebellen wie den Usurpator in Schach hält.« (Zimmer 1986, S. 13f.)

Die These von der politischen Neutralität der Psychoanalyse möchte ich bezweifeln, aber dies sei nicht näher ausgeführt; wichtiger in unserem Kontext ist, daß obige Aussage in Freuds Brief an Einstein nie gemacht wurde. Was Zimmer wohl dunkel im Auge hatte, ist ein Vorschlag Freuds zur Verhütung von Kriegen: »Eine sichere Verhütung der Kriege ist nur möglich, wenn sich die Menschen zur Einsetzung einer Zentralgewalt einigen, welcher der Richtspruch in allen Interessenkonflikten übertragen wird« (GW XVI: 189), was einen gänzlich anderen Sinn ergibt. Zimmers generöses Angebot: »Da stehen also die Belege, der Leser kann sie anhand der bibliographischen Verweise mühelos zu den Quellen zurückverfolgen, und er kann sich selber ein Urteil darüber bilden, ob sie bedeuten, was der Autor ihnen entnommen hat« (a. a. O., S. 24), sollte man vielleicht doch im Interesse des Autors nicht allzu freigiebig nutzen.* In dem erwähnten Brief übrigens gibt Freud ein klares politisches Bekenntnis:

> »[...], ich glaube, der Hauptgrund, weshalb wir uns gegen den Krieg empören, ist, daß wir nicht anders können. Wir sind Pazifisten, weil wir es aus organischen Gründen sein müssen. Wir haben es dann leicht, unsere Einstellung durch Argumente zu rechtfertigen.« (GW XVI: 25; dies wurde dann auch von der rechten Freud-Kritik nachdrücklich gerügt; siehe Krueger 1933)

* Unverändert ihre Gültigkeit behält Eisslers sarkastische Bemerkung aus dem Jahre 1965: Er empfiehlt den Lesern, die sich ein negatives Bild von Freud behalten möchten, nicht auf die Quellen zurückzugreifen, auf denen die Anschuldigungen angeblich beruhten; manche scheinbar festgegründete Behauptung sei dabei wie ein Kartenhaus zusammengebrochen. (Eissler 1965, S. 506, Anmerkung 3)

Nicht mit so dreisten unbelegten Behauptungen wie Eysenck (s. o.), jedoch sachlich erheblich inkorrekt gibt Zimmer etwa die Freudsche Theorie der Fehlleistungen wieder: »Wo Freuds Deutungen auf Anhieb überzeugen, sind die Fehlleistungen das Werk eines völlig bewußten Nebengedankens, der sich absichtswidrig nach vorn gedrängt hat, nicht aber, was sie der Theorie zufolge eigentlich sein sollten: das Werk eines unbewußten Motivs.« (Zimmer 1986, S. 211) Es erstaunt, daß der Autor, dem man auf dem Gebiet der Psychoanalyse zweifellos eine gewisse Belesenheit attestieren muß, ausgerechnet die teilweise oben zitierten Ausführungen in der *Psychopathologie des Alltagslebens* und den *Vorlesungen zur Einführung in die Psychoanalyse* über die Herkunft der störenden Intentionen bei Fehlleistungen nicht bemerkt haben sollte.

Deutlich mißverständlich, an der Grenze zur unseriösen Darstellung, ist folgende Passage über Freuds Traumtheorie und ihre angebliche Uneindeutigkeit, entsprechend Zimmers Schlußfolgerung nicht korrekt:

> »Einmal heißt es: ›*Der Wunsch, welcher sich im Traume darstellt, muß ein infantiler sein*. Er stammt dann bei Erwachsenen aus dem *Ubw*‹ – das heißt, in sämtlichen Träumen Erwachsener kämen verdrängte Kinderwünsche zum Ausdruck, und verdrängt sollen sie natürlich sein, weil es unerlaubte sexuelle Wünsche waren. Auch das scheint eindeutig: ›Je tiefer man sich in die Analyse der Träume einläßt, desto häufiger wird man auf die Spur von Kindheitserlebnissen geführt... Das Träumen ist ein Stück des überwundenen Kinderseelenlebens‹. Aber wo ist der verdrängte kindliche Sexualwunsch in seinem eigenen Traum von ›Irmas Injektion‹ und in vielen anderen Träumen, deren Deutung er vormacht? Wie die Theorie denn nun eigentlich lautet – nie werdet ihr's erfahren. So und so.« (a. a. O., S. 222; Hervorhebung im Original)

Korrekte und vollständige Wiedergabe der Freudschen Aussagen hätte diese weniger widersprüchlich erscheinen lassen. Das erste Zitat muß zunächst, um den Sinn im Kontext zu erhalten, ergänzt werden. Es lautet im Original:

> »Ich möchte also den früher ausgesprochenen Satz, die Herkunft des Traumwunsches sei gleichgültig, beseitigen und durch einen anderen ersetzen; der lautet: *Der Wunsch, welcher sich im Traume darstellt, muß ein infantiler sein.* Er stammt dann beim Erwachsenen aus dem *Ubw*; beim Kind, wo es die Sonderung und Zensur zwischen *Vbw* und *Ubw* noch nicht gibt, oder wo sie sich erst allmählich herstellt,

ist es ein unerfüllter, unverdrängter Wunsch des Wachlebens. Ich weiß, diese Anschauung ist nicht allgemein zu erweisen, aber ich behaupte, sie ist häufig zu erweisen, auch wo man es nicht vermutet hatte, und ist nicht allgemein zu widerlegen.« (GW II/III:559; Hervorhebung im Original)

Daß für die Gültigkeit dieser von Freud bewußt mit aller Zurückhaltung formulierten These keineswegs jede Traumanalyse infantile Wünsche aufdecken muß, ist damit unmittelbar deutlich und nicht als Inkonsistenz von Befunden und Theorie zu erklären. Durch die Annahme von Überdeutungen und sich überdeckenden Wunscherfüllungen (GW II/III:233f.; siehe auch oben) sieht Freud den Fall vor, daß auch ein allein aus vorbewußten Elementen plausibel erklärter Traum einen unbewußten Traumerreger hat; die psychoanalytische Theorie ist an dieser Stelle unwiderlegbar, aber nicht widersprüchlich (wie ich übrigens gezeigt habe, muß das Axiom des unbewußten Traumwunsches aus zwingenden theoretischen Gründen aufgestellt werden; siehe Köhler 1987, S. 270f.). Insofern spricht die Tatsache, daß die Analyse des Irma-Traums nicht auf einen unbewußten infantilen Wunsch geführt hat, keineswegs gegen die Widerspruchsfreiheit der Wunscherfüllungstheorie, erst recht nicht in diesem Fall, da Freud – was Zimmer anscheinend entgangen ist – ausdrücklich in einer Fußnote anmerkt, er habe begreiflicherweise nicht alle seine Einfälle mitgeteilt (GW II/III:123, Fußnote 1; siehe auch unten).

Eine weitere Fehldarstellung, verbunden offensichtlich noch mit einigen Denkfehlern:

»Es fällt auf, daß der Keim der Theorie, der Traum von ›Irmas Injektion‹, ihren Spezifikationen überhaupt nicht entspricht. Ein Wunsch mag ihn inspiriert haben, der Wunsch nicht schuldig zu sein an der Krankheit der Patientin; aber es war kein unbewußter Wunsch, und schon gar kein kindlicher Sexualwunsch. Freud machte gar nicht den Versuch, hinter dem manifesten Traum irgendeinen latenten, geheimen Gedanken zu erspähen, von dem er selber vorher nichts gewußt hatte. Die Situation des Traumes nahm er durchaus als sie selber, seine Personen waren sie selber, wenngleich vermischt, nämlich angereichert mit Zügen ähnlicher Personen, und nur es selbst war auch das Thema des Traums, Freuds ärztliches Verhältnis zu seinen Patienten. Selbst die Injektionsspritze, in der spätere Freudianer ein Phallussymbol zu sehen gar nicht umhingekonnt hatten, läßt er sie selber sein, eine bloße Injektionsspritze. Freud las nur die Oberfläche des Traums. Seine ganze ›Deutung‹ war keineswegs, was eine psychoanalytische Traumdeutung seiner eigenen Lehre zufolge eigentlich sein sollte, die Übersetzung eines manifesten Traumgeschehens in geheime Gedanken, sie war lediglich die Paraphrasierung eines manifesten Trauminhalts (und darum auch für Nichtfreudianer sehr wohl annehmbar).

Das Charakteristische psychoanalytischer Traumdeutung ging Freuds Deutung seines eigenen Irma-Traums noch völlig ab. Er dachte gar nicht daran, seinen Traum als Königsweg in sein eigenes ›Unbewußtes‹ zu benutzen.« (Zimmer 1986, S. 223)

Daß Freud nicht den Versuch machte, latente Traumgedanken zu finden, also nur die »Oberfläche des Traumes las«, ist falsch. Immerhin werden zu jedem Element des manifesten Traums Assoziationen mitgeteilt, die im Durchschnitt etwa eine halbe Seite einnehmen, so daß die gesamte Analyse des auf einer Seite niedergeschriebenen »Irma«-Traums mehr als zehn Seiten umfaßt (GW II/III: 113–123). Die Analyse führt auch auf Gedanken, die aus dem manifesten Traum beim besten Willen nicht zu erkennen waren, etwa auf die peinliche Kokainepisode, und die man mit Recht deshalb als möglicherweise noch bewußtseinsfähige, sicher aber beim Erinnern des Traumes nicht bewußte Vorstellungen bezeichnen kann. Das »Thema des Traums«, wenn Zimmer die latenten Traumgedanken damit meinen sollte, ist keineswegs allein Freuds Verhältnis zu seinen Patienten, sondern unter anderem auch zu seinen Freunden Otto, Dr. M. (Breuer) und Fließ (welcher im manifesten Traum nicht auftaucht). Der Begriff »Paraphrasierung« (abgesehen davon, daß er den Sachverhalt nicht korrekt beschreibt) ist hier unangebracht, stiftet in diesem Kontext nur Verwirrung. Eine Paraphrasierung des manifesten Traums ist bereits eine Interpretation aufgrund von Einfällen zu dessen Elementen, stellt somit – nachdem es Freuds Einfälle sind – auch dessen Deutung eines eigenen Traumes dar. Weiter muß man an dieser Stelle die nicht zu begründende Selbstüberschätzung Dieter E. Zimmers anmerken, der als Wissenschaftsjournalist offensichtlich besser als der Begründer der Psychoanalyse selbst weiß, was eine »psychoanalytische Traumdeutung« ist. Die Behauptung, daß Freud gar nicht daran dachte, »seinen Traum als Königsweg in sein eigenes ›Unbewußtes‹ zu benutzen«, ist nicht nur Zeichen von Ignoranz, sondern zugleich auch eine bösartige Unterstellung. Mehrfach gibt Freud an, die Analyse nicht weiter vorangetrieben bzw. ihre Ergebnisse hier nicht mitgeteilt zu haben. (GW II/III: 116, Fußnote 1; GW II/III: 123; sehr deutlich auch GW II/III: 118: »Das Weitere ist mir dunkel, ich habe, offen gesagt, keine Neigung, mich hier tiefer einzulassen.«) Schließlich steht klar und deutlich am Ende des Kapitels:

> »Ich will nicht behaupten, daß ich den Sinn dieses Traumes vollständig aufgedeckt habe, daß seine Deutung eine lückenlose ist.
>
> Ich könnte noch lange bei ihm verweilen, weitere Aufklärungen aus ihm entnehmen und neue Rätsel erörtern, die er aufwerfen heißt. Ich kenne selbst die Stellen, von denen weitere Gedankenzusammenhänge zu verfolgen sind; aber Rücksichten, wie sie bei jedem eigenen Traum in Betracht kommen, halten mich von der Deutungsarbeit ab. Wer mit dem Tadel für solche Reserve rasch bei der Hand ist, der möge nur selbst versuchen, aufrichtiger zu sein als ich.« (GW II/III:126)

Auf weitere inkorrekte Darstellungen der Freudschen Lehre, logische Fehlschlüsse oder ausgesprochen verleumderische Unterstellungen – »Und bei den widersprüchlichen Aussagen über das, was ihm seine Patienten mitgeteilt haben sollen, beschleicht einen ein schrecklicher Verdacht: Sollte Freud bei der Ausbreitung seines klinischen Materials etwa immer mal wieder schlichtweg geflunkert haben?« (Zimmer, S. 225) – in Dieter E. Zimmers *Tiefenschwindel* einzugehen, ist hier nicht der Raum; das müßten zur Ehrenrettung Freuds und der Psychoanalyse an anderer Stelle andere tun. Betrachtet man allerdings Zimmers Form und Niveau der Auseinandersetzung mit der Psychoanalyse, etwa *Ein Gespräch im Jahre 2222*:

> »›Ach, da gab es irgendeine verwackelte Theorie. Diese unsichtbare zweite Seele war angeblich von Anfang an auf Sex aus. Beim Baby sollte das Lutschen Sex sein, beim Kleinkind das Kacken, das Kindergartenkind dann war angeblich auf Geschlechtsverkehr mit den Eltern aus, und das ging nicht und machte den gleichgeschlechtlichen Elternteil eifersüchtig und hinterließ darum manchmal ein Trauma oder so.‹
>
> ›Das waren dann also diese Leute mit den eigentümlichen Begriffen. Die einen sturen Pedanten einen »Aschlochcharakter« nannten; nicht als Schimpfwort, sondern streng wissenschaftlich. Oder ein sonniges Gemüt einen »Mundoptimisten«. Oder wenn ein anderer ihnen überlegen war, und sie waren wütend auf ihn, dann sagten sie, »du schneidest mir den Penis ab«. Oder wenn eine Frau etwas wirklich gern mochte, einen Blumenstrauß zum Beispiel, dann hieß es, »das ist nur der Penis deines Vaters«. Oder sie sagten ihren Mitmenschen auf den Kopf zu, er habe eine »Schwellfußkombination«. So drückten sie sich aus. Darum wohl sagen noch heute manche Mütter

> zu ihren Kindern, wenn die zu schmusig sind: Sei nicht so ödipal.‹« (a.a.O., S. 371)*,

so steht zu befürchten, daß ein Wissenschaftler gar nicht ernsthaft dazu Stellung nehmen kann, ohne um seinen eigenen guten Ruf bangen zu müssen.

Erich Fromms Schriften *Sigmund Freud: Seine Persönlichkeit und seine Wirkung* (1981 a) und *Sigmund Freuds Psychoanalyse – Größe und Grenzen* (1981 b) wird man kaum zur eigentlichen Anti-Freud-Literatur rechnen können, da der Verfasser die Verdienste Freuds klar herausstellt, ihn etwa auch gegen den Vorwurf der Unwissenschaftlichkeit verteidigt (1981 b, S. 22 f.). Andererseits ist die Kritik Fromms an der Psychoanalyse und der Person ihres Begründers durchaus fundamental, insofern übrigens interessanter und fruchtbarer als die der konservativen Anti-Freud-Autoren Eysenck und Thornton, als Fromm Freud in wesentlichen Punkten gerade mangelnde Progressivität vorwirft. Bedauerlicherweise ist Fromms Kritik erheblich überzeichnet und geht von einem letztlich nicht belegbaren bzw. unseriös belegten Freud-Bild aus. So ist die Charakterskizze, in der Freud unter anderem als mehr oder weniger frauenfeindlich und frauenverachtend hingestellt (1981 b, S. 15 f., S. 51 f., siehe 1981 a, S. 23 ff.) oder als »typischer Liberaler mit stark konservativen Zügen« beschrieben wird (1981 b, S. 131), nur mittels einer recht ungebräuchlichen Behandlung von Quellenmaterial zustande gekommen.

Wenn Fromm behauptet: »Für Freud ist die Frau ihrem Wesen nach narzißtisch, unfähig zu lieben und sexuell kalt (vgl. die 33. Vorlesung in S. Freud 1933 a)« (Fromm 1981 b, S. 15), so ist sicher richtig, daß gerade die Vorlesung »Die Weiblichkeit« (GW XV: 119 ff.) nicht als ausgesprochenes psychologisches Loblied auf die Frau verstanden werden kann. Andererseits ist dies bei Freud doch etwas unterschiedlich zu lesen. Von der »sexuellen Frigidität des Weibes« schreibt Freud lediglich, daß sie häufig sei (GW XV: 141), und über den Narzißmus und die Liebesfähigkeit der Frau heißt es so:

> »Ich habe versprochen, Ihnen noch einige psychische Besonderheiten der reifen Weiblichkeit vorzuführen, wie sie uns in der analytischen Beobachtung entgegentreten. Mehr als durchschnittlichen Wahrheitswert nehmen wir für diese Behauptungen nicht in An-

* Der Autor scheint der irrigen Meinung zu sein, daß gekonnte »Vulgärpsychologie« zugleich auch vulgär im Sinne von »ordinär« sein müsse.

spruch; auch ist es nicht immer leicht auseinanderzuhalten, was dem Einfluß der Sexualfunktion und was der sozialen Züchtung zuzuschreiben ist. Wir schreiben also der Weiblichkeit ein höheres Maß von Narzißmus zu, das noch ihre Objektwahl beeinflußt, so daß geliebt zu werden dem Weib ein stärkeres Bedürfnis ist als zu lieben.« (GW XV: 141 f.)

Recht hemmungslos spekuliert Fromm auch über Freuds persönliches Verhältnis zu Frauen (1981 a, S. 23 ff.), unter anderem wider alle psychoanalytischen Traumdeutungsregeln Freuds »Traum von der botanischen Monographie«, ohne sich um die Assoziationen des Träumers zu kümmern, allegorisch im Sinne vertrockneter Gattenliebe interpretierend.

Auch der Versuch, Freud eine gewisse Blindheit gegenüber den Gegebenheiten des Ersten Weltkriegs zu unterstellen, ist recht bedenklich. Fromm schreibt:

»Ebenso wie Freuds *theoretische* Vorstellungen vom Wesen des Menschen im Prinzip den von der Mehrzahl seiner Zeitgenossen akzeptierten entsprachen, zeigten sich auch in seiner *politischen* Haltung keine entscheidenden Abweichungen. Das gilt vor allem für seine Haltung gegenüber dem Ersten Weltkrieg, während sich doch damals gerade an der Stellung zum Krieg das Herz, die Vernunft und der Realitätssinn der Menschen zu bewähren hatten. [...]

Es ist charakteristisch für Jones' Idealisierung, aber auch für einen orthodoxen Standpunkt, daß er das moralische und politische Problem, das in Freuds kriegerischem Enthusiasmus steckt, als harmloses ›Wiederaufleben‹ des Interesses an Kriegsereignissen deutet, das Freud als zehn- oder vierzehnjähriger Junge zeigte. Das ›Unerwartete‹ scheint dem Biographen so peinlich zu sein, daß er es mit der Bemerkung abzuschwächen versucht: ›Diese Stimmung dauerte jedoch nicht viel länger als zwei Wochen, und dann kam Freud wieder zu sich selbst.‹ (a. a. O., S. 208) Jones' weitere Darstellung läßt jedoch keinen Zweifel daran, daß dies keineswegs der Fall war. [...] In bezug auf Deutschland dauerte es nicht zwei Wochen, sondern einige Jahre, ehe Freud seinen Enthusiasmus aufgab. Noch am 22. März 1918 schrieb er an Karl Abraham, man müsse doch einen deutschen Sieg wünschen, obgleich ihm dies unwahrscheinlich sei. (Vgl. a. a. O., S. 235.) Erst in der allerletzten Phase des Krieges gelang es Freud, seine Illusionen zu überwinden.« (Fromm 1981 a, S. 93 ff.; Hervorhebungen im Original; Fromm bezieht sich hier auf den 2. Band von Ernest Jones' Freud-Biographie.)

Betrachtung der einschlägigen Stellen in der Arbeit von Jones läßt jedoch die inkorrekte Wiedergabe Fromms rasch erkennen. Richtig ist, daß Freud in den ersten Wochen tatsächlich ein rätselhaftes freudiges Interesse für den Krieg zeigte, allerdings bereits mit der Einschränkung, daß er es bedauerte, auch England als Kriegsgegner zu sehen (Brief an Abraham vom 2.8.1914, Freud/Abraham 1965a, S.184). Die Briefe Freuds ab 1915 halten zwar noch an der (verständlichen) Hoffnung an einen Sieg der Mittelmächte fest, drücken aber keineswegs mehr Begeisterung aus. Insbesondere vergißt Fromm zu erwähnen, daß Freud bereits Anfang 1915 an der Schrift »Zeitgemäßes über Krieg und Tod« (1915b; GW X:323ff.) arbeitete, deren erstes Kapitel mit »Die Enttäuschung des Krieges« überschrieben war und das mit den wenig euphorischen Worten begann:

> »Von dem Wirbel dieser Kriegszeit gepackt, einseitig unterrichtet, ohne Distanz von den großen Veränderungen, die sich bereits vollzogen haben oder zu vollziehen beginnen, und ohne Witterung der sich gestaltenden Zukunft, werden wir selbst irre an der Bedeutung der Eindrücke, die sich uns aufdrängen, und an dem Werte der Urteile, die wir bilden. Es will uns scheinen, als hätte noch niemals ein Ereignis so viel kostbares Gemeingut der Menschheit zerstört, so viele der klarsten Intelligenzen verwirrt, so gründlich das Hohe erniedrigt.« (GW X:324)

Bezeichnenderweise führt Fromm diese kritische Schrift, die das von ihm entworfene Freud-Bild zwangsläufig korrigieren muß, nicht einmal im Literaturverzeichnis seiner beiden Arbeiten auf. Die oben zitierte Wiedergabe des Briefes an Karl Abraham ist ausgesprochen sinnentstellend falsch. Freud schreibt nämlich: »Ich vermute, wir müssen einen deutschen Sieg wünschen, und das ist 1) ein unangenehmer Gedanke und 2) noch immer unwahrscheinlich« (Jones Bd.2, S.235)*, was recht wenig Enthusiasmus ausdrückt. Man muß also mit Bedauern konstatieren, daß das von Fromm gezeichnete Freud-Bild vielleicht ansatzweise richtig und als Diskussionsgrundlage in gewisser Weise fruchtbar sein kann, jedoch bei unvoreingenommener Betrachtung sich als Produkt einer unseriösen Quellenbehandlung darstellt, die ihrerseits wiederum in reichlich irrationalen Motiven begründet scheint.

Neben der hier in ihren Hauptvertretern vorgestellten Anti-Freud-Literatur gibt es eine umfangreiche kritische Freud-Biographik, die oft

* Im Brief an Abraham vom 22.3.1918 (Freud/Abraham 1965a, S.257) sind diese Sätze nicht zu finden.

ausgesprochen spezielle Fragen der Lebensgeschichte Sigmund Freuds behandelt, etwa die Umstände seiner Ernennung zum Professor (Gicklhorn und Gicklhorn 1960), seine Aussage vor der Kommission militärischer Pflichtverletzungen über die Elektrobehandlung von Kriegsneurotikern in der Klinik von Wagner-Jauregg (Gicklhorn 1957, Gicklhorn 1972), das Verhältnis Freuds zu seinem Schüler Viktor Tausk (Roazen 1973), oder die Umstände und Gründe der Aufgabe der sogenannten Verführungstheorie (Krüll 1979, Masson 1984). So erfreut man das große Interesse an recht subtilen Fragestellungen zum Leben Freuds konstatiert, muß man andererseits realistischerweise zugeben, daß es wohl vor allem der kritische Bezug ist, der den Werken die breite Kenntnisnahme gesichert hat; mit anderen Worten, der beifällige Widerhall dürfte in der Tatsache begründet sein, daß die Autoren in Form von anscheinend recht belanglosen biographischen Korrekturen gleichzeitig die Person des Begründers der Psychoanalyse und im Sinne einer (oft unausgesprochenen) Ad-hominem-Argumentation auch die Lehre selbst in ein schlechtes Licht setzen möchten.* Auf die erwähnten Arbeiten und die in ihnen behandelten Punkte soll hier nur teilweise eingegangen werden, zumal sie sämtlich von Eissler (1958, 1966, 1971, 1979) eindrucksvolle Klarstellungen erfahren haben. (Eine Arbeit von Eissler über die Verführungstheorie in Erwiderung auf Masson und Krüll ist in Vorbereitung.) Freuds Aussage vor der Untersuchungskommission und die Umstände der Aufgabe der sogenannten Verführungstheorie soll an anderer Stelle dieses Buches zur Sprache kommen (siehe Kapitel 5 und 6).

Genauer muß jedoch hier auf zwei Arbeiten eingegangen werden, die man nur im weitesten Sinne als Biographien bezeichnen, aber – da sie sich kritisch vornehmlich mit der Entstehung der psychoanalytischen Theorie und ihrer Rezeption, nicht mit ihrem Gehalt auseinandersetzen – auch nicht zur oben skizzierten eigentlichen Anti-Freud-Literatur rechnen kann. Es handelt sich um *Die Entdeckung des Unbewußten* von Henry Ellenberger (1973) und Frank Sulloways *Freud – Biologe der Seele; Jenseits der psychoanalytischen Legende* (1982). Beide Werke sind breit und wohlwollend rezipiert worden und haben auch in Psychoanalytikerkreisen – meines Erachtens zu Unrecht – das bislang tradierte Freud-Bild korrigiert.

* Nicht zur kritischen Freud-Biographik würde ich die Arbeiten von Swales (1982, 1986) rechnen, da sie zunächst um eine historische Klarstellung bemüht sind, nicht um eine Diskriminierung Freuds. Der Mißbrauch von konservativer Seite, der mit Swales' spekulativen Annahmen getrieben wurde (Eysenck 1985, S. 155ff.), ist nicht notwendig ihrem Urheber anzulasten.

Die fast 1200 Seiten umfassende Monographie des kanadischen Psychiaters und Wissenschaftshistorikers Ellenberger ist sehr viel mehr als eine kritische Freud-Biographie, nämlich die Geschichte von der »Entdeckung des Unbewußten«, und Freud sind explizit in einem eigenen Kapitel nur etwa 200 Seiten gewidmet, eine Anzahl weiterer auch im Teil »Die Heraufkunft der dynamischen Psychiatrie«. Dennoch dürfte Ellenbergers Buch wohl vor allem durch die Ausführungen über Freud bekannt geworden sein, mit denen zum ersten Male systematisch und – wie es zunächst den Anschein hat – aufgrund eingehender wissenschaftshistorischer Recherchen versucht wird, die durch die psychoanalytische Geschichtsschreibung beigestellte Version von der Entwicklung und Aufnahme der psychoanalytischen Lehre als Mythos zu entlarven. Die von Ellenberger gegebene abschließende Einschätzung von Freuds Person, seinem Werk und der offiziösen Darstellung derselben findet sich deshalb auch zusammengefaßt oder in Teilen zitiert bei den Autoren der Anti-Freud-Literatur (etwa bei Jurjevich 1974, S. 161 f.; Eysenck 1985, S. 28; Eschenröder 1986, S. 174 f., ebenso beim kritischen Freud-Biographen Sulloway 1982, S. 606): Die »Freud-Legende« mit ihrem »Thema vom einsamen Helden« übertreibe, schreibt Ellenberger, »das Ausmaß und die Rolle des Antisemitismus, der Feindseligkeit der akademischen Welt und der angeblichen viktorianischen Vorurteile erheblich«. Der »zweite Zug der Freud-Legende« bestehe darin, daß »sie den größten Teil der wissenschaftlichen und kulturellen Umwelt unter den Tisch fallen« lasse, in der sich die Psychoanalyse entwickelt hat: Daher stamme »das Thema von der absoluten Originalität der Leistungen, wobei dem Helden das Verdienst für die Leistungen seiner Vorgänger, Mitarbeiter, Schüler, Rivalen und Zeitgenossen zugeschrieben« werde. Ellenberger stellt richtig: Freud habe nie unter so »hochgradiger Feindseligkeit« zu leiden gehabt wie z. B. Pasteur und Ehrlich. Vieles, was Freud zugeschrieben werde, sei seinerzeit diffus vorhandene Überlieferung gewesen. Seine Rolle habe darin bestanden, »diese Ideen zu kristallisieren und ihnen eine originelle Form zu geben«. (Ellenberger 1973, S. 761 f.) Diese Einschätzung, auf die ich bereits an mehrfach erwähnter anderer Stelle (Köhler 1987) eingegangen bin und auch im Laufe der folgenden Kapitel zurückkommen werde, läßt allein schon aufgrund ihrer Wortwahl wenig Zweifel an ihrer dezidiert antifreudianischen Tendenz; die im Rest des Buches immer wieder eingestreuten polemischen Bemerkungen zu Freud oder zur Psychoanalyse (um nur einige Stellen zu nennen: Ellenberger, S. 750; S. 756; S. 1028; S. 1046; Fußnote 145; S. 1059; S. 1067; S. 1071; S. 1092 ff.; S. 1098 f.; S. 1100; S. 1107) sowie Ellenbergers rührende Versuche, zu Freud positive Gegenfiguren in Janet und Jung aufzubauen, ohne auf die erschreckende Banalität in den Schriften des ersteren und die peinliche Rolle des letzteren in der Zeit des Dritten Reiches (siehe Kapitel 2.2 dieses Buches) einzugehen, bestätigen diesen Eindruck. Wenn ich – natürlich mit allem Vorbehalt – meine eigene Empfindung mitteilen darf, so erscheint mir das umfangreiche Werk nicht zuletzt dazu verfaßt, um mit Freud und der Psychoanalyse abzurechnen. Entsprechend beruft sich die Anti-Freud-Literatur gern auf Ellenberger, etwa Eysenck (1985, S. 7; S. 28; S. 32; S. 34; S. 60; S. 229), Eschenröder (1986, S. 48; S. 130; S. 169; S. 171; S. 174 f.), Thornton (1983, S. 121 ff.; S. 202; S. 222; S. 236; S. 270; S. 301), Zimmer (1986, S. 25; S. 267; S. 335 f.), ohne nur im geringsten die Möglichkeit in Betracht zu ziehen, daß wiederum dessen Darstellung nicht den Tatsachen entspricht (zu Sulloways Ellenberger-Rezeption siehe unten). Darüber hinaus hat Ellenberger auch in Psychoanalytikerkreisen Beifall gefunden: So schreibt etwa Lohmann über die *Entdeckung des Unbewußten*:

»Das Buch empfiehlt sich nicht zuletzt deshalb, weil es mit der Legende aufräumt, die Psychoanalyse sei die einsame Schöpfung eines Genies. Detailliert und mittels ungewöhnlicher Literaturkenntnisse zeichnet Ellenberger die Vorgeschichte der dynamischen Psychiatrie nach und benennt deren Ahnen: Mesmer, die romantische Naturphilosophie, Schopenhauer, Fechner, Bachofen, von Hartmann, Nietzsche, Charcot und Janet. Vor solch breit entfaltetem Hintergrund wird deutlich, wieviel Freud einer philosophischen Tradition verdankt, deren Einfluß er in seinen autobiographischen Schriften gelegentlich selber bagatellisiert hat (etwa den Einfluß Nietzsches) und die seinen heutigen Adepten, den Ärzte-Analytikern, kaum noch gegenwärtig ist.« (Lohmann 1986, S. 118)

Während er über Jones' Freud-Biographie äußert (wohl nicht ohne hier von Ellenberger beeinflußt zu sein):

»Obwohl Jones' dreibändige Freud-Biographie heute in mancherlei Hinsicht als problematisch, in sachlichen Details wie in bestimmten Urteilen und Wertungen als revisionsbedürftig gelten muß, ist sie doch als Quelle noch immer wichtig für eine einläßliche Beschäftigung mit Freud. [...] wirkt die Darstellung von Jones freilich oft allzu beflissen, ja hagiographisch. Trotz seiner unbestreitbaren Verdienste um die Freud-Biographik tut man Jones nicht Unrecht, wenn man ihn als den eigentlichen ›Vater‹ der Freud-Legende bezeichnet. Studieren aber sollte man sein monumentales Werk allemal.« (ebda.)

Ich teile diese Ansichten nicht und möchte ihnen hier entschieden entgegentreten; sehr viel revisionsbedürftiger als die Arbeit von Jones erscheint mir die von Ellenberger. Unbestritten ist das Verdienst des letzteren, zahllose Literaturangaben zur Geschichte der dynamischen Psychiatrie beigebracht und einige wichtige Dokumente aufgefunden zu haben, etwa die Krankengeschichte der Anna O. (wenn auch Ellenberger in seinen Schlüssen daraus meines Erachtens viel zu weit geht). Als verdienstvoll mag man es zusätzlich ansehen, durch die antifreudianischen Polemiken eine Diskussion in Gang gesetzt zu haben, aus der sich vielleicht dereinst ein weniger von Haß und Gunst verwirrtes Geschichtsbild ergeben wird.

Ellenbergers Wiedergabe der Originaltexte und seine Folgerungen halte ich in hohem Maße für fehlerhaft, wobei nicht zu entscheiden ist, ob im Einzelfall mehr Ignoranz oder tendenziöse Entstellung dafür verantwortlich sind. Dieses harsche Urteil gilt es natürlich genau zu begründen, und ich werde dies – sofern es nicht bereits andernorts geschehen ist (Köhler 1987) – in den folgenden Kapiteln tun (siehe Kapitel 5 über Ellenbergers Wiedergabe des »Wagner-Jauregg Prozesses«). Exemplarisch sei an dieser Stelle nur die Darstellung betrachtet, die Ellenberger von C. G. Jungs Tätigkeit während der NS-Zeit gibt. Der Autor war mit Jung bekannt (vgl. Ellenberger 1973, S. 18), und schon in der Einführung wird unmißverständlich klar, daß Ellenberger hier eine herabsetzende Korrektur des gängigen Bildes von Freud und eine heraufsetzende des Jung-Bildes unternimmt. (a. a. O., S. 11–14) In der ausführlichen Darstellung der »Ereignisse im Leben Carl Gustav Jungs« (a. a. O., S. 887–910) sind der Tätigkeit Jungs als Vorsitzender der »Internationalen Gesellschaft für Psychotherapie« und Herausgeber des *Zentralblatt für Psychotherapie* nur wenige Abschnitte gewidmet:

> »Im Januar 1933 kam Hitler in Deutschland an die Macht. Die Deutsche Gesellschaft für Psychotherapie wurde nach nationalsozialistischen Prinzipien reorganisiert, und ihr Präsident Ernst Kretschmer trat von seinem Posten zurück. Man gründete eine Internationale Gesellschaft, als deren Präsident Jung fungierte, aber diese Gesellschaft war eine sogenannte ›Dachorganisation‹, die aus den nationalen Gesellschaften (darunter auch der deutschen) und Einzelmitgliedern bestand. Wie Jung später erklärte, war dies ein Ausweg, um es den aus der Deutschen Gesellschaft ausgestoßenen jüdischen Psychotherapeuten zu ermöglichen, in der Organisation zu bleiben.« (a. a. O., S. 904)

Ohne weiter auf die Berechtigung dieser letzten Behauptung einzugehen, berichtet der Autor kurz über eine Vorlesung, die Jung von Oktober 1933 bis Februar 1934 über die Geschichte der Psychologie hielt, und kommt dann noch einmal auf Jungs Tätigkeit während jener Jahre zurück:

»Im Februar 1934 äußerte Gustav Bally sein Erstaunen darüber, daß Jung seine Funktionen in der Gesellschaft für Psychotherapie beibehielt, und daß er Chefredakteur des *Zentralblatts für Psychotherapie* geworden sei. Jung erwiderte, Bally irre sich. Es wäre leicht für ihn gewesen, die ganze Sache aufzugeben, aber er habe es vorgezogen, seinen deutschen Kollegen zu helfen, auf die Gefahr hin, mißverstanden zu werden. Er erklärte, er habe nicht den Platz Kretschmers in der früheren Deutschen Gesellschaft für Psychotherapie eingenommen, sondern er sei zum Präsidenten der neu konstituierten Internationalen Gesellschaft für Psychotherapie gewählt worden. Er protestierte gegen die Anschuldigung, er stelle sich auf die Seite der Nazis, und gegen den Vorwurf des Antisemitismus. Bally antwortete nicht darauf, aber einige Jahre später veröffentlichte er eine Würdigung der jungianischen Psychologie von seltener Unparteilichkeit, in der er viel Sympathie für Jung zeigte.« (a. a. O., S. 904 f.)

Das Ganze muß den Eindruck machen, als sei Jung in dieser Sache nichts vorzuwerfen gewesen; der einzige Vorwurf aus dieser Zeit sei zurückgezogen worden. Es fehlt jeglicher Hinweis auf das von Bally (1934) erwähnte peinliche Geleitwort Jungs vom Dezember 1933 (siehe 2.2) sowie (an dieser Stelle) auf den Artikel »Zur gegenwärtigen Lage der Psychotherapie«, in der Jung nicht nur in mehr als mißverständlichen Worten von der »gewaltigen Erscheinung des Nationalsozialismus« spricht, ein arisches Unbewußtes von einem jüdischen unterscheidet und schließlich eine geschmacklose Hetzkampagne gegen Freud führt. Es fehlt weiter ein Hinweis auf den Charakter der unter Jungs Herausgeberschaft erschienenen Artikel.

Zwei weitere Abschnitte widmen sich Jungs Indienreise und den ihm zugekommenen Ehrungen. Dann fährt Ellenberger fort:

»Als die internationale Lage sich verschlechterte, machte Jung die Weltpolitik, für die er ein nie übermäßiges Interesse gezeigt hatte, immer größere Sorge. Aus Interviews, die er verschiedenen Zeitschriften gab, sehen wir, daß er versuchte, die Psyche von Staatschefs, besonders von Diktatoren, zu analysieren. Am 28. September 1937 war er während des historischen Besuchs, den Mussolini Hitler abstattete, in Berlin und beobachtete beide während des Vorbeimarsches eine Dreiviertelstunde lang sehr aufmerksam. Von da an wurden Probleme der Massenpsychose und die Gefahren, die die Existenz der Menschheit bedrohten, allmählich zum Brennpunkt der Besorgnis Jungs.« (a.a.O., S. 905)

Beim Bericht über diese Jahre fehlt der Hinweis auf den zumindest mißverständlichen Aufsatz »Wotan« (Jung 1974 [1936]), in welchem Jung die deutschen Ereignisse als archetypische Erscheinungen deutet und damit in gefährlicher Weise aus ihrem historischen Kontext löst; vermißt wird weiter der Hinweis darauf, daß Jungs Interviews und seine Stellungnahme zu Diktatoren, insbesondere Hitler, wenigstens mehrere Interpretationen offen lassen, in keinem Fall aber unmißverständlich jene Kritik formulieren, die von jeder nur leidlich informierten und denkenden Person angesichts der Nazi-Greuel hätte erwartet werden müssen (vgl. etwa »The psychology of dictatorship« 1977a [1936] und »Diagnosing the dictators« 1977b [1939], wo Jung Hitler mit einer mystischen Aura umgibt, die zwangsläufig den Blick von dessen realer Niederträchtigkeit ablenken muß). Diskussion dieser Sachverhalte wäre zweifellos belangvoller gewesen, als die in einer Fußnote zu dem Bericht über Jungs Indienreise hinzugefügte Information, daß Jung »am 7. Januar 1938 der Ehrendoktor der Rechte verliehen« wurde, wobei Jung jedoch »der Zeremonie wegen Krankheit« nicht beiwohnen konnte. (Ellenberger 1973, S. 905, Fußnote 51) Überhaupt wird man immer wieder feststellen, daß Ellenberger den Leser mit belanglosesten Banalitäten überhäuft, die wissenschaftshistorisch jedoch interessanten Fragen übergeht.

Und nachdem Ellenberger von einem Herzinfarkt Jungs und von der dabei auftretenden »kosmischen Vision« berichtet hat, schreibt er weiter:

»Jung erklärt, zunächst sei er zutiefst enttäuscht gewesen, als er ins Leben zurückkehren mußte. Tatsächlich hatte sich in ihm etwas verändert; sein Denken hatte eine neue Richtung genommen, wie aus den Werken hervorgeht, die er von dieser Zeit an schrieb. Er war nun der ›alte Weise von Küsnacht‹. In dem ihm noch verbleibenden Teil seines Lebens schrieb er Bücher, die seine Schüler überraschten (so z. B. seine *Antwort auf Hiob*), gewährte Besuchern aus aller Welt Interviews, empfing viele Ehrungen, hatte aber auch unter vielen Beschimpfungen zu leiden.« (a.a.O., S. 906)

Das Urteil ist schon gefällt, und der nicht völlig verrohte Leser wird sich diesem natürlich ohne Prüfung anschließen: Hier wird in schmutzigster Weise ein heiliges Mysterium gestört.

> »Am Ende des zweiten Weltkriegs war Jung Objekt einer Kampagne, die einige Leute in Gang gesetzt hatten: Sie beschuldigten Jung, er habe in den Jahren 1933 bis 1940 eine pro-Hitler-Einstellung und eine antisemitische Haltung an den Tag gelegt. Jung wurde beschuldigt, weil er Präsident der nazifizierten Deutschen Gesellschaft für Psychotherapie geworden war, nachdem man die jüdischen Mitglieder ausgeschlossen hatte und Kretschmer zurückgetreten war. Die Anklage des Antisemitismus stützte sich auf einige Zitate aus einem Artikel, in dem Jung von einer jüdischen und einer arischen Psychotherapie gesprochen hatte.« (ebda.)

Der Ausdruck »Kampagne« gibt bereits die Einstellung des Autors zu diesen Vorwürfen wieder, und in einer Fußnote wird hinzugefügt, die Kampagne sei von Schweizer Sozialistenkreisen (unter anderem Theodor Schwarz und Alex von Muralt) ausgegangen, habe sich dann auf einige jüdische Zeitungen ausgedehnt, sei schließlich von einer kleinen Gruppe von Psychoanalytikern einige Jahre später noch einmal angefacht worden. (S. 906, Fußnote 53) Vergeblich sucht man nach einem Quellenhinweis, aufgrund dessen man die von Ellenberger hier referierten Vorwürfe im einzelnen nachprüfen könnte. Hätte Ellenberger korrekterweise die Quelle Muralt: C. G. Jungs Stellung im Nationalsozialismus, *Schweizer Annalen* 1946/47, angegeben, hätte der Leser feststellen können, daß sich die Vorwürfe keineswegs allein auf den bewußten Artikel, sondern unter anderem auch auf die Tatsache stützten, daß Jung im Februar 1933 sehr kompromittierende Vorträge in Köln und Essen gehalten hatte (vgl. auch Lockot 1985, S. 88), weiter auf eine sehr eigenwillige Verteidigung, die Jung in der *Neuen Zürcher Zeitung* im März 1934 gab. Bemerkenswerter ist noch, daß Ellenberger nicht die belastenden Sätze wiedergibt, sondern nur als Quelle den Artikel Jungs im *Zentralblatt für Psychotherapie* anführt, wohl im Vertrauen darauf, daß die wenigsten Leser hierin Einsicht nehmen werden. Nicht zutreffend ist wenigstens, daß Jung von einer »jüdischen und arischen Psychotherapie gesprochen« habe; er spricht von einem arischen und jüdischen Unbewußten: »Das arische Unbewußte hat ein höheres Potential als das jüdische [...].« (Jung 1934, S. 9; siehe auch 2.2 dieses Buches) Ellenberger führt dann – wiederum ohne Quellenangabe – die Verteidigung Jungs durch dessen Freunde aus:

> »Darauf antworteten Jungs Freunde: Erstens habe Jung nicht die Nachfolge Kretschmers in der Deutschen Gesellschaft angetreten, sondern die Präsidentschaft der Internationalen Gesellschaft angenommen, um den jüdischen Mitgliedern so viel wie möglich zu hel-

fen. Zu jener Zeit, das heißt 1934, glaubte man noch, man könne mit den Nazis verhandeln, und noch 1936 führte Jones selbst in Basel Gespräche mit Dr. Göring und anderen Vertretern der nationalsozialistischen Bewegung. Zweitens, erwiderten Jungs Freunde, die zitierten Sätze hätten nicht die antisemitische Bedeutung, die Jungs Ankläger in ihnen fänden. Jung sei der Ansicht, es gebe in der Psychotherapie keine universell gültige Methode, und z. B. Zen oder Yoga, die in Japan oder in Indien wirksam werden könnten, seien es darum nicht notwendig auch in Europa. Ähnlich brauche auch der Schweizer, der seit Generationen in den Strukturen seiner besonderen Kultur (Familie, Gemeinde, Kanton und Bundesstaat) verwurzelt sei, eine andere Art von Psychotherapie als der Jude, der entwurzelt worden sei und die Kultur einer Wahlheimat angenommen habe. Tatsächlich unterschied sich das, was Jung über das Fehlen einer kulturellen Identität der Juden sagte, nicht sehr von dem, was Theodor Herzl und die Zionisten verkündet hatten.« (Ellenberger, S. 906 f.)

Noch einmal sei erwähnt, daß Jung sowohl im Geleitwort (1933) als auch im Artikel »Zur gegenwärtigen Lage der Psychotherapie« (1934) von einer unterschiedlichen germanischen (arischen) und jüdischen Psychologie gesprochen hatte, nicht von einer für die verschiedenen Rassen unterschiedlich geeigneten Psychotherapie. Weiter ist es irreführend, Jones' organisatorische Verhandlungen mit den Nationalsozialisten mit der Tätigkeit als Herausgeber eines Blattes zu vergleichen, dessen Autoren in der überwiegenden Mehrzahl faschistisches Gedankengut vertraten und im »Zentralblatt« publizierten. Und ob schließlich Jung tatsächlich Ähnliches über das Fehlen einer kulturellen Identität wie Theodor Herzl gesagt hat, das gilt es für den seriösen Wissenschaftshistoriker in sorgfältigen Textvergleichen herauszuarbeiten.

Ellenberger schließt die Ausführungen zu jenem peinlichen Kapitel:

»Es bleibt lediglich die Tatsache, daß Jung, wie viele seiner Zeitgenossen, anfänglich die Verderblichkeit des Nazi-Übels unterschätzt hatte. Möglicherweise war er beeinflußt von den Erinnerungen an die Teilnahme seines Großvaters an der deutschen nationalistischen und demokratischen Bewegung, die nach der Revolution von 1848 zerschlagen wurde. Jung mag unbewußt die herandrängende Nazi-Bewegung mit dem patriotischen und schöpferischen Aufschwung der deutschen Jugend im Jahr 1848 identifiziert haben, und der Artikel, den er 1945 schrieb, zeigt, was er empfand, als er die schreckliche Wahrheit erkannte.« (ebda.)

Nun, so kann man es auch sehen.

Anders als Ellenberger, dem es meines Erachtens nicht gelingt, eine wirkliche Ideengeschichte der dynamischen Psychiatrie aufzuzeigen und Freud einen gebührenden Platz darin zuzuweisen, geht Sulloway (1982) sehr viel theoriegeleiteter und konsequenter vor. Er versucht, Freuds psychologische Konzepte in die aus dem 19. Jahrhundert heraufgekommenen biologischen Erklärungsansätze einzuordnen, was zumindest einen Teil an Wahrheit enthält, da Freud selbst aus der Anknüpfung an die Biologie nie ein Hehl gemacht hatte (etwa 1913j, GW VIII: 410f.; 1914c, GW X: 143f.; 1915c, GW X: 213) und in näherer oder fernerer Zukunft sogar eine Überführung der Psychoanalyse in die Biologie erwartete: »Das Lehrgebäude der Psychoanalyse, das wir geschaffen haben, ist in Wirklichkeit ein Überbau, der irgend einmal auf sein organisches Fundament aufgesetzt werden soll; aber wir kennen dieses noch nicht.« (1916–17, GW XI: 403)

Eine Fehleinschätzung liegt bei Sulloway jedoch dann vor, wenn er glaubt, Freud in eine ungebrochene biologische Tradition stellen zu können, unter Mißachtung der Tatsache, daß Psychoanalyse als Theorie der Sprachentstellung sich in ihren Prinzipien an die Sprachwissenschaften anlehnen mußte und auf letztere auch nachhaltig gewirkt hat. Insofern setzt Freud nicht zuletzt auch eine hermeneutische Tradition fort und fügt ihr als Tiefenhermeneutik eine bis dato verschlossene Betrachtungsebene hinzu. Nichtsdestoweniger bleibt Sulloways konsequenter Versuch, Freud in einem bestimmten wissenschaftshistorischen Kontext zu sehen, bemerkenswert und allemal anregend.

Bedauerlicherweise setzt Sulloway daneben zu dem sehr viel weniger gelungenen Versuch der Mythenzerstörung an, indem er es unternimmt, Freud auch die Originalität in einzelnen Entdeckungen abzusprechen und die in der psychoanalytischen Geschichtsschreibung betonten Anfeindungen der Lehre als propagandistisch motivierte Fehldarstellung zu entlarven. Indem sich hier Sulloway betont in die Ellenbergersche Tradition stellt, übernimmt er auch eine Reihe seiner Irrtümer. In der deutschen Ausgabe, die etwa drei Jahre nach der amerikanischen erfolgte, war Sulloway dann bereits gezwungen, eine Anzahl von Berichtigungen und Ergänzungen vorzunehmen, die offensichtlich insbesondere auf Eisslers Kritik zurückgingen (siehe Sulloway 1982, S. 18f.). Einige Fußnoten, in denen der Autor seine im Texte gegebene Darstellung korrigiert, beziehen sich auf von Ellenberger übernommene nicht haltbare oder zumindest sehr modifikationsbedürftige Thesen (siehe S. 71, Fußnote 10; S. 78, Fußnote 14; S. 618, Fußnote 8; S. 630, Fußnote 11). Insofern trifft die in den nächsten Kapiteln vorgebrachte Kritik an Ellenberger nicht zuletzt auch Sulloway; die speziell von dem letzteren herausgearbeitete und zu Ungunsten Freuds entschiedene Prioritätsstreitigkeit zur »Entdeckung« der infantilen Sexualität wird jedoch als gesonderte Auseinandersetzung mit Sulloway und dessen Form der Textbehandlung geführt werden (siehe Kapitel 3).

Lediglich ein Punkt, der sehr kurz abgehandelt werden kann, soll an dieser Stelle herausgegriffen werden. Im Anhang zu Kapitel 13, dem »Verzeichnis der wichtigsten Freud-Mythen« (Sulloway 1982, S. 664 ff.), einem Teil des Buches, der niveaumäßig gegenüber dem Rest bedenklich abfällt, führt der Autor in Tabellenform 26 Mythen auf, widmet einige Worte ihrer Funktion und gibt dann Quellen des Mythos einerseits und Gegenbeweise durch Belegstellen andererseits an. Mythos 16 (a. a. O., S. 669) lautet: »Daß Freud die infantile Sexualität und das Unbewußte entdeckte.« Sulloway schreibt ihm folgende Funktion zu: »Als Legitimierung der Notwendigkeit der Benutzung von Freuds neuer Methodologie der psychologischen Exploration«. Als Quelle des Mythos liefert Sulloway sieben Angaben, von denen sich aber sechs ausschließlich mit der Frage der infantilen Sexualität befassen. Der Mythos von der Entdeckung des Unbewußten durch Freud wird demnach nur bei Jones (1940, S. 13) vertreten. Darauf bezieht sich nun Sulloway auch im Text und schreibt: »Zwei spezielle Behauptungen ragen aus dem Gesamtkomplex hervor. Die erste besagt, daß Freud das Unbewußte entdeckte (Jones 1940, S. 13), eine Aussage, die in den frühen Jahren der psychoanalytischen Bewegung verbreiteter war als heute.« (Sulloway 1982, S. 636)

Die tatsächlich in der erwähnten Schrift (Jones' Nachruf auf Freud) plakativ vorgebrachte Aussage ist jedoch so in einen von Sulloway nicht beachteten Kontext gestellt, daß ihre einschränkende Bedeutung nicht zu übersehen ist: Den Psychologen habe Freud ein ganzes Gebiet eröffnet, das unbewußte Seelenleben. Es wäre keine große Übertreibung, Freuds Beitrag in einem Satz auszudrücken: Er entdeckte das Unbewußte. Obwohl viele Dichter und Philosophen zuvor das Vorhandensein des unbewußten Seelenlebens erahnt hätten, sei es Freud gewesen, der als erster seine Existenz bewiesen habe durch Entwicklung einer speziellen Methode, es dem Studium zugänglich zu machen. (Jones 1940, S. 13)[19]

Da Freud dergleichen nie behauptet hatte (siehe Seite 68 f.) und von Sulloway nicht als Quelle des Mythos aufgeführt wird, wäre es höchst verwunderlich, wenn nun ein zweifellos in seinen Schriften belesener Schüler Freuds einen so leicht abzuweisenden Prioritätsanspruch gestellt hätte. Auf diese Weise schafft man nie existente Mythen, die sich freilich dann überzeugend widerlegen lassen (zur Entdeckung der infantilen Sexualität siehe Kapitel 3). Es sei jedoch betont, daß nicht alle von Sulloway verzeichneten Freud-Mythen als schiere Schöpfungen des Verfassers anzusehen sind und teilweise auch recht klar in ihrem Ursprung und ihrer Funktion analysiert wurden. Kritisch anzumerken ist vielmehr jene Mischung von wissenschaftshistorisch verdienstvoller Klarstellung einerseits und geradezu journalistischem Übereifer andererseits, das Freud-Bild in jeder Beziehung publizistisch wirksam anzugreifen.

2.5 Zur politischen Einordnung einiger Anti-Freud-Autoren

Diesem Abschnitt sei die Bemerkung vorangestellt, daß ein solcher Versuch der politischen Kategorisierung nicht die wissenschaftliche Auseinandersetzung mit den Thesen des jeweiligen Autors ersetzen kann. Paul Parins Ansicht, daß die augenblickliche breite, gegen die Psychoanalyse gerichtete Literatur im Rahmen des konservativen Rückschritts zu begreifen sei (Parin 1985), stimme ich zwar intuitiv zu, halte aber auch eine solche Argumentation für nicht ungefährlich: Der Mißbrauch liegt nahe, jegliche Psychoanalysekritik per se als reaktionär einzustufen, was allein insofern problematisch ist, als nicht jede Form der psychoanalytischen Theoriebildung und Praxis notwendig als politisch und gesellschaftlich progressiv aufgefaßt werden kann.

Andererseits läßt eine wissenschaftliche Kritik der Anti-Freud-Literatur, wie sie in diesem Buch versucht wird, die Frage nach den Motivierungen der Autoren offen. Hat man einmal konstatiert, daß – wie besonders deutlich am Beispiel Eysenck zu zeigen – ein Autor eine Form von Psychoanalysekritik treibt, die so sehr allen von ihm selbst propagierten und gegen die Psychoanalyse ins Feld geführten Regeln der Wissenschaftlichkeit widerspricht, so ist dieses Phänomen selbst wieder der Aufklärung bedürftig; man wird eine persönliche oder eine ideologische Motivierung dahinter vermuten und kann dann den vorsichtigen Versuch unternehmen, diese ideologischen Gründe im größeren weltanschaulichen Kontext aufzufinden, in den das sonstige Werk des Autors eingebettet ist. Um bei diesem Versuch weitergehende Interpretationen oder gar Spekulation zu vermeiden, will ich mich im wesentlichen auf den oben genannten Autor und einige ihm offensichtlich weltanschaulich nahestehende Verfasser weiterer gegen Freud gerichteter Schriften beschränken.

Eine politische Einordnung der etwa ab 1906 einsetzenden, gegen die Psychoanalyse gerichteten Literatur erschien etwa 80 Jahre danach schwierig und wohl auch nicht unbedingt nötig. Immerhin kann man beiläufig anmerken, daß drei Autoren, die damals nachdrücklich gegen die Freudsche Sexualtheorie polemisierten (Aschaffenburg 1906; Friedländer 1907a,b,c, 1910; Hoche 1910), etwa ein Vierteljahrhundert später Beiträge lieferten zu der Aufsatzsammlung »Gegen Psychoanalyse« in den rechtsgerichteten nationalistischen *Süddeutschen Monatsheften* und so aus ihrer politischen Einstellung kein Hehl machten.

Die Ablehnung Freuds während der NS-Zeit und ihre inhaltliche Begründung ist bereits skizziert worden (vgl. 2.2): Kritik an Freuds Versuch einer Entmystifizierung des irrational Unbewußten, damit verbunden am Menschenbild der Psychoanalyse und ihrer Auffassung von Kultur und Religion, eine Kritik, die in den Nachkriegsjahren noch einmal deutlich bei Kretschmer (1982) zutage tritt. Ansonsten wird man die spätere Auseinandersetzung mit der Psychoanalyse zweifellos etwas differenzierter betrachten müssen. Immerhin ist jedoch recht deutlich im anglo-amerikanischen Raum eine Gruppe von Autoren auszumachen, die weitgehend einheitlich ihre Ablehnung der Psychoanalyse nicht zuletzt mit dem Negativcharakter der Lehre und dem durch sie zu erwartenden bzw. bereits eingetretenen gesellschaftlichen Schaden begründen.

Ein prototypisches Buch für jene Richtung, wenigstens nach dem Kriege wohl auch das erste dieser Art, ist Richard La Piere's *The Freudian Ethic* (1974; Erstausgabe 1959), eine Arbeit, auf die sich spätere Autoren häufig beziehen, etwa Eysenck (1985, S. 220, S. 234) oder Jurjevich (1974, S. 150ff., S. 258f., S. 275f.). La Piere untersucht die Psychoanalyse von einem recht interessanten Standpunkt aus. Er diskutiert nicht, ob Freuds Lehre tatsächlich in wissenschaftlich gesicherten Erkenntnissen bestehe, vielmehr stellt er diese Frage in gewisser Weise zurück: Es liege keine wissenschaftliche Evidenz für die Behauptung vor, daß der Mensch eine Seele besitze, daß es ein Leben nach dem Tod gebe oder daß Ordnung im Universum sei. Und dennoch hätten die Menschen so gehandelt und täten es noch, als ob sie eine Seele und ein zukünftiges Leben besäßen und als ob die Welt um sie herum von Gesetzen der Natur oder Gottes gelenkt werde. Und indem sie so handelten, verliehen sie diesen verschiedenen Ideen sozialen Wert (a. a. O., S. 56).[20] So sei es auch nicht wichtig, daß die Freudsche Lehre unwissenschaftlich sei, von gesellschaftlichem Belang sei hingegen, ob ihr die Menschen gesellschaftliche Bedeutung geben könnten (La Piere, S. 57). Die Freudsche Ethik werde als Rechtfertigung für verschiedene Änderungen im sozialen Gefüge herangezogen, und solche soziale Validierung der Freudschen Lehre verleihe dem »Freudianismus« seine große Bedeutung: »To question its scientific validity becomes, therefore, irrelevant. Freudianism, like Marxism, is or will become just as valid as men make it.« (a.a.O., S. 59)

Ohne der Frage nachzugehen, ob La Piere die Freudsche Lehre und ihre tatsächlichen gesellschaftlichen Auswirkungen richtig gesehen hat, ohne auch nur die innere Stimmigkeit in den Ausführungen zu untersuchen, seien hier einige Einwände des Autors gegen gewisse, in dunklen Zusammenhang mit der Freudschen Lehre gebrachte gesellschaftliche Veränderungen referiert, die sofort seine weltanschauliche Haltung erkennen lassen. Ein Kapitel widmet sich den nachgiebigen Erziehungsmethoden (»The permissive home«, S. 81 ff.), in dessen Rahmen ein größerer Abschnitt »A nation of weaklings« (Eine Nation von Schwächlingen) überschrieben ist und von der laxen militärischen Ausbildung mit ihren fatalen Konsequenzen für die Kriegsführung handelt. Die Ausbilder im letzten Weltkrieg hätten es für unmöglich erklärt, aus den unreifen Menschen anständige Soldaten zu machen. Die Rekruten hätten Disziplin verabscheut; obwohl sie mit der Zeit die mechanischen Tätigkeiten des Soldaten hätten lernen können, sei es schlechthin unmöglich gewesen, sie in das eigentliche soldatische Wesen einzuführen und in ihnen Liebe und Loyalität zum Soldatenleben zu erwecken. Entsprechend hätten die Feldkommandanten bald geklagt, daß der amerikanische Soldat oft ohne Beteiligung kämpfe, häufig unzuverlässig sei und im Gefecht allzu häufig nicht genügend aggressiv vorgehe (a.a.O., S. 85).[21]

Im nächsten Kapitel wird die freudianisch inspirierte Erziehungspraktik kritisch dargestellt und auf ihre Folgen verwiesen: Mit den sich beim späteren Erwachsenen einstellenden Schwierigkeiten seien dann die Polizisten, die Richter und die Psychiater konfrontiert (a.a.O., S. 96).[22]

Damit ist es nicht schwer, nach zwei weiteren Kapiteln, einem davon über die »progressive school«, zum Thema »condonation of crime« (etwa: »stillschweigende Duldung des Verbrechens«) überzuleiten, in dem nun der verhängnisvolle Einfluß der Freudschen Ethik auf das Justizwesen untersucht wird. Folge des Eindringens des Freudschen Menschenbilds in die kriminologische Theorie und die Gerichtspraxis sei eine partielle, aber sehr folgenreiche Umkehrung der traditionellen Annahme, daß ein Individuum, das die Gesetze breche, auch im allgemeinen für seine Handlungen zur Verantwortung gezogen werden solle. Statt dessen habe in beträchtlichem Ausmaße die Ansicht Anhänger gefunden, daß jene, die kriminelle Handlungen begingen, gesellschaftliche Opfer seien, und eher als solche denn als willentliche Feinde der Gesellschaft behandelt werden sollten (a.a.O., S. 157). Freud(iani)sche* Ansichten in der Kriminologie würden unter anderem von den meisten Beamten im Strafvollzug und von allen Studenten der Jurisprudenz abgelehnt, und ihnen gäben die Tatsachen recht; es sei nicht schwer zu zeigen, daß die lasche Handhabung der Strafgesetze einer der Faktoren bei der Entstehung des Verbrechens sei: »It is not difficult to demonstrate that lax enforcement of the criminal laws is one of the important factors making for crime.« (a.a.O., S. 159)

La Piere schildert dann die einzelnen Schritte der Subversion: Die progressive Liberalisierung traditioneller Praktiken wie die der Bewährung habe die Wirksamkeit der Strafgesetze geschwächt, sei aber nur ein indirekter Angriff auf das Prinzip der Verantwortlichkeit für Straftaten gewesen. Die direkte Attacke habe darin bestanden, die traditionelle Unterscheidung zwischen denen, die für ihre Straftat verantwortlich gemacht werden können, und denen, bei denen dies nicht möglich sei, entschlossen aufzulösen. Da sei zunächst eine zu weitgehende Aussetzung der Strafe für jugendliche Delinquenten. Ob der Anstieg der von Jugendlichen begangenen Straftaten allein durch die zunehmende Praxis bedingt sei, den jugendlichen Täter von der Verantwortung freizusprechen, könne diskutiert werden, jedoch lasse sich kaum bezweifeln, daß diese Praxis, basierend auf der Freud(iani)schen Theorie des Verbrechens, ein sehr wichtiger Faktor für den rapiden Anstieg der Straftaten bei Jugendlichen gewesen sei. Dies sei auch kaum anders denkbar, da jeder jugendliche Rowdy von seinen Gefährten oder durch eigene Erfahrung lerne, daß der Polizist auf seiner Runde nur ungern festnehme, daß die Leute im Gerichtshof ein Haufen Wohltäter seien mit verrückten Ideen darüber, wie man in Schwierigkeiten geraten könne, und daß der Richter schließlich ein sentimentaler Narr sei, der einen wie ein Wickelkind behandele (a.a.O., S. 173).[23]

Nachdem der Autor angeführt hat, daß die Freudianer sich auch um die Ausdehnung des Prinzips der Nichtverantwortlichkeit auf erwachsene Delinquenten bemüht hätten, schließt er das Kapitel mit einer apokalyptischen Vision: Sollte das Eindringen Freud(iani)schen Gedankenguts in die Behandlungspraxis jugendlicher und erwachsener Krimineller bis zu dem Grad fortschreiten, daß das Prinzip der indivi-

* Das englische Wort Freudian meint sowohl freudsch, als direkt auf Freud zurückgehend, wie auch freudianisch, das heißt in der Freudschen Tradition stehend. Ähnliches gilt für die Neuschöpfung Freudism. In der Übersetzung habe ich deshalb zumeist dem Leser mittels Klammersetzung beide Möglichkeiten angeboten.

duellen Nichtverantwortlichkeit das traditionelle der Verantwortlichkeit ablöse, seien jene, die sich noch an das Gesetz gebunden fühlten, in vollem Maße der Gnade nicht verantwortlicher und daher nicht bestrafbarer Krimineller ausgeliefert, und die Gesellschaft würde in der Tat krank (a. a. O., S. 179).[24]

Diese ausgewählten Abschnitte sollten genügen, um den weltanschaulichen Hintergrund von La Pieres Psychoanalysekritik aufzuzeigen, eine politische Tendenz, die auch ohne Schwierigkeiten bei einigen anderen antifreudianischen Autoren erkennbar ist.

Sehr viel entschiedener äußert sich Boris Sokoloff, Biologe und Verfasser populärwissenschaftlicher Bücher, in seinem Werk *The Permissive Society* (1971). Seine Schlußworte weisen den Autor genau aus: Es handelt sich hier um einen moralischen, um das Wohl der Menschheit und speziell der eigenen Nation äußerst besorgten, tiefreligiösen Menschen; er bedauere aufrichtig, dieses dunkle, gleichwohl auf Evidenz beruhende Bild [vom Zustand der Gesellschaft] gezeichnet zu haben. Es zeige einen sterbenden amerikanischen Liberalismus, verseucht mit Freudscher Ethik und befallen von tief wurzelnder Nachgiebigkeit, sowohl moralisch wie politisch. Ein Biologe, der [wie der Autor] an die Unsterblichkeit der Seele und eine allerhöchste Macht glaube, welche die seelische Entwicklung der menschlichen Rasse leite, ein solcher Biologe könne und solle kein Pessimist sein. Er würde sich weigern hinzunehmen, daß die negative und destruktive Freud(iani)sche Ethik, welche die liberalen Intellektuellen infiziert habe, die Zerstörung der [amerikanischen] Nation herbeiführe (Sokoloff 1971, S. 247), und: Er habe zu zeigen versucht, daß das Elend des Menschen und der Tod alles Anständigen in der Gesellschaft unvermeidlich sei, wenn man Gottes Führung zurückweise und die Unsterblichkeit der Seele leugne (a. a. O., S. 248).[25]

Die inhaltliche Stoßrichtung der Freud-Kritik ist damit vorgegeben, und auch die Form der Auseinandersetzung entspricht der von Autoren ähnlicher Gesittung und Gesinnung, folgt recht gut dem in 2.3 skizzierten Grundschema. Nach einem einführenden Kapitel über das Syndrom der »permissiveness« (etwa: Nachgiebigkeit, Freizügigkeit), das mit einem Krebsgeschwür verglichen wird (a. a. O., S. 13, ebenso S. 18 f.), und einer Darstellung der Ausbreitung Freudscher Gedanken in Amerika, folgt eine Auseinandersetzung mit Freud als Wissenschaftler, wobei es nicht zuletzt auch um Freud als Menschen geht. So sehr der Autor sonst auf Moral bedacht ist, so wenig unmoralisch erscheint es ihm offensichtlich, Verleumdungen und Unterstellungen über den

Begründer der Psychoanalyse zu verbreiten, etwa daß sein quälendes sexuelles Verlangen, speziell während der Zeit seiner Verlobung, Freud als Grundlage für seine Theorie von der sexuellen Ätiologie der Neurosen gedient habe (a.a.O., S. 44), wobei hier nur beiläufig angemerkt sei, daß zwischen Verlobungszeit und sexueller Theorie der Neurosen immerhin zehn Ehejahre und die Geburt von sechs Kindern lagen. Oder (wie so oft ohne Belege) die Behauptungen, daß Freud mehrfach die Wichtigkeit materiellen Erfolges betont habe, verschiedentlich zugegeben habe, daß sein mangelndes ärztliches Temperament zum Schaden der Patienten und sein Interesse am Patienten vornehmlich das eines Experimentators gewesen sei. Prägnant resümiert der Autor, seine Patienten hätten Freud in beträchtlichem Ausmaß als Meerschweinchen gedient (a.a.O., S. 47).[26]

Erwartungsgemäß finden sich kritische Hinweise auf Freuds Atheismus (etwa a.a.O., S. 59ff.) und, wie ebenfalls in den Werken anderer Autoren, die positive Hervorhebung Jungs in dieser Beziehung (S. 73). Nicht alles dies macht Sokoloffs Buch erwähnenswert (er folgt dabei nur längst ausgetretenen Pfaden der Freud-Kritik), vielmehr ist es die grundlegende rechte Ideologie des Autors, die sich hier unverstellt erkennen läßt, und zwar im zweiten Teil des Buches, überschrieben »The permissive society«. Das erste der Kapitel dieses Teils behandelt das Thema »Verbrechen«, wobei auf fast 40 Seiten gewissermaßen zur Einstimmung des Lesers neben statistischen Angaben und Kommentaren eine Auswahl von Polizeiberichten bzw. einschlägigen Zeitungsartikeln wiedergegeben wird (a.a.O., S. 110–149). Kein Zufall ist es auch sicher, daß in den von Sokoloff ausgesuchten Fällen häufig Schwarze (»negroes«) die Täter sind (a.a.O., S. 113f., S. 114, S. 115, S. 122, S. 140), denn der Autor spricht gezielt ein Thema an, das von den Zeitungen vermieden werde, den kontinuierlichen Anstieg von Verbrechen durch Neger (a.a.O., S. 131). Nachdem er einen Bericht mit einer einschlägigen Statistik wiedergegeben hat, weist er die Ansicht der Autoren zurück, diese extrem hohen Zahlen, speziell bei Vergewaltigung von Frauen, seien durch die Armut der Schwarzen zu erklären. In Wirklichkeit liege es klar zutage, daß das Syndrom der *permissiveness* das schwarze Amerika beherrsche.[27]

Der Autor wirft dann die Frage auf, warum trotz großer Aufwendungen für Verbrechensbekämpfung die Zahl der Straftaten weiter so rasch ansteige, und präsentiert seine Antwort: Es gebe eine einzige logische Erklärung für dieses Phänomen, die Atmosphäre extremer Nachgiebigkeit, die Verbrechen begünstige und herausfordere, und die Gesetz und Ordnung in Amerika zurückweise. Dafür müsse man ohne

Zögern die liberalen Intellektuellen verantwortlich machen, die vollständig die Freud(iani)sche Lehre angenommen hätten mit ihrer Nachsicht gegen Kriminelle, die als Opfer der Gesellschaft betrachtet würden. Fast wörtlich wiederholten die liberalen Intellektuellen das Freud(iani)sche Motto: Der Mensch sei nicht verantwortlich für das, was er gegen die Gesetze seines Landes unternehme; oder: Das Establishment sei verantwortlich für seine Handlungen.[28]

Sokoloff greift dann namentlich einen dieser permissiven liberalen Intellektuellen im Justizwesen an und zitiert mehrere Revisionen des ebenfalls partiell mit Freudschen Ideen verseuchten *Supreme Court*, die seines Erachtens dem Rechtsempfinden widersprechen. Er schließt dieses düstere Kapitel zusammenfassend mit den Worten, man solle das Problem des Verbrechens und seines Ursprungs nicht von der Überzeugung aus angehen, daß seine Ursache in der Armut liege; dies sei ein von Soziologen und Politikern verbreiteter Mythos. Es sei die Individualität der Person, ihre angeborenen Charakterzüge, die sie zu einem Kriminellen oder einem ehrenwerten Menschen machten. Ihre Schwäche, ihr Selbstmitleid, ihr »permissiveness syndrome« bereiteten den Weg zum Verbrechen gegen die Gesellschaft.[29]

Das nächste Kapitel ist überschrieben »Narcotics in America«. Das Land Amerika, wenigstens ein Teil davon, sei von einer gesunden Nation in eine kranke und stark gestörte verwandelt worden. Und – wie bei der Kriminalität – hätten auch die mit Freud(iani)schen Annahmen infizierten liberalen Intellektuellen in großem Maße zur Drogenepidemie beigetragen (a.a.O., S. 151 f.). Sokoloff gibt viele Fälle von Drogenmißbrauch und seinen Folgen an und führt unter anderem die politischen Auseinandersetzungen in den amerikanischen Schulen, die man Revolution zu nennen pflege, auf den übermäßigen Marihuanakonsum zurück (a.a.O., S. 160 f.). Was sei der Ursprung der Drogenepidemie? Warum sei dieses bislang von der Verseuchung verschonte Land so plötzlich an Drogenmißbrauch erkrankt? Sei diese Epidemie spontan, autonom und von sich aus angetrieben entstanden? Der Autor gibt die Antwort: Letztere Annahme müsse ohne Zögern und Zweifel zurückgewiesen werden. Die enge Beziehung zwischen gesteigertem Drogenkonsum und der Entstehung von *anti-war organizations*, von denen einige durch Kommunisten »gesponsert« seien, und die Tatsache, daß der Drogenkonsum gegen die Jugend des Landes und noch mehr gegen die Armee gerichtet sei, deutet nach Ansicht Boris Sokoloffs darauf hin, daß eine mächtige politische Organisation, wahrscheinlich eine kommunistische, hinter der Ausbreitung der Drogen stehe. Sowjetrußland versuche seine Feinde auf verschiedenste Weisen zu demoralisieren. Und er fährt fort: In diesem Falle hätten sie bemerkenswerten Erfolg gehabt, hauptsächlich dank des nachgiebigen Verhaltens der Gesellschaft (a.a.O., S. 177f.).[30]

Auch das Kapitel »Sex in America«, beginnend mit »Freud: *The greatest gratification man receives is sexual intercourse*« (a.a.O., S. 181), ist ähnlich aufgebaut mit einer Vielzahl von abschreckenden Fallbeispielen und mißbilligenden Bemerkungen des Autors über zunehmende außereheliche Beziehungen (S. 188) oder frühzeitige Sexualaufklärung (S. 193ff.). Diese sexuelle Epidemie sei durch die extreme Nachgiebigkeit der Gesellschaft erzeugt worden, verteidigt durch die mit Freud(iani)scher Vorstellung sexueller Freiheit durchdrungenen intellektuellen Kreise. Auf dem Feld der Sexualität habe der Einfluß des »permissiveness syndrome« seinen Höhepunkt erreicht.[31]

Nach einem weiteren, in der nämlichen Art aufbereiteten Kapitel über die politischen Unruhen in Amerika folgt ein letztes, in dem sich der Autor mit der Beziehung zwischen amerikanischem Liberalismus und *permissiveness* auseinandersetzt; es schließt mit den eingangs wiedergegebenen Worten, in denen Sokoloff den Leser beschwört, Gottes Führung nicht zurückzuweisen und die Unsterblichkeit der Seele nicht zu leugnen, damit nicht das Elend des Menschen und der Untergang alles Anständigen unvermeidlich werde (a.a.O., S. 248).

Nachdem mit La Piere und Sokoloff zwei ausgesprochen exponierte Vertreter der antifreudianischen Rechten etwas genauer in ihren Argumenten dargestellt wurden, kann über einige weitere Autoren dieses Kreises, nämlich Pinckney und Pinckney (1965) sowie Jurjevich (1974), rasch hinweggegangen werden; hingegen wäre es zweifellos etwas lohnender, diese Schriften im Hinblick auf die Frage des guten Geschmacks in der wissenschaftlichen Auseinandersetzung zu untersuchen. Aber auch unter dem Aspekt der ihrer Freud-Kritik zugrunde liegenden politischen und gesellschaftlichen Anschauung geben die genannten Autoren wenig Rätsel auf. So beschreiben etwa Pinckney und Pinckney den Psychoanalytiker Freudscher Richtung nicht nur als jemanden, der ausschließlich in Kategorien von Sex, und zwar pervertiertem Sex, denke, sondern der auch im Hinblick auf sein Verhältnis zum Gesetz betrachtet werden müsse: Kriminelle seien für den Analytiker kranke Leute, die nicht ins Gefängnis gebracht oder im Sinne von Strafe von der Gesellschaft ferngehalten werden sollten; vielmehr solle der Kriminelle durch Psychoanalyse wiederhergestellt und – nachdem er es gelernt habe, [ihr] zu vergeben – wieder in die Welt geschickt werden. Man beachte: Der Kriminelle müsse es lernen, seinen Opfern zu verzeihen – der Gesellschaft. In irgendeiner Weise scheine diese Ansicht etwas verdreht.[32]

Im Kapitel »How to muddle a marriage for money« (etwa: »Wie man für Geld eine Ehe durcheinanderbringt«) werden die Aktivitäten der Analytiker mehr oder weniger direkt für die enorme Zunahme der Scheidungsraten verantwortlich gemacht (S. 125f.), und, was noch schlimmer sei, eheliche Untreue durch Analytiker geradezu ermutigt (S. 126). Nach Ausführungen über zuvor der Freudschen Analyse unterworfene Homosexuelle, die sich mittels der Medien an der gesamten Frauenwelt rächten und das Bild der amerikanischen Frau in der Unterhaltungsbranche gestalteten[33], über homosexuelle Modedesigner, die – um die Geschlechtsdifferenzen zu verwischen – ihren Kundinnen Männerkleidung einzureden versuchten, und über die traurige Tatsache, daß Herrenfriseure sich immer größerer Beliebtheit erfreuten[34], gelangen die Autoren zum unvermeidlichen Thema der progressiven Erziehung mit ihren fatalen Folgen, daß sich manche Kinder kaum besser als Tiere verhielten und viele von ihnen ohne Verantwortungsgefühl aufwüchsen (S. 145ff.).

Jurjevich (1974) fügt sich schon allein durch beifällige Hinweise auf La Piere (Jurjevich 1974, S. 150f., S. 152f.), Sokoloff (Jurjevich 1974, S. 149, S. 154) sowie Pinckney und Pinckney (Jurjevich 1974, S. 133ff., S. 140f., S. 144f., S. 153) in die Reihe dieser Autoren ein und folgt auch inhaltlich weitgehend dem dort erstellten Schema der Freud-Kritik. Psychoanalyse, schreibt Jurjevich, habe als Teil der antichristlichen Bewegung in Europa begonnen, leidenschaftlich darum bemüht, traditionelle kulturelle Werte, Moralvorschriften und Überzeugungen zu zerstören, und habe sich niemals, auch in späteren Jahren nicht, von den atheistischen und materialistischen Anschauungen ihres Begründers lösen können (a. a. O., S. 19).[35] Der Autor selbst bekennt, materialistische und rationalistische Sichtweisen als Bedrohung seiner ganzen Existenz zu empfinden, und verwirft zusammen mit dem Freud(ian)ismus unter anderem auch Marxismus, Nazi-Faschismus und philosophischen Atheismus als krude Versuche, Religion durch einen enggefaßten Szientismus zu ersetzen (a. a. O., S. 20).[36]

Folgerichtig und hierin in Übereinstimmung mit anderen Autoren verteidigt Jurjevich den humaneren und umfassenderen Jung (S. 21), versucht in peinlichster Weise, dessen Äußerungen in der NS-Zeit herunterzuspielen (S. 47ff.) und führt schließlich im Kapitel »Freudian corrosion of civilized values« gegen Freud Argumente aus jenem in 2.2 ausführlicher wiedergegebenen Jungschen Schmähartikel »Zur gegenwärtigen Lage der Psychotherapie« (Jung 1934) an (Jurjevich 1974,

S. 129f.). Im übrigen wiederholt er in diesem Kapitel die schon von seinen Vorgängern angeführten Einwände gegen die Freud(iani)schen Vorstellungen von Familienleben, mit Ermutigung zu Ehebruch und Scheidung (S. 137ff.), zur permissiven Kindererziehung mit den Spätfolgen von Delinquenz, Scheidungen und unbegründetem Rebellieren (S. 151f.), und schließlich zur Strafpraxis (S. 152f.).

Die von E. M. Thornton betriebene Form der Psychoanalysekritik wurde in 2.4 dargestellt, das von der Autorin präsentierte düstere Sittengemälde einer auf Freudschen Ideen basierenden Gesellschaft in 2.3. Obwohl Thornton eigenartigerweise keinen der erwähnten rechten Anti-Freud-Autoren zitiert oder im Literaturverzeichnis aufführt, gerät man sicher nicht allzusehr in die Spekulation, wenn man auch sie diesem fortschrittsfeindlichen Kreis von Freud-Kritikern zuordnet. Zu offensichtlich und zu interessengeleitet ist ihre Verletzung wissenschaftlicher Grundregeln, um nicht eine weitere Motivierung für ihre Freud-Kritik vermuten zu lassen. Das Erschrecken der Autorin nicht nur über den selbst errichteten Popanz von Freudianern, die angeblich alle sexuellen Tabus einschließlich des gegen Inzest abgeschafft sehen wollen und Kinder ab drei Jahren mit Pornographie konfrontieren möchten (Thornton 1983, S. 309f.), sondern auch über allgemein kaum mehr hinterfragte gesellschaftliche Errungenschaften wie die Schwangerschaftsunterbrechung, »Pille« oder die Ansätze einer humaneren Psychiatrie im Sinne von Szasz und Laing (a. a.O., S. 310f.), lassen ihre extrem konservative Gesinnung erkennen. Thorntons Feststellung, daß die Neo-Freudianer wichtige Verbündete im Drängen nach sozialer Veränderung geworden seien (S. 310), abfällige Bemerkungen über die Verbindung der von der Autorin so sehr bekämpften Freudschen Theorie mit der modisch-schicken (»fashionable«) existentialistischen Philosophie Sartres und – dank Herbert Marcuse – mit dem Marxismus, Herausarbeiten von Gemeinsamkeiten zwischen den Lehren von Marx und Freud, geben bei der politischen Einordnung von E. M. Thornton die letzte Sicherheit.

Auf all die erwähnten Autoren mit Ausnahme von Sokoloff weist Eysenck nachdrücklich und anerkennend hin (Eysenck 1986, S. 227ff.), und es wird nun erforderlich, an dieser Stelle kurz auf die politische Grundhaltung dieses prominentesten lebenden Freud-Kritikers hinzuweisen (ausführlicher in Hirsch [Hrsg.] 1988). Wie sein wohlwollender Biograph Gibson schreibt, hatte sich Eysenck bereits während seiner Schulzeit in Berlin den Ideologisierungsversuchen der Nazis widersetzt (Gibson 1981, S. 18, ähnlich Eysenck 1975, S. 11), vage linke Anschauungen damals gepflegt (Gibson, S. 19) und mit seiner Familie 1934 dann auch Deutschland verlassen, was wir hier als historische Wahrheit annehmen und als entschlossenen Schritt eines politisch einsichtigen jungen Mannes anerkennen wollen. Beim Erscheinen seiner letzteren großen Anti-Freud-Schrift war der Autor aber nicht mehr 18, sondern 70 Jahre alt; so wie man Eysenck heute Unrecht täte, ihn mit seiner Freud-Rezeption auf den Stand von 1956 festzulegen, da er noch den »frischen Wind« durch Freud schätzte, durch das »Feuer seines Geistes« neue Perspektiven eröffnet sah und von seinen »genialen Gedanken« sprach (vgl. Eysenck 1956, S. 28; siehe auch Kapitel 2.4, S. 65), so muß man die politische Dimension seiner gegenwärtigen Freud-Kritik auch an Eysencks heutiger Weltanschauung erarbeiten.

Gibson (1981, S. 216ff.) führt aus, daß Eysenck wiederholt wegen faschistischer Anschauungen angegriffen worden sei, stellt diese Vorwürfe aber als unberechtigt hin. Ohne die Ausführungen des Biographen auf ihre Objektivität und Stichhaltigkeit zu überprüfen, ohne Eysencks zahlreiche Bücher zu umstrittenen Themen wie »Kriminalität und Persönlichkeit« (Eysenck 1980) oder die »Ungleichheit der Menschen« (1975) genauer darzustellen und zu analysieren, dürfte unwidersprochen bleiben, daß er im Erbe-Umwelt-Streit etwa bezüglich der Ursache von Kriminalität oder Intelligenz gegenüber soziologischen Erklärungsansätzen vor allem die Bedeutung genetischer Faktoren betont (siehe etwa Eysenck 1975, S. 16). Dies berechtigt per se nun natürlich noch keineswegs, Eysenck faschistische Gesinnung zu unterstellen; andererseits darf man in aller Vorsicht doch die Feststellung wagen, daß die Erbe-Umwelt-Debatte angesichts des vorliegenden Materials nicht allein anhand wissenschaftlicher Kriterien bereits eindeutig entschieden werden kann, vielmehr jede dezidierte Meinung dazu augenblicklich nicht zuletzt von politischen Interessen getragen wird – und mit seinem Beharren auf dem wesentlichen Einfluß genetischer Faktoren befindet sich Eysenck in bestem Einklang mit dem konservativen Lager. Man könnte diesen Eindruck stützen durch Eysencks beifällige Hinweise auf rechte Freud-Kritiker wie La Piere, Jurjevich oder Thornton (s. o.), ebenso durch seine bereits zitierten Äußerungen gegen ein »Klima der Nachgiebigkeit«, der »sexuellen Promiskuität«, des »Niedergangs ›altmodischer Werte‹« (Eysenck 1985, S. 220), die er in Verbindung mit der Psychoanalyse sieht, der er auch insbesondere wegen ihres »ethischen Nihilismus« (ebda.) den Kampf angesagt hat.

Dankenswerterweise sind wir jedoch all dieser Spekulationen enthoben aufgrund einer drei Ausgaben umfassenden Artikelserie, die Hans Jürgen Eysenck (»unser Mitarbeiter«) in der *Deutschen National-Zei-*

tung (Eysenck 1986) veröffentlicht hat.* Man empfindet geradezu Mitleid mit dem besorgten Biographen Gibson, der von Eysenck jeden Anschein faschistischer Gesinnung zu nehmen sich bemüht, während der Held der Biographie selbst im Sprachorgan des deutschen Faschismus publiziert. Ich habe mich bisher sehr zurückgehalten, möchte aber doch den Standpunkt vertreten, daß dem aufmerksamen Leser Eysencks Weltanschauung auch vor jener publizistischen Offenbarung deutlich sein mußte; da diese Frage seit Jahren diskutiert wird, dürfte man als gründlicher Eysenck-Leser früher oder später damit konfrontiert worden sein. Um so peinlicher ist es, wenn Dieter E. Zimmer (1986, S. 24) seine dankbare Verpflichtung Eysenck gegenüber bekennt, ohne gleichzeitig eine allfällige Distanzierung von dessen politischem Gedankengut vorzunehmen; einmal mehr ein Indiz dafür, wie wenig wählerisch jener Autor ist, Gesinnungsgenossen gegen Freud heranzuziehen.

Anmerkungen zu Kapitel 2

1 Es ist sehr aufschlußreich, diese Jungschen Invektiven, die anscheinend ohne äußeren Anlaß, nur bei sich bietender günstiger Gelegenheit gegen Freud losgelassen wurden, mit dem Aufsatz Freuds »Zur Geschichte der psychoanalytischen Bewegung« (1914d) zu vergleichen, den er anläßlich des Abfalls von Adler und Jung verfaßte und gewissermaßen entschuldigend später als »persönliche Polemik« bezeichnete (GW XII: 29; Fußnote 1). Jung wird nachdrücklich anerkennend erwähnt:

»Ich habe die großen Verdienste der Züricher psychiatrischen Schule um die Ausbreitung der Psychoanalyse, des besonderen die von *Bleuler* und *Jung*, wiederholt dankend anerkannt und stehe nicht an, dies heute, unter so veränderten Verhältnissen, von neuem zu tun. [...] Bei der Union, die sich zwischen der Wiener und der Züricher Schule vollzog, waren die Schweizer keineswegs der bloß empfangende Teil. Sie hatten selbst bereits respektable wissenschaftliche Arbeit geleistet, deren Ergebnisse der Psychoanalyse zugute kamen.« (GW X: 65 ff.; Namen im Original hervorgehoben.)

Erst sehr viel später im Text, als er die Geschichte der Psychoanalyse als Bewegung behandelt, geht er kritisch auf Jung ein:

* Mein Kollege Axel Hirsch hat Eysenck angeschrieben und um Klarstellung gebeten. Nachdem die Anfrage nie beantwortet wurde, muß man schließen, daß diese Veröffentlichung nicht ohne Eysencks Zustimmung geschah. Den Hinweis auf die Publikation in der von mir natürlich nicht regelmäßig gelesenen Zeitung verdanke ich Herrn Reinhard Maß, der ein Exemplar mit dem bewußten Artikel durch Zufall entdeckte. Eine weitere Veröffentlichung Eysencks in diesem Blatt wurde mir erst später bekannt, nämlich eine vier Ausgaben umfassende Artikelserie mit dem Titel »Liegt Krieg in der Natur des Menschen?« (*Deutsche National-Zeitung*, Ausgaben vom 4.10., 11.10., 18.10. und 25.10.1985).

»Es lag mir also daran, diese Autorität auf einen jüngeren Mann zu übertragen, der nach meinem Ausscheiden wie selbstverständlich mein Ersatz werden sollte. Dies konnte nur *C. G. Jung* sein, denn *Bleuler* war mein Altersgenosse, für *Jung* sprachen aber seine hervorragende Begabung, die Beiträge zur Analyse, die er bereits geleistet hatte, seine unabhängige Stellung und der Eindruck von sicherer Energie, die sein Wesen machte. Er schien überdies bereit, in freundschaftliche Beziehungen zu mir zu treten und mir zuliebe Rassenvorurteile aufzugeben, die er sich bis dahin gestattet hatte. Ich ahnte damals nicht, daß diese Wahl trotz aller aufgezählten Vorzüge eine sehr unglückliche war, daß sie eine Person getroffen hatte, welche, unfähig, die Autorität eines anderen zu ertragen, noch weniger geeignet war, selbst eine Autorität zu bilden, und deren Energie in der rücksichtslosen Verfolgung der eigenen Interessen aufging.« (GW X: 85; Namen im Original hervorgehoben).

Neben der Bemerkung, daß Jung den vierten Kongreß in München in »unliebenswürdiger und inkorrekter Weise« geleitet und seine Wiederwahl zum Präsidenten angenommen habe, obwohl zwei Fünftel der Anwesenden ihm ihr Vertrauen verweigerten (GW X: 88), ist dies auch die einzige persönliche Polemik gegen Jung. Die wissenschaftliche Kritik an Jung ist dezidiert, aber sachlich und drückt sich nicht zuletzt in dem Satz aus: »Ich bin natürlich gern bereit zuzugestehen, daß ein jeder das Recht hat, zu denken und zu schreiben, was er will, aber er hat nicht das Recht, es für etwas anderes auszugeben, als es wirklich ist.« (GW X:106) Schmähworte wie von Jung vorgebracht (1934, S. 7: »materialistische Voreingenommenheit«, S. 10: »schmutzige Adoleszenz-Phantasie des Erklärers«, S. 11: »entwertende Deutung«, »infantil-perverser Jargon«, »infantil-perverser Sumpf einer obszönen Witzpsychologie«, »Borniertheit und Unmenschlichkeit«, S. 13: »entwertende, zerfasernde Unterminierungstechnik der ›Psychoanalyse‹«, S. 14: » neurotischer Trick der *euphemistischen Verkleinerung*«, S. 15: »Afterbild menschlicher Seele«) wird man in Freuds polemischem Aufsatz vergeblich suchen.

2 »The Freudian revolution of the early sixties which saw the widespread adaption of Freud's theories and the appearance of the ›permissive society‹ that followed, made the last two decades an ideal period for the assessment of these theories as applied in actual practice [...]

By the early sixties, a group of writers and academics had emerged, working actively for the implementation of Freud's theories and dedicated to the urgent modification of existing social attitudes to sexual morality ›in time to prevent a breakdown of civilisation‹. As in the early days of the century many enthusiasts became ›more Freudian than Freud‹, crusading for the complete abolition of all sexual ›taboos‹ including those against incest and the more unusual of the sexual deviations. They campaigned for the overthrow of ›fig-leaf and four-letter-word-fixated censorship‹ and deplored the lack of the vocabulary of sexuality and excretion in middle-class language. For the married they advocated ›therapeutic adultery‹ (›wife-swapping‹)

and for the enlightenment of the young, recommended family nudity and a form of sex education in the schools that would fit the child for the full expression of Freudian sexuality and with none of the deviations excluded. Zealots in Sweden asserted that children should be exposed to pornography from the age of three. The neo-Freudians believed in bisexuality and claimed that gender roles were learnt from parents in childhood rather than being inherent elements of the personality. Nor was ›Thanatos‹ neglected. A mystique arose based on Freud's teachings on the death instinct and its components in which the obsessive portrayal of cruelty and aggression on stage and in the media was deemed cathartic an healthy. The works of de Sade moved from the Soho bookshop to the libraries of academia.« (Thornton 1983, S. 309f.)

3 »The beginning of the eighties saw the emergence of a joyless society, its horizons narrowed and its vision dimmed, a society weighted down with the social problems left in the wake of the permissive society. The promised land had proved to be stony desert and Freud, who had pointed the way, a false and faithless prophet.« (a. a. O., S. 312)

4 »For more than three decades, American intellectuals, the flower of our society, have been subjected to the influences of Freudian doctrine and ethics. As was said, and we hope was proved, the basis of the Freudian movement is extreme permissiveness, directed first of all against Society or The Establishment. Without exaggeration, one must acknowledge the phenomenal success of Freudian permissiveness in all aspects of American life: crime, narcotics, family, education and campus riots, sex, and even in the Supreme Court decisions.« (Sokoloff 1971, S. 109f.)

5 »Since the advent of that doctrine, our culture and even our daily activities have been penetrated to the point where morality is not only outmoded, immorality is virtually licensed. With each passing year that the personal philosophy of Sigmund Freud has been foisted upon the ›average‹ individual, the level of what were once ideals has dropped one notch.« (Pinckney and Pinckney 1965, S. 56)

6 »These and similar reports from psychiatric practice, raise an important question: can we allow members of a profession to place themselves above moral principles which motivate a majority of other members of society? Are Freudians licensed to disregard the longstanding values of our society? Should they be made responsible for the moral and social damage caused by their cynicism?« (Jurjevich 1974, S. 133)

7 »At any event, Marx' hopeful prediction that the downtrodden masses of western society would liquidate the bourgeois class has proved false; and if this class is now on the decline, as current indications suggest, the credit goes to Freud more than to any other simple man. For the dissolution of the *bourgeoisie* is being wrought, not by revolt of the masses, but through the adoption by members of that class of the contrabourgeois values that are sanctioned by the Freudian doctrine of man. It is, so far at least, a process of self-liquation, not unlike that by which in times of the past other social elites

have destroyed themselves through the abandonment or corruption of the qualities that had distinguished them from the common run of men.« (La Piere 1974, S. 184f.; Hervorhebung im Original)

8 »Yet this book makes the heretical claim that his central postulate, the ›unconscious mind‹, does not exist, that his theories were baseless and aberrational and, greatest impiety of all, that Freud himself, when he formulated them, was under the influence of a toxic drug with specific effects on the brain.« (Thornton 1983, S. 1)

9 »It was from the *hystériques* at the Salpêtrière and from Charcot's lectures and demonstrations on them that Freud received his first intimation of the concepts that were to form the basis of his own theory of ›hysteria‹ on which the whole doctrine of psychoanalysis was founded. It was a shaky foundation on which to base such farreaching theories – because these patients *were not hysterics*. The ›hysterical fits‹ that Freud witnessed so often at the Salpêtrière have now been authoritatively identified by modern French neurologists als temporal lobe attacks, i. e. attacks originating in a lesion of the temporal lobes of the brain, from which the epileptic discharge may either spread to other areas of the brain or remain confirmed to the temporal lobes themselves.« (a. a. O., S. 66; Hervorhebungen im Original.)

10 »Freud's abrupt conversion to the sexual hypotheses was not caused by any chance remark of Charcot or any other such influence. It was caused by cocaine. It was cocaine too which induced the early cessation of sexual activity in both Freud and Fliess which they called the ›male menopause‹.« (a. a. O., S. 188)

11 »Freud's concept of the ›unconscious‹ must be attributed to his cocaine usage; death wishes, infantile incestious desires and perversion and excrement are not the preoccupation of a normal mind.« (a. a. O., S. 253)

12 »In fact, Freud was showing an increasing preoccupation with the more deviant aspect of sexuality; this would have been the expected course of events arising from his chronic cocaine usage. It will be remembered from Chapter X that many physicians who had the care of addicts found that the increased sexuality with cocaine usage frequently took the form of perverse and deviant practices.« (a. a. O., S. 241)

13 »Ellenberger, Roazen and Sulloway have refuted the allegations made by Freud and his followers that the discussion of sexual matters in those days was taboo and that Freud had had to break a formidable barrier of silence to ventilate his ideas. In fact, sexuality was by this time widely discussed subject in medical circles and Sachs tells us that there were in addition many books for the enlightenment of the lay public. The Victorian era was over. In any case the much cited extreme prudery of that time was largely a myth, much of it generated by the psychoanalysts and other would-be breakers of the conventions.« (a. a. O., S. 236)

14 »But he was in no hurry to take the examinations. ›My acquaintances regarded me as a loafer and doubuted whether I would get through‹, he later wrote in his *Autobiographical Study* (1925)« (a. a. O., S. 27). In der *Selbst-*

darstellung findet sich dieser Satz nicht, auch kein ähnlich klingender, wohl aber in der *Traumdeutung*: »[...] im Kreise meiner Bekannten hielt man mich für verbummelt, zweifelte daran, daß ich ›*fertig*‹ werden würde« (GW II/III:453; Hervorhebung im Original). Thornton (a.a.O., S. 253): »Jones relates that Freud's son Ernst remembered of this period that ›his father used to come into meals‹ [...], and altogether gave the impression of ›being in a dream‹«. Abgesehen davon, daß hier gänzlich die Angabe einer Quelle fehlt, korrekt bei Jones (Bd. 1, S. 417, Fußnote 26; Hervorhebung von mir, Th. K.): »Seine Tochter *Mathilde* erinnert sich [...]«.

S. 163 zitiert die Autorin Fließ: »In his later monograph *The Relations between the Nose and the Female Sex Organs from the Biological Aspect* (1902) Fliess had [...]«. Im Literaturverzeichnis von Thorntons Monographie (S. 318) findet sich keine Schrift Fließ' aus dem Jahre 1902; die erwähnte Arbeit ist danach 1897 erschienen.

S. 289: »›If civilisation‹ he wrote in *Civilisation and its Discontents* (1927a) [...].« *Das Unbehagen in der Kultur* wurde im Jahre 1930 veröffentlicht, wie es auch im Literaturverzeichnis richtig steht (S. 320).

15 »[...] in view of the later dispute over priority that was to ensue between Janet and Freud. Interesting too, is Freud's claim in his *Autobiographical Study* written nearly thirty years later that he had *from the very first* made use of hypnosis for questioning his patients on the origins of their symptoms. If this had been true it would have established his priority over Janet. But here his memory had played him false. He had definitely stated in the *Studies* that his first use of the cathartic method was in the case of ›*Frau Emmy*‹ which began on May 1, 1889 [...]« (a.a.O., S. 202; Hervorhebung im Original).

16 »In his *Autobiographical Study* Freud infers that the main reason for Breuer's withdrawal was that he had been affected by the bad reception the book received in Austria and Germany and that the ›severe rebuff‹ from the German neurologist Strümpell caused him to feel hurt and discouraged. [...] But Strümpell's criticisms, as has been emphasised by Ellenberger and Sulloway, were mild and reasonable. Moreover, the collaboration had ceased in 1894 *before* the publication of the *Studies*.« (a.a.O., S. 231; Hervorhebung im Original)

17 »Young men were told that they were really homosexual, husbands were advised to divorce their wives and wives were told to take a lover. Freud himself records his embarrassment when later confronted with one of the recipients of such counsels. One of his disciples had been treating a respectable middle-aged lady recently divorced from her husband and had traced her ›anxiety state‹ to this event. She was told that to recover her health she must either return to her husband or take a lover or obtain satisfaction for herself. [...] ›I will not dwell on the awkward predicament in which I was placed by this visit,‹ he wrote (Freud, 1910).« (a.a.O., S. 304f.)

18 »Another draft, that of February 8, 1893, calls for the complete overthrow of established sexual morality. ›Free sexual intercourse between young males

and respectable girls‹ was urgently necessary, he said. If this were not implemented, society was ›doomed to fall a victim to incurable neuroses which reduce the enjoyment of life to a minimum, destroy the marriage relation and bring hereditary ruin on the whole coming generation‹.« (a.a.O., S. 189f.)

19 »To the *psychologist* Freud's gifts were the richest he had to offer. For he opened to them a whole province, the Unconscious Mind. It would not be a great exaggeration if we summed up in one phrase Freud's contribution to knowledge: he discovered the Unconscious. Although many poets and philosophers had previously divined the presence of an unconscious mind in man, it was Freud who first demonstrated its existence by devising a special method to render it accessible to study.« (Jones 1940, S. 13)

20 »Neither is there any scientific evidence that man possesses a soul. Nor is there any scientific reason for believing that there is a life after death. Nor is there any scientific method of validating the scientists' assumption that there is order in the universe. Nonetheless, men have acted and still do act as though they have souls and a future life and as though the world about them is governed by laws of nature or of God. And by so acting they render these various ideas socially valid.« (La Piere 1974, S. 56)

21 »These new men [scl.: die Ausbilder] accepted as normal the methods of military indoctrination that were then in operation, for they had been so indoctrinated themselves; and their complaints were, as a consequence, directed against the human material that was being assembled for them by the draft boards. It was next to impossible, they charged, to make decent soldiers out of the callow youths and flabby young men who were being recruited. The draftees resented discipline; and although they might in time learn the mechanics of soldiering, it was simply impossible to induct them into the code of the good soldier and to inspire in them love of and loyalty to the military way of life.

As the war went on, reports from field commanders lent substance to the complaints of these training officers. The American soldier was not, it seemed, quite the hero that home newspapers made him out to be. In fact, he was often an indifferent fighting man, and he was sometimes actually unreliable. [...] in combat he far too often failed to act aggressively.« (a.a.O., S. 85)

22 »Properly permissive parents will presumably remain permissive toward their children as long as they live. Indeed, they will in due course become permissive grandparents, permitting their children to bring up the grandchildren in any manner that they may wish, provided that it is properly permissive. This may lead to various complications, but since pediatricians, child psychologists, and other advocates – as distinct from practitioners – of the permissive mode restrict their attention to children, they properly leave the adult complications to such functionaries as the police, judges, juries, and psychiatrists.« (a.a.O., S. 96)

23 »It can hardly be doubted, however, that this practice, based upon the Freu-

dian theory of crime, has been a very important factor in the rapid increase of juvenile crime. It could hardly be otherwise, for every young hoodlum soon learns from his associates if not from direct experience that the cop on the beat is reluctant to make arrests, that the people in the juvenile court are a lot of do-gooders with crazy ideas about why one gets into trouble, and that the judge on the bench is a sentimental slob who treats one like a kid in diapers.« (a. a. O., S. 173)

24 »Should, therefore, the current infusion of Freudian theory into the treatment of juvenile delinquents and adult offenders progress to the stage where the Freudian principle of individual irresponsibility replaces the traditional idea of responsibility, our criminal courts will operate entirely in terms of the Freudian ethic, and we shall have validated the Freudian thesis. Those of us who are still constrained by law will be wholly at the mercy of irresponsible and hence unpunishable criminals, and our society will be sick indeed.« (a. a. O., S. 179)

25 »As a biologist, believing in the future of the human race developing along democratic principles, the self-reliance of man, and his integrity, I sincerely regret painting this dark but not yet hopeless picture. However, it is based on extensive evidence. And it shows an American liberalism which is dying, contaminated with Freudian ethics and affected with deepseated permissiveness, both morally and politically.

A biologist who believes in the immortality of the soul and in the Supreme Power which guides and leads the psychic evolution of the human race, such a biologist cannot be, should not be a pessimist. He would refuse to accept that the negative, destructive Freudian ethic which has contaminated our liberal intellectuals would bring about the destruction of our nation. [...]

In this book we have tried to prove, on the basis of biological sciences, the truth of this thesis and to demonstrate that the misery of man and the death of all that is decent in society is unavoidable if we reject God's guidance in our affairs and deny the immortality of the soul.« (Sokoloff 1971, S. 247f.)

26 »He willingly admitted more than once that material success was important to him. He stressed on several occasions that his lack of genuine medical temperament was not greatly to the advantage of his patients and that his interest in patients was that of an experimenter. To a considerable degree his patients served him as human guinea pigs.« (Sokoloff 1971, S. 47)

27 »As expected, the authors try to explain and justify the enormity of crimes, including forcible rapes of women, by the poverty among blacks. Yet the evidence fully indicates that the permissive syndrome dominates the large part of black America. Not only it is unrestricted and uncontrolled but it is growing steadily.« (a. a. O., S. 132)

28 »There is only one answer to this puzzle. There is only one logical explanation of this phenomenon. There is an atmosphere of extreme permissiveness which favors and invites crime, which rejects law and order in America. For this the liberal intellectuals should be blamed unhesitatingly. For the American liberal intellectuals accepted fully the principles of Freudian doctrine,

which is indulgent toward criminals whom it considers victims of society. Almost word for word, liberal intellectuals repeat the Freudian motto: *Man is not responsible for what he is doing against the laws of his country for society; or, The Establishment is* responsible *for his actions.*« (a.a.O., S. 134; Hervorhebungen im Original)

29 »Crime, its problem and its origin, should not be approached from the assumption that its cause originated in poverty. This is a myth promulgated by sociologists and politicians. It is the individuality of a person, his inbred characteristics which make him a criminal or an honest man. His weakness, his self-pity, his permissiveness syndrome prepare the pathways to crime against society.« (a.a.O., S. 149)

30 »What is the origin of the drug epidemic? Why has this country, which only a few years ago showed no sign of this contaminating affliction, suddenly become seriously ill with drug abuse? Was this epidemic spontaneous? Autonomous and self-propelling? *We must reject this assumption without hesitation and doubt. The close relationship of drug promotion with the anti-war organizations, some of which are sponsored by communists, and the fact that it is directed toward the youth of our country and even more so toward the Army indicates, in my opinion, that a powerful political organization, probably communistic, is behind this drug promotion. Soviet Russia attempts to demoralize its enemies by various ways and means.* In this case they have achieved remarkable success due mostly to the permissive behavior of our society.« (a.a.O., S. 177f.; Hervorhebungen im Original)

31 »There are situations when a comment or summary is not essential, when the facts speak for themselves. That is the case of the tragic epidemic of exaggerated sexuality interwoven with pornography and obscenity in this country. This sexual epidemic was bred and fermented by the extreme permissiveness of our society, promoted and defended by our intellectual circles, contaminated by the Freudian concept of sexual freedom. It is in the field of sexuality that the influence of the permissiveness syndrome has reached its height.« (a.a.O., S. 207)

32 »He thinks only sex, and perverted sex at that. It matters not what you feel is a burdensome worry of the moment. If you seek psychoanalytic help for your problem – even if it is no more than the boss's newly graduated son-in-law being promoted over you – it will emerge as a sexual situation.

As a final look at the psychoanalyst, and the character of his ilk, consider the psychoanalyst and the law. To the psychoanalyst, criminals are sick people who should not be jailed or punitively removed from society; rather the criminal should be remade through psychoanalysis and then turned out in the world after being taught to forgive. Mind you, the criminal must be taught to forgive his victims – society. Somehow that does seem slightly twisted.« (Pinckney and Pinckney 1965, S. 32)

33 »The most flagrant example of this morbid invasion of our lives can be seen in the entertainment world's image of the modern American woman. There is very little disagreement that all too many of those who write about the

American woman (in the theatre, motion pictures, books, etc.) are post-Freudian-analyzed homosexuals. Such indoctrinated authors use the entertainment medium as their whipping post to obtain revenge against all womanhood.« (a. a. O., S. 137)

34 »Women have been told by homosexual dress designers to dress more like boys – to obliterate the difference between men and women. Men are encouraged to take an equal interest in fashion with women. Men's clothes are becoming more effeminate, and hairdressers for men are gaining wide acceptance.« (a. a. O., S. 138)

35 »Psychoanalysis began as part and parcel of the anti-Christian movement in Europe, passionately bent on destroying traditional cultural values, morals, and beliefs. It never divested itself of the atheistic, materialistic views of its founder, neither in official pronouncements of the psychoanalytic associations, nor in the writings of its prominent adherents.« (Jurjevich 1974, S. 19)

36 »Having taken ideas seriously, I felt the threat of materialistic and rationalistic views to my whole existence. I felt that my being could hardly remain vital, buoyant, and balanced if I incorporated these views into my personal philosophy.

It also seemed to me that some of my friends, suffering from spiritual disorientation and dis-ease, were being sickened by the prevalent cultural trends. I found good reasons to reject as sterile and existentially disturbing the prominent ideologies of European reformism: Marxism, Nazi-Fascism, emphatically secular democracy, Freudism, philosophical atheism, and numerous other cultural expressions of an anti-Christian orientation. They were of the same cloth as the ›Comptean revolution‹ (Stern), a coarse attempt to supplant religion by a narrowly conceived scientism.« (a. a. O., S. 20)

3. Prioritätsfragen

Wie bereits angedeutet, ist die Frage nach der Priorität psychoanalytisch beigebrachter Ansichten keineswegs eine rein wissenschaftshistorische: Freud, der nie im Zweifel über den naturwissenschaftlichen Charakter der Psychoanalyse war (siehe GW XVII:80 und 126 in *Abriß der Psychoanalyse*, 1940a, GW XVII:143 in »Some elementary lessons in psychoanalysis«, 1940b), mußte natürlich an dem Nachweis gelegen sein, daß die mit seiner Methode in die Betrachtung kommenden Phänomene nicht allein im Kontext der psychoanalytischen Sitzung entstanden und vor allem zu deren Beschreibung dienten; vielmehr galt es aufzuzeigen, daß auf diese Weise »objektive« Gesetze des Seelenlebens entdeckt werden können, die dann notwendig ein psychoanalytischer Beitrag zu einer beobachtungswissenschaftlich begründeten Allgemeinen Psychologie sein würden.

Dieses Interesse dürfte auch insofern besonders groß gewesen sein, als angesichts der zahlreichen Einwände Freud sich über eine gewisse Sonderstellung seiner Erkenntnismethodik im klaren war und ihre überzeugendste Legitimation in den durch sie erbrachten Resultaten sehen mußte. Umgekehrt war und ist es den Gegnern – aus welchen Motiven immer ihre Psychoanalysekritik gespeist sein mag – daran gelegen, durch Verweis auf die Prioritäten anderer Forscher das Freudsche Verfahren als unfruchtbar hinzustellen. In diesem Sinne ist etwa die von Eysenck mit Nachdruck vorgebrachte und mehrfach wiederholte Sentenz zu verstehen: »›Was an diesen Theorien neu ist, ist nicht wahr, und was wahr ist, ist nicht neu.‹« (Eysenck 1985, S. 36) Entsprechend nimmt, wie in 2.3 (siehe S. 43f.) gezeigt, die Frage nach den tatsächlichen oder vermeintlichen Vordenkern Freuds in der kritisch befaßten Literatur einen breiten Raum ein, wobei durch die Arbeiten von Ellenberger und Sulloway dieses Thema eine systematische Behandlung erfahren hat. Während aber jener Argumentationsstrang sich durch die Anti-Freud-Literatur von ihren frühesten Anfängen bis heute zieht, haben Analytiker, die zudem häufig das wissenschaftliche Selbstverständnis Freuds und damit auch dessen Interesse an Prioritätsfragen (siehe etwa GW XIV:56; auch Jones Bd. 1, S. 436f.) nicht mehr teilen, kaum mehr versucht, hier eine Klarstellung vorzunehmen (als Ausnahme etwa Eissler 1965, S. 503ff.; Eissler 1971, S. 182ff.). Dies hat zur Folge, daß jene von Ellenberger und Sulloway vorgebrachten Angriffe auf Freuds Prioritätsansprüche bis heute noch keine systematische Erwiderung erfahren haben.

Auf Prioritätsfragen bin ich zum Teil bereits an anderer Stelle eingegangen (Köhler 1987, S. 168 ff. und S. 282 ff.) und greife auf diese Ausführungen hier bezüglich der Fragen nach dem »Entdecker« des kathartischen Heilverfahrens und der ersten Entwicklung des für die psychoanalytische Theorie zentralen Konzeptes der Verdrängung zurück. In diesem Rahmen soll kurz Ellenbergers Behandlung subtiler wissenschaftshistorischer Fragestellungen kritisiert werden. Etwas gründlicher soll hier der Frage nach der Originalität Freuds bei der Entdeckung der (spontanen und regelhaften) infantilen Sexualität nachgegangen werden; die anschließenden Ausführungen stellen dabei gleichzeitig eine Auseinandersetzung mit Sulloways Form der Quellenbehandlung dar.

Die Frage nach der ersten Anwendung des kathartischen Heilverfahrens ist sicher nicht von zentraler Bedeutung für die Geschichte der Psychoanalyse, da Freud diese Leistung nie für sich reklamiert hatte, und das kathartische Verfahren der Bewußtmachung und Abreaktion in Hypnose zwar der Ausgangspunkt der psychoanalytischen Therapie, nicht diese aber selbst ist. Immerhin ist die Erkenntnis, daß die Bewußtmachung und kognitiv-emotionale Bearbeitung von bis dato nicht Bewußtseinsfähigem heilende Wirkung haben kann, eines der zentralen Fundamente zur Begründung der psychoanalytischen Therapie geblieben, und dem, der diese Erkenntnis einbrachte, kann man ein Verdienst um die Entwicklung der Psychoanalyse nicht absprechen. Bekanntlich hat Freud Josef Breuer dieses Verdienst zugeschrieben, besonders nachdrücklich etwa bei seinen 1909 in den USA gehaltenen Vorlesungen über Psychoanalyse (1910a, GW VIII:3ff.), weiter in »Zur Geschichte der psychoanalytischen Bewegung« (1914d, GW X:44ff.) oder in der *Selbstdarstellung* (1925d, GW XIV:44ff.), sehr pointiert auch in »›Psychoanalyse‹« und »›Libidotheorie‹« (1923a):

> »In den Jahren 1880 und 1881 beschäftigte sich Dr. Josef Breuer in Wien [...] mit der Behandlung eines [...] an schwerer Hysterie erkrankten Mädchens [...]. Einem Wink der sehr intelligenten Patientin folgend, versetzte er sie in Hypnose und erreichte so, daß sie durch Mitteilung der sie beherrschenden Stimmungen und Gedanken jedesmal wieder in normale seelische Verfassung geriet. Durch konsequente Wiederholung desselben mühseligen Verfahrens gelang es ihm, sie von allen ihren Hemmungen und Lähmungen zu befreien, [...]« (GW XIII:211).

Er fügt hinzu, daß Breuer erst auf seine (Freuds) Veranlassung später den Gegenstand wieder aufnahm und sie gemeinsam 1895 darüber die *Studien über Hysterie* veröffentlichten, in denen das Heilverfahren als das »kathartische« bezeichnet wurde. Er stellt die beiden wesentlichen Resultate aus den Studien heraus, »erstens: daß die hysterischen Symptome Sinn und Bedeutung haben, indem sie Ersatz sind für normale seelische Akte; und zweitens: daß die Aufdeckung dieses unbekannten Sinnes mit der Aufhebung der Symptome zusammenfällt, daß also wissenschaftliche Forschung und therapeutische Bemühung sich decken«. (GW XIII:212). Er fügt hinzu, daß die »theoretischen Vorstellungen, welche Breuer und Freud sich damals machten«, an die Ermittlungen Pierre Janets anlehnen konnten, »die zwar früher veröffentlicht worden waren als die ›Studien‹, aber doch zeitlich hinter Breuers erstem Fall zurückstanden«. (ebda) Freud erwähnt übrigens die Einsichten Janets unter anderem bereits 1894 (1894a, GW I:60f.), 1895 in den »Studien über Hysterie« (GW I:85f., Fußnote 1), 1905 in der Schrift »Über Psychotherapie« (1905a, GW V:24), 1907 (1907a, GW VII:81) sowie 1909 in den Vorlesungen an der Clark University (1910a, GW VIII:17f.), hatte also aus Janets Vorarbeiten kein Hehl gemacht.

1913 auf einem Internationalen Kongreß brachte Pierre Janet heftige Kritik an der Psychoanalyse vor und beanspruchte »die Priorität bei der Entdeckung der kathartischen Heilung von Neurosen, bewirkt durch die Aufklärung traumatischer Ursprünge« (Ellenberger 1973, S. 467). Ellenberger begründet Janets Polemik damit, daß Freud »etwas, was Janet für ursprünglich seine eigenen Ideen hielt, weiterentwickelte, und dabei kaum erwähnte, daß er jemandem zu Dank verpflichtet war«. (a.a.O., S. 468) Ellenberger unterstützt Janets Prioritätsanspruch, denn er verspricht in der Einführung zu *Die Entdeckung des Unbewußten*, »anhand zahlreicher Zitate« zu beweisen, daß »Janet als erster die kathartische Therapie entdeckt hat«. (a.a.O., S. 11)

Dagegen ist einiges einzuwenden: Zunächst erscheint Janets Verbitterung angesichts zahlreicher Erwähnungen durch Freud vor 1913 schwerlich gerechtfertigt, zum anderen ist die »Entdeckung der kathartischen Therapie« zweifelsfrei Breuer zuzuschreiben, der diese später als kathartisch definierte Therapieform bereits eben 1880/1881, also lange vor Janet, anwandte (vgl. Freud und Breuer 1970 [Erstausgabe 1895] S. 20ff.), schließlich ist auch, setzt man als Definition von Katharsis die Bewußtmachung und Abreaktion von Erlebnissen an (etwa entsprechend GW XIII:211f.), das von Janet beschriebene Verfahren nicht als »kathartisch« zu bezeichnen.

Ellenberger (a.a.O., S. 492, Fußnote 84) spricht von einer kathartischen Heilung beim 1886 veröffentlichten Fall »Lucie«, was von ihm nicht genauer belegt wird, insbesondere aber im Rahmen der sehr ausführlich wiedergegebenen Fallgeschichte der »Marie« aus Janets *Automatisme psychologique* (1889) (siehe Ellenberger 1973, S. 492 ff., für einen Kommentar vgl. Köhler 1987, S. 173 ff.). Tatsächlich führt Janet dort hysterische Symptome auf bis dato nicht erinnerbare, aber unter Hypnose zu reproduzierende Szenen aus der Vergangenheit zurück, etwa mit der monatlichen Blutung verbundenen Schüttelfrost und delirante Zustände auf den Versuch der Patientin, im Alter von 13 Jahren die Menstruation durch ein kaltes Bad zu unterbrechen; eine Blindheit des linken Auges und Taubheit der linken Gesichtshälfte werden zeitlich auf Maries scheinbar vergessenes Erlebnis zurückgeleitet, da sie gezwungen worden war, mit einem Kind zusammen zu schlafen, das auf der linken Gesichtshälfte Impetigo hatte. So bemerkenswert Janets Erkenntnis ist, daß hysterische Symptome im vergessenen biographischen Kontext einen Sinn geben, so rückschrittlich und steril ist sein therapeutisches Verfahren, das über eine Hinwegsuggestion der pathogenen Erinnerung eine aktive Auseinandersetzung mit ihr gerade unmöglich macht, insofern also auch nicht weiter zur Psychoanalyse hätte führen können:

> »Ich versetze sie zurück in das Zusammensein mit dem Kind, das ihr solches Entsetzen eingeflößt hatte; ich mache sie glauben, das Kind sei sehr nett und habe kein Impetigo; Marie ist halb überzeugt. Nach zweimaligem Wieder-Durchspielen dieser Szene habe ich gewonnen; sie liebkost das imaginäre Kind ohne Furcht. Die Sensitivität des linken Auges kehrt ohne Schwierigkeiten zurück, und als ich sie aufwecke, kann Marie mit dem linken Auge deutlich sehen.« (Janet 1889, übersetzt und zitiert nach Ellenberger 1973, S. 496)

Neben der Tatsache, daß Janet, sicher ohne darüber zu wissen, aber doch viele Jahre nach Breuer seine Therapie anwandte, die zudem nicht als kathartische bezeichnet werden kann, ist Janet nicht einmal die Priorität der Veröffentlichung zuzubilligen (wenigstens nicht durch die erst 1889 veröffentlichte große und bekannte Fallgeschichte von Marie): In einem anonymen Artikel über Hysterie in »Villarets Handbuch der gesamten Medizin«, der mit ziemlicher Sicherheit von Freud verfaßt ist (vgl. Vogel 1953–1954, S. 481 ff.), spricht der Verfasser davon, daß eine »direkte Behandlung« in der »Wegschaffung der psychischen Reizquelle für die hysterischen Symptome« bestehe und verständlich sei, »wenn man die Ursachen der H. im unbewußten Vorstellungsleben sucht«. (Freud 1888b, nach Vogel 1953–1954, S. 500) Er schildert das Verfahren, »dem Kranken in der *Hypnose* eine *Suggestion* einzugeben«

(ebda; Hervorhebung im Original), in der die Aufhebung des betreffenden Leidens enthalten sei. Er fügt hinzu:

> »Noch wirksamer ist es, wenn man nach einer Methode, welche *Joseph Breuer* in Wien zuerst geübt hat, den Kranken in der Hypnose auf die psychische Vorgeschichte des Leidens zurückführt, ihn zum Bekennen nötigt, bei welchem psychischen Anlaß die entsprechende Störung entstanden ist. Diese Methode der Behandlung ist jung, liefert aber Heilerfolge, die sonst nicht zu erreichen sind. Sie ist die der H. adäquateste, weil sie genau den Mechanismus des Entstehens und Vorgehens solcher hysterischen Störungen nachahmt.« (ebda.)

Bedenkt man schließlich noch, daß Freud – in gewisser Amnesie seines eigenen Handbuch-Artikels – generös Janet zubilligt, als erster über die Zusammenhänge zwischen hysterischen Symptomen und unbewußten Gedanken publiziert zu haben*, stellt sich die Frage, wozu überhaupt von Janet und Ellenberger dieser substanzlose und unfundierte Prioritätsstreit vom Zaune gebrochen wurde.

Psychologiehistorisch sehr viel interessanter ist die Frage, ob Janet die hysterischen Symptome als Folge von Verdrängung (oder Abwehr) ansah und so bereits vor Freud dieses zentrale Konzept der Psychoanalyse entwickelt hatte. Auf dem bereits erwähnten Kongreß hatte Janet behauptet, Freud nenne das Verdrängung, was er (Janet) als »Einengung des Bewußtseinsfeldes« bezeichnet habe (vgl. Ellenberger 1973, S. 749). Ellenberger pflichtet – ohne diese beiden Konzepte in einem gründlichen Textvergleich gegenübergestellt zu haben – Janet offensichtlich bei, denn er schreibt: »Freud wies mit Nachdruck auf die Rolle der Verdrängung in der Pathogenese der hysterischen Symptome hin, übersah aber die ›Einengung des Bewußtseinsfeldes‹ in der Theorie Janets« (ebda.); Ellenberger fügt hinzu, man könne beides auf Herbart zurückführen, »für den sie zwei Aspekte des gleichen Phänomens waren«. (ebda.)

Diese in so pauschaler Weise beantwortete wichtige Prioritätsfrage läßt sich durch einen Vergleich zwischen zwei Definitionen Freuds und Janets aus den Jahren 1894 bzw. 1893 rasch klären, und es ist bedauerlich, daß Ellenberger nicht zu diesem wissenschaftshistoriographisch bewährten einfachen Mittel gegriffen hat. In seiner Schrift »Die Abwehr-Neuropsychosen« (1894 a) erklärt Freud:

* »Die Rückführung der nervösen, speziell der hysterischen Krankheitsleistungen auf die Macht unbewußter Gedanken hatte vor dem Verfasser schon *P. Janet*, der Schüler des großen *Charcot* und im Vereine mit dem Verfasser Josef *Breuer* in Wien unternommen.« (1907a, GW VII:81; Namen im Original hervorgehoben)

»Ich kann meine Fälle von Abwehrhysterie auch vorläufig als ›akquirierte‹ Hysterie aufführen, weil bei ihnen weder von schwerer hereditärer Belastung, noch von eigener degenerativer Verkümmerung die Rede war.

Bei den von mir analysierten Patienten hatte nämlich psychische Gesundheit bis zu dem Moment bestanden, in dem *ein Fall von Unverträglichkeit in ihrem Vorstellungsleben vorfiel*, d. h. bis ein Erlebnis, eine Vorstellung, Empfindung an ihr Ich herantrat, welches einen so peinlichen Affekt erweckte, daß die Person beschloß, daran zu vergessen, weil sie sich nicht die Kraft zutraute, den Widerspruch dieser unerträglichen Vorstellung mit ihrem Ich durch Denkarbeit zu lösen.« (GW I:61 f.; Hervorhebungen im Original)

In seiner Schrift »Quelques définitions récentes de l'hystérie« (1893) spricht Janet von der für die Hysterischen charakteristischen Aufmerksamkeitsstörung und bemerkt, es handele sich um einen übertriebenen Zustand von Zerstreutheit, der nicht ein augenblicklicher sei und auch nicht daraus resultiere, daß die Aufmerksamkeit freiwillig in eine bestimmte Richtung gelenkt sei; es sei ein natürlicher und dauernder Zustand von Zerstreuung, die diese Person daran hindere, irgendeine Empfindung besonders zu beachten außer derjenigen, die augenblicklich ihren Geist beschäftige (Janet 1893, S. 7).[1]

Und nachdem er als Bewußtseinsfeld (»champ de conscience«) die größtmögliche Zahl an Phänomenen definiert hat, die zum gleichen Zeitpunkt bewältigbar seien[2], faßt er zusammen: Wenn man die Zerstreuung der Hysterischen studiere, sei es leicht zu sehen, daß ihr Bewußtseinsfeld sehr klein erscheine, gänzlich durch eine relativ einfache Empfindung, eine einzige Erinnerung, eine kleine »Gruppe motorischer Bilder« ausgefüllt sei und nichts weiteres zur selben Zeit aufnehmen könne. Diese Einengung des Bewußtseinsfeldes sei nur eine Manifestation der nachgewiesenen generellen zerebralen Erschöpfung (ebda.)[3].

Wie man sieht, haben die selektiv gerichtete Abwehr gesunder Personen bei Freud und der dauernde Defekt der Einengung des Bewußtseins bei Janet nichts gemein, und ich stehe nicht an, ein früher ausgesprochenes Verdikt zu wiederholen, es sei »Zeichen einer bemerkenswerten Oberflächlichkeit in der Rezeption wissenschaftlicher Theorien, damals bei Janet, heute bei Ellenberger, wenn es nicht gelingt, diese fundamentalen Unterschiede zu erkennen« (Köhler 1987, S. 182; dort auch eine weitere Darstellung und Kritik der Janetschen Hysterietheorie).

Neben dem psychologischen Teil des psychoanalytischen Theoriegebäudes, nämlich der Lehre von den zwei psychischen Systemen und ihren Arbeitsweisen, von Widerstand und Verdrängung sowie der Wiederkehr des Verdrängten unter Entstellung findet sich als zweiter großer, sehr viel mehr an die Biologie angelehnter Aussagenkomplex die Trieblehre, insbesondere die Annahmen zum Wesen und zur Entwicklung der Sexualität. Nur folgerichtig hat deshalb Freud von seinen Werken neben der *Traumdeutung* die *Drei Abhandlungen zur Sexualtheorie* am höchsten eingeschätzt (siehe Jones Bd. 1, S. 406). Bekanntlich ist eine der zentralen Aussagen hierin die von der Existenz eines gewissermaßen physiologischen infantilen Sexuallebens, und in den *Drei Abhandlungen zur Sexualtheorie* (1905 d) betont Freud die Neuartigkeit dieser Einsicht:

»Es ist bemerkenswert, daß die Autoren, welche sich mit der Erklärung der Eigenschaften und Reaktionen des erwachsenen Individuums beschäftigen, jener Vorzeit, welche durch die Lebensdauer der Ahnen gegeben ist, so viel mehr Aufmerksamkeit geschenkt, also der Erblichkeit so viel mehr Einfluß zugesprochen haben, als der anderen Vorzeit, welche bereits in die individuelle Existenz der Person fällt, der Kindheit nämlich. Man sollte doch meinen, der Einfluß dieser Lebensperiode wäre leichter zu verstehen und hätte ein Anrecht, vor dem der Erblichkeit berücksichtigt zu werden. Man findet zwar in der Literatur gelegentliche Notizen über frühzeitige Sexualbetätigung bei kleinen Kindern, über Erektionen, Masturbation und selbst koitusähnliche Vornahmen, aber immer nur als ausnahmsweise Vorgänge, als Kuriosa oder als abschreckende Beispiele voreiliger Verderbtheit angeführt. Kein Autor hat meines Wissens die Gesetzmäßigkeit eines Sexualtriebes in der Kindheit klar erkannt und in den zahlreich gewordenen Schriften über die Entwicklung des Kindes wird das Kapitel ›Sexuelle Entwicklung‹ meist übergangen.« (GW V:73 f.)

Und in einer langen Fußnote fügt er hinzu:

»Die hier niedergeschriebene Behauptung erschien mir selbst nachträglich als so gewagt, daß ich mir vorsetzte, sie durch nochmalige Durchsicht der Literatur zu prüfen. Das Ergebnis dieser Überprüfung war, daß ich sie unverändert stehen ließ. Die wissenschaftliche Bearbeitung der leiblichen wie der seelischen Phänomene der Sexualität im Kindesalter befindet sich in den ersten Anfängen. [...] – somatische Sexualäußerungen aus der Zeit vor der Pubertät haben nur im Zusammenhange mit Entartungserscheinungen und als Zeichen von Entartung Aufmerksamkeit gewonnen. – Ein Kapitel über das Liebesleben der Kinder fehlt in allen Darstellungen der Psychologie dieses Alters, die ich gelesen habe, so in den bekannten Werken von *Preyer, Baldwin* (Die Entwicklung des Geistes beim Kinde und bei der Rasse, 1898), *Pérez* (L'enfant de 3–7 ans, 1894), *Strümpell* (Die pädagogische Pathologie, 1899), *Karl Groos* (Das Seelenleben des Kindes, 1904), *Th. Heller* (Grundriß der Heilpädagogik, 1904), *Sully* (Untersuchungen über die Kindheit, 1897) und anderen. Den besten Eindruck von dem heutigen Stande auf diesem Gebiet holt man sich aus der Zeitschrift ›Die Kinderfehler‹ (von 1896 an). – Doch gewinnt man die Überzeugung, daß die Existenz der Liebe im Kindesalter nicht mehr entdeckt zu werden braucht. *Pérez* (l.c.) tritt für sie ein, bei K. *Groos* (Die Spiele der Menschen, 1899) findet sich als allgemein bekannt erwähnt, ›daß manche Kinder schon sehr früh für sexuelle Regungen zugänglich sind und dem anderen Geschlecht gegenüber einen Drang nach Berührungen empfinden‹ (S. 336); der früheste Fall von Auftreten geschlechtlicher Liebesregungen (*sex-love*) in der Beobachtungsreihe von S. *Bell* betraf ein Kind in der Mitte des dritten Jahres. – Vergleiche hiezu noch *Havelock Ellis*, Das Geschlechtsgefühl (übersetzt von *Kurella*), 1903, Appendix, II.« (GW V:74, Fußnote 1; Namen im Original hervorgehoben; andere Hervorhebungen im Original)

1910 ergänzt er diese Fußnote:

»Das obenstehende Urteil über die Literatur der infantilen Sexualität braucht seit dem Erscheinen des groß angelegten Werkes von *Stanley Hall* [...] nicht mehr aufrecht erhalten zu werden. – Das rezente Buch von A. *Moll*, Das Sexualleben des Kindes, Berlin 1909, bietet keinen Anlaß zu einer solchen Modifikation [...]« (ebda.)

Wie man sieht, erwähnt Freud also durchaus früher publizierte Beobachtungen von kindlichem Sexualverhalten; seiner Meinung nach hatten aber die Autoren nicht die Regelhaftigkeit und Normalität dieser Phänomene erkannt. Entsprechend heißt es in der *Selbstdarstellung*:

»Was man von sexuellen Betätigungen gelegentlich an Kindern hatte wahrnehmen müssen, faßte man als Zeichen von Degeneration, vorzeitiger Verderbtheit oder als kuriose Laune der Natur auf. Wenige der Ermittlungen der Psychoanalyse haben eine so allgemeine Ablehnung gefunden, einen solchen Ausbruch von Entrüstung hervorgerufen wie die Behauptung, daß die Sexualfunktion von Anfang des Lebens an beginne und schon in der Kindheit sich in wichtigen Erscheinungen äußere. Und doch ist kein anderer analytischer Fund so leicht und so vollständig zu erweisen.« (GW XIV: 59.)

In eben diesem Sinne Jones: »Er war bestimmt der erste, der behauptete, daß schon kleine Kinder *normalerweise* sexuelle Empfindungen haben, und sie überdies in ihren verschiedenen Abarten vollständig beschrieb.« (Bd. 2, S. 338; Hervorhebung von mir, Th. K.) Die Priorität in dieser Entdeckung wäre nach dem Obigen nur dem zuzuschreiben, der die Regelhaftigkeit infantiler Sexualbetätigung vor Freud erkannt hatte.

Nachdem Sulloway (1982, S. 636) auf Freuds Prioritätsansprüche bei der Entdeckung des Unbewußten eingegangen ist (siehe 2.4, S. 103 f.), kommt er auf die infantile Sexualität zu sprechen:

> »Eng verbunden mit diesem modifizierten Prioritätsanspruch ist ein anderer sehr viel zweifelhafterer, wenn auch interessanter: daß Freud der erste war, der das Sexualleben des Kindes anerkannte. [...] Im Gegensatz zu diesen traditionellen Prioritätsansprüchen habe ich bereits in Kapitel 8 gezeigt, daß Freud viele Vorläufer hatte, die sowohl die Normalität als auch die weite Verbreitung infantiler Sexualphänomene anerkannten, zu denen auch – und durchaus nicht an letzter Stelle – sein Freund Wilhelm Fließ zählte (siehe Kapitel 6). Ellenberger faßt den diesbezüglichen Erkenntnisstand des späten 19. Jahrhunderts in der folgenden Aussage zusammen: ›Das Vorhandensein der kindlichen Sexualität war zweifellos vielen Menschen nicht bekannt, oder sie sahen sie als etwas Seltenes und Abnormes an, aber es gab andere, die es besser wußten.‹ (1973, 2:697). Von besonderem Interesse für den Wissenschaftshistoriker ist deshalb die Frage, warum Freud, der zweifellos von vielen seiner Vorgänger wußte, sich dennoch bei mehr als einer Gelegenheit berechtigt fühlte, diese Entdeckung für sich selbst zu reklamieren.« (a. a. O., S. 636 f.)

An dieser Stelle fügt Sulloway nun in Form einer Fußnote an:

> »In den *Drei Abhandlungen zur Sexualtheorie* schreibt Freud unter dem Zwischentitel: ›Vernachlässigung des Infantilen‹: ›Kein Autor hat meines Wissens die Gesetzmäßigkeit eines Sexualtriebes in der Kindheit klar erkannt, und in den zahlreich gewordenen Schriften über die Entwicklung des Kindes wird das Kapitel ›Sexuelle Entwicklung‹ meist übergangen (1905 d, G.W. 5:73). Dieser Behauptung fügte er eine lange Fußnote hinzu, die auszugsweise folgendermaßen lautet: ›Die hier niedergeschriebene Behauptung erschien mir selbst nachträglich als so gewagt, daß ich mir vorsetzte, sie durch

nochmalige Durchsicht der Literatur zu prüfen. Das Ergebnis dieser Überprüfung war, daß ich sie unverändert stehenließ.‹ Diesselbe Fußnote fährt mit einer Aufzählung der von Freud durchmusterten Arbeiten fort. Das Verzeichnis umfaßt Bell (1902), Groos (1899) und Pérez (1886), deren Erörterungen der kindlichen Sexualität er offensichtlich für zu kurz und zu oberflächlich hielt, als daß sie seine Behauptung hätten umstoßen können. Nicht enthalten in dieser Liste sind Moll (1897b) und Fließ (1897). Siehe auch *Protokolle*, 2:44, wo Freud bündig erklärt, er sei der erste gewesen, der die infantile Sexualität entdeckt habe; ferner Jones 1960:406.« (Sulloway 1982, S. 637, Fußnote 18)

Wie leicht zu erkennen, ist Sulloways verkürzte Wiedergabe der umfangreichen Freudschen Fußnote deutlich tendenziös; insbesondere fehlt der Hinweis, daß nach Freud infantiles Sexualverhalten bzw. die »Existenz von Liebe im Kindesalter« nicht mehr entdeckt zu werden brauchte, jedoch offensichtlich bis jetzt vornehmlich als Abartigkeit oder Kuriosität aufgefaßt wurde (s. o.). Nicht weil er die Erörterungen der Autoren für zu kurz oder oberflächlich hielt, sondern anscheinend, weil sie nicht die Normalität des kindlichen Sexuallebens erkannt hatten, sah Freud seine im Texte vorgebrachte Behauptung durch diese Arbeiten nicht widerlegt. Ellenberger (1973, S. 697), auf den sich Sulloway hier unkritisch bezieht, belegt seine kühne Behauptung im übrigen nicht durch ein einziges Zitat.

Sulloway führt nun, im weiteren sich ausschließlich auf Albert Moll beziehend, fort:

»Verwirrender noch ist die Frage, warum Freud später keinen anderen als Albert Moll, der seine eigenen Auffassungen zur infantilen Sexualität bereits 1897 in einem von Freud genau gelesenen Buch formuliert hatte, heftig anklagte, seine zeitlich späteren Entdeckungen auf diesem Gebiet (1905 d) *plagiiert* zu haben (*Protokolle*, 2:44).

[...] Moll hatte 1908, in eben dem Jahr, in dem Freud seinen Plagiatsvorwurf gegen ihn erhob, ein neues Buch mit dem Titel *Das Sexualleben des Kindes* (1909 [1908]) veröffentlicht. [...] In vieler Hinsicht war Molls Buch eine auf den neuesten Stand gebrachte Wiederholung seiner verschiedenen Ansichten zur menschlichen Sexualentwicklung, wie er sie bereits zehn Jahre zuvor in *Untersuchungen über die Libido sexualis* (1897b) geboten hatte. In diesem neuen Buch hatte Moll aber auch die Gelegenheit benutzt, eine scharfe Kritik an Freuds entsprechenden Auffassungen vorzutragen. [...]

[...] Freud machte sich überdies eine noch zweckmäßigere Art und Weise zu eigen, wie sich Molls Glaubwürdigkeit bestreiten ließ, und zwar so, daß er seinen *Drei Abhandlungen zur Sexualtheorie* eine Fußnote hinzufügte und Moll darin als rückschrittlichen Gegner der infantilen Sexualität darstellte (1905d [1910], G.W. 5:74, Fußn.; siehe auch Jones 1962a:143). So wurde Moll die einzigartige, wenn auch widersprüchliche Ehre zuteil, in psychoanalytischen Kreisen als Plagiator einer Entdeckung bezeichnet zu werden, die er sich angeblich anzuerkennen weigerte und bei der seine eigene Priorität vor Freud um nahezu ein Jahrzehnt sicher begründet war.« (Sulloway 1982, S. 637ff.; Hervorhebungen im Original. Sulloway bezieht sich auf die 1910 angebrachte Bemerkung: »Das rezente Buch von A. Moll bietet keinen Anlaß zu einer solchen Modifikation«, GW V:74, Fußnote 1.)

Eschenröder, der anscheinend eine Fehldarstellung des Sachverhalts bei Sulloway kategorisch ausschließt, faßt dann kurz und prägnant zusammen:

»Sulloway beschreibt ausführlich die Kontroverse zwischen Freud und Moll. Groteskerweise warf Freud Moll vor, er habe seine Entdeckungen plagiiert, obwohl Molls Buch über die Sexualentwicklung acht Jahre vor Freuds Arbeit zur Sexualtheorie erschienen war.« (Eschenröder 1986, S. 172)

Es ist also zu überprüfen, ob Moll bereits vor Freud, insbesondere in seinem 1897 erschienenen Werk *Untersuchungen über die Libido sexualis* nicht nur vereinzeltes Sexualverhalten bei kleinen Kindern erwähnt, sondern die Gesetzmäßigkeit und Normalität solcher Phänomene erkannt hatte. Sulloway widmet im Kapitel »Freud und die Sexologen« Moll mehrere Seiten (a.a.O., S. 415–424) und schreibt dort:

»Um das verbreitete Mißverständnis von Moralisten, Vertretern der Degenerationstheorie und Assoziationspsychologen in bezug auf die Sexualaktivität in der Kindheit zu korrigieren, unterzog sich Moll später einer ehrgeizigen theoretischen Arbeit, den *Untersuchungen über die Libido sexualis* (1897b), in der sowohl die normale als auch die abnorme Sexualentwicklung nebeneinander behandelt werden. Es war, wie er im Vorwort des Buches betonte, gerade das bedauerliche Versäumnis früherer Sexologen, sich mit der *normalen* Sexualität zu befassen, das weitgehend für die existierenden Meinungsverschiedenheiten in bezug auf die *abnorme* Sexualität verantwortlich war.

Die *Libido sexualis* erschien, mit einem Umfang von einigen 850 Seiten, in zwei Teilen im Frühjahr und Sommer 1897. Der erste Teil behandelte die normale Sexualität und ihren typischen Entwicklungsverlauf. Der zweite Teil wandte sich der Sexualpathologie in ihren verschiedenen klinischen, theoretischen und forensischen Aspekten zu. Beide Teile der *Libido sexualis* wurden kurz nach ihrer Veröffentlichung von Sigmund Freud gelesen, dessen persönliches Exemplar des Werkes zahlreiche Anmerkungen von seiner Hand enthält (Freud library, London; siehe auch Anhang D).« (a. a. O., S. 419; Hervorhebungen im Original)

Diese Darstellung, die den Eindruck vermittelt, als seien die *Untersuchungen über die Libido sexualis* zum Großteil der infantilen Sexualität gewidmet, ist inkorrekt; in Wirklichkeit wird dieses Thema in dem Werk gerade beiläufig abgehandelt, wie bereits aus dem kurzen Vorwort zu ersehen, in dem das Stichwort »Kindliche Sexualität« nicht auftaucht.[4]

Die Beschäftigung mit der Sexualität beim Kinde nimmt in dem umfangreichen Werk auch nur wenig Raum ein. Lediglich im ersten Kapitel kommt das Thema explizit zur Sprache, und zwar in drei von insgesamt 50 Unterpunkten des Kapitels (Isolierter Detumescenztrieb bei Kindern; Vor der Pubertät auftretende Liebesempfindungen beim Menschen; Kontrektationstrieb und Detumescenztrieb vor der Pubertät), die zusammen einschließlich Fallgeschichten nicht mehr als 15 Seiten der 850 Seiten starken Monographie umfassen (weitere Hinweise auf kindliche Sexualbetätigung erfolgen kurz im Rahmen einiger weiterer Fallgeschichten). Welch geringe Bedeutung dieses Thema hat, geht auch daraus hervor, daß in der Zusammenfassung des etwa 90seitigen ersten Kapitels lediglich im letzten der 11 Unterpunkte noch einmal die Sprache darauf kommt, wobei der konzeptuelle Rahmen, in dem Moll solche Phänomene begreift, deutlichen Ausdruck erfährt und die Frage nach der Normalität und Regelhaftigkeit dieser Erscheinungen indirekt schon beantwortet ist: »Bei der Pubertät ist zu berücksichtigen, daß die psychische Pubertät mitunter vor der körperlichen eintritt. Es scheint, dass die von den Keimdrüsen ausgehenden Reize, die zum Kontrektationstrieb führen, nicht immer von der Reife der Drüsen abhängen.« (Moll 1897b, S. 95)

In der nun folgenden Darstellung von Molls *Untersuchungen zur Libido sexualis* gelingt es Sulloway nicht, einen klaren Beleg beizubringen, daß Moll sexuelle Betätigung im Kleinkindalter – denn darum geht es Freud (s. o.) – für normal im Sinne von regelhaft hält; immerhin hatte aber Moll ausdrücklich auf Fälle von Sexualbetätigung bei Kindern, auch kleineren, hingewiesen. Freud hätte in der langen Fußnote in den *Drei Abhandlungen zur Sexualtheorie* auch Moll (1897b) zitieren können. Daß er es nicht tat, mag aus Eifersüchtelei geschehen sein, vielleicht aber auch, weil Freud vier einschlägige Literaturangaben (Pérez, Groos, Bell, Havelock Ellis) für ausreichend hielt, um so mehr, als der erste Autor seine Beobachtungen drei Jahre vor Erscheinen der *Untersuchungen zur Libido sexualis* publiziert hatte. Eines Plagiats hätte sich Freud aber nur dann schuldig gemacht, wenn Moll nicht nur auf die Existenz, eventuell sogar Häufigkeit, sondern auf die Regelhaftigkeit und Normalität solchen Verhaltens hingewiesen hätte. Dies hat aber Moll gewiß nicht getan, und Sulloway informiert den Leser nicht richtig, wenn er schreibt: Moll habe eine besondere Bestätigung für die Normalität solcher kindlichen Sexualerfahrungen dem Bereich der Naturgeschichte entnommen (Sulloway 1982, S. 421), oder eine abschließende Einschätzung gibt:

> »Im Lichte umweltorientierter und psychoanalytischer Vorstellungen, die sie später verdrängen sollten, sicherlich ein konservatives Dokument, bot Molls *Libido sexualis* (1897b) zur Zeit ihrer Veröffentlichung dennoch eine Reihe bedeutsamer Neuerungen. Und nicht die geringste davon war ihre erschöpfende Behandlung der normalen Sexualentwicklung in direkter Nachbarschaft zu der der Sexualpathologie. Eindrucksvoller noch war ihre Synthese klinischer Daten und biologischer Theorie bei der Argumentation zugunsten der *Normalität* der kindlichen Sexualität.« (a. a. O., S. 423 f.; Hervorhebung von mir, Th. K.)

Moll ist nämlich bei der anschließenden Interpretation seiner Befunde, die von Sulloway nicht dargestellt wird, ausgesprochen zurückhaltend. Zunächst einmal relativiert er die Bedeutung der beiden in diesem Kontext zur Illustration herangezogenen Fälle dadurch, daß er auf erbliche Belastung hinweist; zugleich kommt zum Ausdruck, daß er diese Fälle offenbar nicht für die Regel hält; die beiden Fälle »sollten zeigen, daß die örtlichen Empfindungen an den Genitalien mit einem gewissen Drang zur Detumescenz schon zu einer Zeit vorkommen können, wo die Pubertät noch nicht eingetreten zu sein scheint. [...]« (Moll 1897b, S. 50)

Die anschließenden Folgerungen Molls weisen nun keineswegs in die Richtung, die Freud einschlagen wird, nämlich die genitale und extragenitale Sexualität konzeptuell von der Fortpflanzungsfunktion zu trennen und ihre Vereinigung als häufig nicht erreichten gemeinsamen

Endpunkt zweier zunächst getrennter Wege zu begreifen. Vielmehr versucht Moll hier, eventuelle infantile Sexualbetätigung durchaus im konventionellen biologischen Rahmen zu erklären, indem er eine vorzeitige Reifung der Keimdrüsen in Betracht zieht:

> »Aus den vorhergehenden Mitteilungen könnte man den Schluss ziehen, dass weder der Detumescenztrieb noch der Kontrektationstrieb als Folgen der Keimdrüsenfunktion anzusehen sind. Dieser Schluss wäre aber voreilig. Denn nur das geht aus dem Bisherigen hervor, dass keiner der beiden Triebe an die *Reife* der Keimdrüsen geknüpft ist; wenigstens ist eine Reife der Keimdrüsen in derartigen Fällen nicht nachzuweisen. Andererseits halte ich es für notwendig, hier zu betonen, dass Reife der Keimdrüsen stattfinden kann, obwohl das Alter des betreffenden Individuums dem zu widersprechen scheint. In einigen Fällen kommt es vor, dass die Keimdrüsen bereits gereift sind, obwohl an anderen Organen die Erscheinungen der körperlichen Pubertät fehlen; in manchen Fällen von frühzeitiger Pubertät der Keimdrüsen ist allerdings auch sonst am Organismus die Pubertät bereits nachweisbar.« (a.a.O., S. 50; Hervorhebung im Original)

Nachdem er nun mehrere Beispiele von vorzeitiger Reifung (etwa Follikelsprünge und Schwangerschaften vor dem 10. Lebensjahr) aufgeführt hat, fährt er fort:

> »Wenn man also bei jungen Kindern Zeichen von psychosexueller Pubertät beobachtet, so muss man mit dem Schluss sehr vorsichtig sein, dass diese psychosexuelle Pubertät nicht die Folge der Thätigkeit der Keimdrüsen ist. Wir haben eben gesehen, und zwar mit Sicherheit beim weiblichen Geschlecht, daß die Keimdrüsen bereits funktionieren können, ohne dass in den sonstigen Erscheinungen, insbesondere der Menstruation, die eingetretene Reife sich zeigt. Unter keinen Umständen aber dürfen wir, wenn die äusseren Zeichen der körperlichen Pubertät sonst noch nicht vorliegen, wohl aber eine psychosexuelle Pubertät vorhanden ist, den Schluss machen, daß die psychosexuelle Pubertät nicht an die Keimdrüsen geknüpft ist.« (a.a.O., S. 51 f.)

Nicht nur, daß an keiner Stelle der *Untersuchungen zur Libido sexualis* Moll die Normalität kindlichen, insbesondere kleinkindlichen, Sexualverhaltens betont, aus den übrigen Ausführungen wird man mit Recht schließen können, daß er solche Erscheinungen als nicht regelhaft ansieht. Glücklicherweise sind wir jedoch aller Spekulation darüber enthoben dank einer sehr dezidierten Aussage, die Moll 1909 in *Das Sexualleben des Kindes* macht (eine Stelle, die wohl auch Sulloway bekannt gewesen sein dürfte, denn er zitiert mehrfach aus dieser Schrift Molls)*:

> »*In der ersten Kindheitsperiode, d. h. bis zum vollendeten 7. Lebensjahr, müssen Erscheinungen des Geschlechtstriebes den Verdacht auf krankhafte Veranlagung erwecken.* Allenfalls wird man Detumescenzerscheinungen, die sich in den peripheren Genitalien abspielen, dann ausnehmen dürfen, wenn eine örtliche entzündliche oder ähnliche Affektion oder Verführung die Schuld trägt; wenigstens wird in diesen Fällen der Verdacht auf eine krankhafte *Veranlagung* gemindert. *Auch Kontrektationserscheinungen in der ersten Kindheitsperiode halte ich trotz der vielen einzelnen Berichte Bells ebenfalls für verdächtig, wenn auch nicht in dem Grade wie die peripheren Aeusserungen des Geschlechtstriebes. Was die zweite Kindheitsperiode betrifft, so können Kontrektationserscheinungen in dieser selbst beim Beginn, d. h. schon im 8. Lebensjahr, auftreten, ohne dass man das Recht hat, hierin etwas krankhaftes zu sehen. Was die Detumescenzerscheinungen betrifft, so wird man in ihrem Auftreten in den letzten Jahren der zweiten Kindheitsperiode ebenfalls nichts krankhaftes anzunehmen brauchen. In den ersten Jahren, d. h. etwa bis zum 10. oder 11. Lebensjahr, ist ein gewisser Verdacht berechtigt.*« (Moll 1909, S. 133; Hervorhebung im Original)**

Mit Recht schreibt deshalb Freud in der erwähnten Fußnote: »Das rezente Buch von A. Moll, Das Sexualleben des Kindes, Berlin 1909, bietet keinen Anlaß zu einer solchen Modifikation.« (GW V:74, Fußnote 1) Bezeichnenderweise findet sich diese Stelle weder bei Sulloway noch etwa bei Eschenröder aufgeführt. So resultiert die ihrer Paradoxität amüsante Situation, daß Albert Moll, der, bei aller sonstigen Unverbindlichkeit, klar gegen die Freudsche Annahme eines regelhaften und normalen infantilen Sexuallebens Stellung bezieht, ausgerechnet als deren Entdecker in der Literatur gehandelt wird – und Freud als sein Plagiator.***

* Die Bemerkung Jones' (Bd. 2, S. 143), daß Moll im »Sexualleben des Kindes« die Sexualität bei Kindern mit Heftigkeit bestritten habe, hätte einen ernsthaften Wissenschaftshistoriker ohnehin dazu veranlassen müssen, Molls Buch genau durchzusehen.

** Detumescenztrieb = Impuls, eine Veränderung an den Genitalien herbeizuführen, Contrectationstrieb = Impuls, das Sexualobjekt zu berühren, zu hätscheln oder zu küssen (vgl. Sulloway 1982, S. 419f.).

*** Die *Untersuchungen zur Libido sexualis* sind übrigens insofern ein interessantes Zeitdokument, als Moll ins Lateinische überwechselt, wenn sehr konkret Sexuelles zur Sprache kommt.

Anmerkungen zu Kapitel 3

1 »C'est un état exagéré de *distraction*, qui n'est pas momentané et ne résulte pas d'une attention volontaire dirigée uniquement dans un sens; c'est un état de distraction naturelle et perpétuelle, qui empêche ces personnes d'apprécier aucune autre sensation en dehors de celle qui occupe actuellement leur esprit.« (Janet 1893, S. 7)

2 »Nous avons proposé d'appeler ›champ de conscience ou étendue maximum de la conscience, le nombre le plus grand de phénomènes simples ou relativement simples qui peuvent être réunis à chaque moment, qui peuvent être simultanément rattachés à notre personnalité‹.« (ebda.)

3 »Il est facile de voir en étudiant la distraction des hystériques que leur champ de conscience semble très petit, il est rempli tout entier par une seule sensation relativement simple, un seul souvenir, un petit groupe d'images motrices et ne peut plus en contenir d'autres en même temps. Ce rétrécissement du champ de la conscience n'est qu'une manifestation de l'épuisement cérébral général que l'on a admis.« (ebda.)

4 Zum ersten Beleg gebe ich das kurze Vorwort Molls (in dem die Sexualität im Kindesalter nicht erwähnt wird) ganz wieder und lasse lediglich lesetechnische Hinweise und die Danksagungen aus:

»Seit längerer Zeit mit dem Plane beschäftigt, eine grössere monographische Arbeit über den Geschlechtstrieb zu schreiben, erkannte ich bald, dass zahlreiche Probleme, die diesen Gegenstand betreffen, gegenwärtig noch nicht genügend geklärt sind. Ich habe mich deshalb entschlossen, einige dieser Fragen gewissermassen als Vorbereitung für meine Monographie in einem besonderen Werke, dessen ersten Band ich hiermit der Öffentlichkeit übergebe, zur Diskussion zu stellen.

In meinem Buch ›Die konträre Sexualempfindung‹ habe ich fast nur den krankhaften Geschlechtstrieb berücksichtigt. Ich bin aber zu der Ansicht gekommen, dass viele Autoren, die in neuerer Zeit den Geschlechtstrieb bearbeitet haben, nur deshalb zu Differenzen über verschiedene Punkte gekommen sind, weil über den normalen Geschlechtstrieb bisher fast gar keine eingehenden Untersuchungen veröffentlicht worden sind. Aus diesem Grunde habe ich es für notwendig gehalten, in diesem Buche ganz besonders auch den normalen Geschlechtstrieb zu berücksichtigen. Der erste Teil des vorliegenden ersten Bandes behandelt fast ausschließlich den normalen Geschlechts-

Stellen wie: »Der Verkehr geschieht dann so, daß X. *membrum alterius in os proprium inmittit.* Mehrfach hat X. auch, wie er versichert, Männer auf andere Weise getäuscht. [...] Er fügt auch noch einen anderen Weg hinzu, [,] nämlich indem er *membrum alterius manu sua circumcludit.* In der Erregung merke der andere hierbei gar nichts.« (Moll 1897b, S. 152; Hervorhebungen im Original) verleihen den Fallgeschichten einen eigenartigen Charme. Die zuweilen jener Zeit zugeschriebene sexuelle Offenheit (siehe etwa Ellenberger 1973, S. 693f.) war anscheinend doch noch nicht allzu groß. Bemerkenswerterweise finden sich dann – soweit ich sehe – in Molls 1909 erschienenem Buch *Das Sexualleben des Kindes* keine solchen Verschlüsselungen mehr, vielleicht aber auch nur deshalb, weil dort weniger konkrete Sachverhalte zur Schilderung kommen.

trieb, den pathologischen jedoch nur insofern, als er Vergleichungen mit dem normalen zulässt; aber auch in dem zweiten Teil musste der normale Geschlechtstrieb öfter berücksichtigt werden.

Ein Namenregister [...]« (Moll 1897b, S. V)

4. Die Rezeption der frühen Psychoanalyse: Darstellung, Kritik und Gegenkritik

Folgt man der Geschichtsversion, die zunächst Freud, im Anschluß an ihn und unter Übernahme seiner wesentlichen Grundpositionen dann Jones von der Aufnahme der Psychoanalyse in der akademischen Welt geben, so wurde die neue Wissenschaft zunächst ignoriert, später heftig angefeindet. In der *Selbstdarstellung* (1925 d) berichtet Freud über die Zeit nach 1895, dem Jahr der Beendigung seiner Zusammenarbeit mit Breuer:

> »Durch mehr als ein Jahrzehnt nach der Trennung von *Breuer* hatte ich keine Anhänger. Ich stand völlig isoliert. In Wien wurde ich gemieden, das Ausland nahm von mir keine Kenntnis. Die ›Traumdeutung‹, 1900, wurde in den Fachzeitschriften kaum referiert. [...]
>
> Als ich verstanden hatte, mit welchen Notwendigkeiten ich zusammengestoßen war, ließ meine Empfindlichkeit rasch nach. Allmählich fand auch die Isolierung ein Ende. Zuerst sammelte sich in Wien ein kleiner Kreis von Schülern um mich; nach 1906 erfuhr man, daß sich die Psychiater in Zürich, *E. Bleuler*, sein Assistent *C. G. Jung* und andere lebhaft für die Psychoanalyse interessierten. [...] Gleichzeitig mit dem Anschluß der Schweizer war auch überall in Deutschland das Interesse für die Psychoanalyse erwacht, sie wurde der Gegenstand zahlreicher literarischer Äußerungen und lebhafter Diskussionen auf wissenschaftlichen Kongressen. Die Aufnahme war nirgends eine freundliche oder wohlwollend zuwartende. Nach kürzester Bekanntschaft mit der Psychoanalyse war die deutsche Wissenschaft in ihrer Verwerfung einig.
>
> Ich kann natürlich auch heute nicht wissen, welches das endgültige Urteil der Nachwelt über den Wert der Psychoanalyse für Psychiatrie, Psychologie und Geisteswissenschaften überhaupt sein wird. Aber ich meine, wenn die Phase, die wir durchlebt haben, einmal ihren Geschichtsschreiber findet, wird dieser zugestehen müssen, daß das Verhalten ihrer damaligen Vertreter nicht rühmlich für die deutsche Wissenschaft war. Ich beziehe mich dabei nicht auf die Tatsache der Ablehnung oder auf die Entschiedenheit, mit der sie geschah; beides war leicht zu verstehen, entsprach nur der Erwartung und konnte keinen Schatten auf den Charakter der Gegner werfen. Aber für das Ausmaß von Hochmut und gewissenloser Ver-

> schmähung der Logik, für die Roheit und Geschmacklosigkeit der Angriffe gibt es keine Entschuldigung.« (GW XIV: 74f.; Namen im Original hervorgehoben)

In dem kurz darauf abgefaßten Aufsatz »Die Widerstände gegen die Psychoanalyse« (1925e) wird eine sehr ähnliche Darstellung gegeben. Freud berichtet vom »besonders übeln Empfang«, welcher der Psychoanalyse zuteil geworden sei: »Nach einem Jahrzehnt völliger Vernachlässigung wurde sie plötzlich Gegenstand allgemeinen Interesses und – entfesselte einen Sturm von entrüsteter Ablehnung.« (GW XIV: 101) Und nachdem er – nicht ohne Befriedigung – angemerkt hat, daß es der Gegnerschaft nicht gelungen sei, die psychoanalytische Bewegung zu unterdrücken, kommt er auf die Motivierungen der Widerstände zu sprechen: Nur ein kleiner Teil sei von der Art, »wie er sich gegen die meisten wissenschaftlichen Neuerungen von einigem Belang zu erheben pflegt. Der größere Anteil rührt davon her, daß durch den Inhalt der Lehre starke Gefühle der Menschheit verletzt worden sind.« Er verweist auf das gleiche Schicksal der Darwinschen Abstammungslehre und wiederholt seine schon an anderer Stelle vorgebrachte Behauptung, »daß die psychoanalytische Auffassung vom Verhältnis des bewußten Ichs zum übermächtigen Unbewußten eine schwere Kränkung der menschlichen Eigenliebe bedeute, die ich die *psychologische* nannte und an die *biologische* Kränkung durch die Deszendenzlehre und die frühere *kosmologische* durch die Entdeckung des *Kopernikus* anreihte«. (GW XIV: 109; Hervorhebungen im Original) Zum Abschluß stellt er eine weitere mögliche Ursache für den Widerstand zur Diskussion:

> »Endlich darf der Autor in aller Zurückhaltung die Frage aufwerfen, ob nicht seine eigene Persönlichkeit als Jude, der sein Judentum nie verbergen wollte, an der Antipathie der Umwelt gegen die Psychoanalyse Anteil gehabt hat. Ein Argument dieser Art ist nur selten laut geäußert worden, wir sind leider so argwöhnisch geworden, daß wir nicht umhin können, zu vermuten, der Umstand sei nicht ganz ohne Wirkung geblieben. Es ist vielleicht auch kein Zufall, daß der erste Vertreter der Psychoanalyse ein Jude war. Um sich zu ihr zu bekennen, brauchte es ein ziemliches Maß von Bereitwilligkeit, das Schicksal der Vereinsamung in der Opposition auf sich zu nehmen, ein Schicksal, das dem Juden vertrauter ist als einem anderen.« (GW XIV: 110)

Jones führt manches von Freud Angedeutete genauer aus, etwa über den Verkauf und die Aufnahme der »Traumdeutung«: Es dauerte acht

Jahre, bis die sechshundert Exemplare der ersten Auflage verkauft waren, wobei in den ersten sechs Wochen 123 Stück und in den folgenden zwei Jahren 228 abgesetzt wurden. Er fügt hinzu: »Nach anderthalb Jahren schrieb Freud, keine einzige wissenschaftliche Zeitschrift und nur einige wenige andere hätten das Buch erwähnt. Es werde einfach ignoriert.« (Jones Bd. 1, S. 417)

Nach der inhaltlichen Skizzierung einiger Rezensionen in nicht-wissenschaftlichen Journalen sowie der Mitteilung einer einschlägigen mündlichen Äußerung fährt er fort:

»Dagegen wurde das Buch in psychologischen Zeitschriften nicht völlig ignoriert. Die Rezensionen waren jedoch beinahe so vernichtend, wie es ein völliges Totschweigen gewesen wäre. So wies der Psychologe Wilhelm [sic!] Stern auf die Gefahr hin, ›daß unkritische Leute nur zu gern mit diesen neuen Ideen spielen könnten und sich in vollständigem Mystizismus und chaotischer Willkür verlieren würden‹, während Professor Liepmann, ebenfalls aus Berlin, nur feststellen konnte, daß ›die phantasievollen Ideen eines Künstlers über den wissenschaftlichen Forscher triumphiert hatten‹.

[...]

Einige Jahre lang wurde die ›Traumdeutung‹ überhaupt nicht gekauft. Selten hat ein wichtiges Buch so wenig Widerhall gefunden. Erst zehn Jahre später, als Freuds Theorien sich durchzusetzen begannen, erschien eine zweite Auflage.« (Jones Bd. 1, S. 418; er bezieht sich auf Stern, 1901, sowie Liepmann, 1901; letztere Rezension betrifft jedoch Freuds kleine Schrift »Über den Traum«, 1901 a; die erste Auflage der *Traumdeutung* erschien im November 1899, die zweite im Laufe des Jahres 1909)

Über die Aufnahme der *Drei Abhandlungen zur Sexualtheorie* schreibt er:

»Von allen seinen Büchern brachte ihn sicherlich dieses am meisten in Verruf. Die ›Traumdeutung‹ war als phantastisch und lächerlich aufgenommen worden, aber die ›Drei Abhandlungen‹ empfand man als schockierende Verderbtheit. Freud mußte ein übler und obszöner Mensch sein. Natürlich mißbilligte man vor allem die Behauptung, daß Kinder schon von Geburt an Sexualtriebe haben sollten, die bis zu ihrer vollen Reifeform im Erwachsenenalter komplizierte Entwicklungen durchmachen, und daß ihre ersten Sexualobjekte die Eltern seien. Dieser Angriff auf die ursprüngliche Unschuld der Kindheit war unverzeihlich.« (Jones Bd. 2, S. 26)

Man beachte jedoch, daß Jones hier keine Aussage darüber macht, in welcher Weise die »Drei Abhandlungen« in wissenschaftlichen Organen rezensiert wurden. Er fährt fort:

»Zu ungefähr derselben Zeit machte Freud das Maß seiner Sünden in den Augen der Ärzteschaft voll, als er sich nach vier Jahre langem Zögern entschloß, eine Krankengeschichte zu veröffentlichen, die gewöhnlich in der Literatur der Fall ›Dora‹ genannt wird. Diese faszinierende Verwendung der Traumanalyse zur Aufhellung eines Falles, der so lange unverständlich erschien, war wieder ein Nebenprodukt der ›Traumdeutung‹. Seine Kollegen aber konnten die Veröffentlichung so intimer Einzelheiten einer Patientin ohne deren Erlaubnis nicht verzeihen, noch weniger die Unverfrorenheit, einem jungen Mädchen Tendenzen zu so empörenden sexuellen Perversionen zuzuschreiben.« (ebda.)

Ein eigenes Kapitel in Band II der Jones'schen Freud-Biographie trägt die Überschrift »Opposition« und berichtet vom »Sturm der Opposition«, den Freud »besonders in den Jahren vor dem Ersten Weltkrieg, aber in gewissem Ausmaß bis zu seinem Lebensende zu ertragen hatte«. (Bd. 2, S. 134) Jones führt – was für die unten zu besprechende Kritik an dieser Geschichtsdarstellung von entscheidender Bedeutung ist – dann aber aus, daß sich diese Gegnerschaft nur bedingt in Form schriftlicher Stellungnahmen nachweisen lasse:

»Dem, der heute daran geht, die Natur und das Ausmaß dieser Opposition zu beschreiben, stellen sich zwei große Schwierigkeiten in den Weg. Die erste besteht darin, daß die meisten Anfechtungen nicht gedruckt werden konnten, da sie einfach nicht druckbar waren. Das heißt nicht, daß Freud deswegen davon verschont blieb. Patienten im Zustand der negativen Übertragung – nicht zu sprechen von ›lieben Freunden‹ – sorgten dafür, daß er immer wohlunterrichtet war. Und schließlich ließ sich nicht übersehen, daß er auf der Straße gemieden, aus der Gesellschaft verbannt wurde.

Unter den deutschen Psychiatern und Neurologen war nun Freuds Name zu einem Beiwort für etwas Sensationelles, besser gesagt, etwas Anrüchiges geworden, und seine Theorien störten ihre innere Ruhe. Es wäre vielleicht einmal eine Studienaufgabe der Geschichte der Wissenschaften, sich mit der Flut der Verleumdungen und Mißverständnisse eingehend zu beschäftigen, in denen sich die explosiven Gefühle Luft machten. Aber auch dann noch würde sich ein nur sehr unvollständiges Bild von all dem Zorn und der Verachtung ergeben, welche die intellektuellen Kreise demonstrierten, um den panischen Aufruhr ihrer Gefühle zu verdecken; denn nur ein kleiner Teil fand Zugang in die wissenschaftlichen Zeitschriften, und dies auch nur in relativ zivilisierter Form. Die meisten Schmähungen erfaßte man bei unprotokollierten Ausbrüchen an wissenschaftlichen Versammlungen, noch mehr aber in privaten Unterhaltungen. Ferenczi machte einmal die Bemerkung: wenn Freuds Gegner auch seine Theorien leugneten, so würden sie doch sicher von ihnen träumen.« (ebda.)

Insofern beziehen sich die von Jones für diese Behauptungen beigebrachten Belege vornehmlich auf mündliche Äußerungen, die Psychoanalytiker wie Abraham, Ferenczi oder Jones zu hören bekamen und in Briefen festhielten (vgl. an dieser Stelle auch die Bemerkungen Wagner-Jaureggs in Kap. 5, S. 167). Will man so dokumentierten Aussagen wenig Wert beimessen, so bleiben zusätzlich aber noch die zahlreichen Auszüge, die Jones aus veröffentlichten Stellungnahmen gegen die Psychoanalyse wiedergibt (s. u.). Eine ähnliche Darstellung von der Rezeption der Psychoanalyse findet sich bei Freuds Zeitgenossen Sachs (1982, S. 102ff.), Zweig (1982, insbesondere S. 282ff. und S. 345ff.) oder in den Erinnerungen von Freuds berühmtem Patienten, dem »Wolfsmann« (Gardiner 1982, S. 178f.), später unter Bezug auf Freud etwa bei Robert (1986, S. 142ff.) oder Schöpf (1982, S. 49ff.).

Die von Freud und Jones gegebene und zuweilen unverändert bis heute tradierte Geschichtsversion hat jedoch bereits vor langen Jahren Kritik erfahren, so von Bry und Rifkin (1962), welche eine Durchsicht der frühen Rezensionen der *Traumdeutung* und der *Drei Abhandlungen zur Sexualtheorie* vornahmen, später in ähnlicher Weise von Decker (1971, 1975, 1977). Insbesondere war es aber Ellenberger, der, teils gestützt auf Vorarbeiten anderer Autoren, teils aufgrund eigener Recherchen, einen sehr dezidierten und vielbeachteten Angriff gegen das traditionelle Geschichtsbild unternahm:

»Eine noch größere Schwierigkeit ergibt sich aus dem Umstand, daß die Psychoanalyse sich von Anfang an in einer Atmosphäre der Legendenbildung entwickelt hat, mit dem Ergebnis, daß eine objektive Beurteilung nicht möglich sein wird, bevor die wirklichen historischen Fakten ganz von der Legende getrennt worden sind. Es wäre von unschätzbarem Wert, den Ausgangspunkt der Freud-Legende und die Faktoren zu kennen, die zu ihrer gegenwärtigen Entwicklung geführt haben. [...] Ein rascher Blick auf die Freud-Legende läßt zwei Hauptzüge deutlich werden. Der erste ist das Thema vom einsamen Helden, der gegen ein Heer von Feinden kämpft, wobei er den Schlingen und Pfeilen des schmählichen Geschicks ausgesetzt ist, am Ende aber triumphiert. Die Legende übertreibt das Ausmaß und die Rolle des Antisemitismus, der Feindseligkeit der akademischen Welt und der angeblichen viktorianischen Vorurteile erheblich.« (Ellenberger 1973, S. 761 f.)

Und nachdem er als zweiten Zug der Legende die angebliche Originalität Freuds angeführt hat (siehe dazu auch Köhler 1987, S. 168 ff. und S. 282 ff.), stellt er richtig:

»Wenn wir die Legende beiseitelassen, bekommen wir die Möglichkeit, die Fakten in einem anderen Licht zu sehen. Es zeigt sich, daß Freud die durchschnittliche Karriere des zeitgenössischen Akademikers in Mitteleuropa durchlaufen hat, eine Laufbahn, deren Beginn durch Antisemitismus nur wenig behindert wurde, und zu der nicht mehr Rückschläge gehörten, als bei vielen anderen. Freud lebte zu einer Zeit, in der die wissenschaftliche Polemik in heftigerem Ton ausgetragen wurde als heute, und er hatte nie unter so hochgradiger Feindseligkeit zu leiden wie z. B. Pasteur und Ehrlich.« (a. a. O., S. 762)

Zu einem sehr ähnlichen Ergebnis kommt Sulloway, der sich nicht zuletzt auf Ellenberger beruft:

»Wie Henri Ellenberger dargelegt hat, ist der Mythos des Helden in der Geschichte der Psychoanalyse durch zwei Hauptzüge charakterisiert. Der erste dieser beiden Züge legt besonderen Nachdruck auf Freuds intellektuelle Isolation in seinen entscheidenden Entdeckerjahren und übertreibt die feindselige Aufnahme, die seine Theorien in einer darauf ›nicht vorbereiteten‹ Welt fanden. Der zweite Zug der Heldenlegende malt Freuds ›absolute Originalität‹ als Mann der Wissenschaft aus und schreibt ihm die Entdeckungen seiner Vorläufer, Zeitgenossen, Rivalen und Anhänger zu (Ellenberger 1973, 2: 611).

Solche Mythen über Freud als Helden der Psychoanalyse sind weit davon entfernt, lediglich zufälliges Nebenprodukt seiner in höchstem Maße charismatischen Persönlichkeit oder seines ereignisreichen Lebenslaufes zu sein. Und sie sind auch nicht bloß unabsichtliche Entstellungen der biographischen Fakten. Eher hat sich Freuds Lebensgeschichte für ein archetypisches Schema, das nahezu allen Heldenmythen gemeinsam ist, angeboten, und seine Biographie ist häufig umgeschrieben worden, um diesem archetypischen Schema zu genügen, wann immer suggestive biographische Details erst einmal den Weg dazu gewiesen haben.« (Sulloway 1982, S. 606)

Diese Behauptungen wurden von den Autoren der Anti-Freud-Literatur weitergegeben (z.B. Jurjevich 1974, S.161f.; Thornton 1983, S.236; Eysenck 1985, S.27ff. und S.34ff.; Eschenröder 1986, S.168ff.).

Es ist nun zu überprüfen, ob die bemerkenswerte Sicherheit, mit der die Autoren das tradierte psychoanalytische Geschichtsbild als widerlegt bezeichnen, angesichts der von ihnen beigebrachten Quellennachweise begründet ist. Vorab muß noch einmal daran erinnert werden, daß Jones ausdrücklich betont, die Polemik gegen die Psychoanalyse habe sich weniger in wissenschaftlichen Publikationen als in zumeist unprotokollierten Äußerungen gezeigt (s. o.). Insofern läßt sich die Behauptung von der Feindseligkeit der akademischen Welt nicht durch Verweis auf moderate oder gar beifällige schriftliche Äußerungen einzelner Autoren widerlegen. Stellt man sich auf den an sich legitimen Standpunkt, die etwa von Freuds Mitarbeitern in Briefen aufgeführten Invektiven gegen die Psychoanalyse (vgl. z. B. Freud / Abraham 1965 a, S. 41, S. 65f., S. 82, S. 88, S. 99, S. 104) seien nicht als objektive, unvoreingenommene Beobachtungen zu werten, so könnte man danach bestenfalls zu dem Schluß gelangen, die angeblichen Feindseligkeiten seien nicht adäquat belegt; die umgekehrte Behauptung aufzustellen, die Psychoanalyse sei nicht ablehnend aufgenommen worden, widerspricht den Regeln der Logik.

Dieses Argument gilt besonders bezüglich der Rolle des Antisemitismus beim Widerstand gegen die Psychoanalyse, da sich dies schwerlich direkt aus dem Inhalt wissenschaftlicher Publikationen ableiten lassen dürfte (wenigstens nicht vor den dreißiger Jahren). Daß in Wien, das in den Jahren 1897 bis 1910 mit Karl Lueger einen dezidiert antisemitisch eingestellten Bürgermeister hatte, wenigstens bei Teilen der Bevölkerung ein ausgesprochener Antisemitismus zu beobachten war, in welchem Klima auch Hitler zwischen 1908 und 1913 seine rassistischen Ideen konzipierte bzw. aufgriff, wird man gezwungenermaßen konstatieren müssen und wird auch von Ellenberger (1973, S. 574, S. 634) eingeräumt. Wieweit dieser Antisemitismus im einzelnen Fall zum Scheitern oder zur Behinderung akademischer Laufbahnen beitrug, läßt sich retrospektiv schwer noch klären. Selbst wenn Ellenberger (a.a.O., S. 634) recht hätte, daß er der Karriere eines Akademikers »kaum« habe schaden können – Arthur Schnitzlers 1912 uraufgeführtes Theaterstück »Professor Bernhardi« behandelt übrigens einen solchen Fall –, so könnte man daraus nicht schließen, daß Freud ebenfalls unbehelligt blieb. Ein gewissenhafter Historiker wird auch kaum stillschweigend über jene Äußerungen Freuds hinweggehen können, in denen er selbst gewisse berufliche Schwierigkeiten mit seiner rassischen Andersartigkeit in Beziehung setzt (etwa in der *Traumdeutung*, GW II/III: 142; vgl. auch entsprechende Äußerungen Abrahams in Freud/Abraham 1965 a, S. 129 sowie S. 287, Anmerkung 2 des Herausgebers).

All diese Unsicherheiten der Beurteilung in Rechnung gesetzt und vor allem unter Berücksichtigung der Tatsache, daß Freud später als Jude emigrieren mußte und vier seiner Schwestern im Vernichtungslager Auschwitz verlor (Eissler 1985, S. 35), muß man die forsche Bemerkung Ellenbergers, die psychoanalytische Legende übertreibe »das Ausmaß und die Rolle des Antisemitismus« erheblich (Ellenberger 1973, S. 762), als Geschmacklosigkeit, wenn nicht sogar als ausgesprochenen Zynismus bezeichnen.

Ellenberger und Sulloway begründen ihre Kritik an der tradierten Geschichtsversion vor allem mit dem Hinweis auf die Häufigkeit und den Inhalt der frühen Rezensionen von Freuds Schriften. Sulloway (1982, S. 609 f.) stellt zunächst Freuds und Jones' Sicht von der Aufnahme der Psychoanalyse in der akademischen Welt dar und fügt hinzu, daß dieses »traditionelle historische Szenarium der Isolation und Ablehnung« den »meisten späteren Freud-Biographien als angemessenes Modell« gedient habe (a. a. O., S. 611). Sodann versucht er, den Sachverhalt richtigzustellen:

> »Wendet man sich dem tatsächlichen historischen Verlauf zu und stützt sich dabei auf die systematischen Untersuchungen von Bry und Rifkin (1962), Ellenberger (1973) und Decker (1971, 1975, 1977), so wird man gewahr, daß die anfängliche Aufnahme von Freuds Theorien sich von dieser traditionellen Darstellung in der Tat erheblich unterscheidet. Laut Bry und Rifkin wurde Freuds *Traumdeutung* keineswegs ignoriert:
>
> ›... Die *Traumdeutung* wurde anfangs in wenigstens elf allgemeinen oder Fachzeitschriften rezensiert, darunter sieben aus dem Bereich von Philosophie und Theologie, Psychologie, Neuropsychiatrie, parapsychologischer Forschung und Kriminalanthropologie. Die Rezensionen sind individuelle Darstellungen und keine bloßen Routineanzeigen und belaufen sich zusammen auf mehr als 7500 Worte. Die Zeitspanne zwischen Veröffentlichung und Rezension beträgt durchschnittlich ein Jahr, was durchaus nicht unangemessen ist. Für den Essay *Ueber den Traum* [1901 a] haben wir neunzehn Rezensionen ausfindig gemacht, die sämtlich in medizinischen und psychiatrischen Fachzeitschriften erschienen, mit einer Gesamtsumme von 9500 Worten und einem durchschnittlichen Zeitabstand von acht Monaten. Es hat den Anschein, daß Freuds Traumbücher in

anerkannten Zeitschriften ausführlich und rasch rezensiert worden sind, darunter in den hervorragendsten auf den jeweiligen Gebieten. [...]

...Einige Rezensionen sind gründlich und höchst kompetent, mehrere stammen von Autoren, die auf diesem Gebiet selbst entscheidende Arbeit geleistet haben, alle sind respektvoll. Einwände werden erst nach einer unvoreingenommenen Zusammenfassung der inhaltlichen Hauptthesen des Buches vorgebracht.‹ (1962: 20f.)

Im Gegensatz zu dem Bild, wie es Freud, Jones und die Freud-Biographen im allgemeinen entworfen haben, waren Freuds beiden Traumbüchern also wenigstens dreißig separate Rezensionen mit einer Gesamtsumme von siebzehntausend Worten gewidmet (das heißt mit durchschnittlich 570 Worten pro Rezension).« (Sulloway 1982, S. 611f.)

Er führt weiter aus, daß diese Rezensionen »auch Freuds Traumtheorie gegenüber nicht vorwiegend feindselig eingestellt« waren, und belegt dies unter anderem so:

»Der Psychologe Wilhelm Stern, dessen Rezension Jones (1960: 418) zu denen zählt, ›die beinahe so vernichtend waren, wie es ein völliges Totschweigen gewesen wäre‹, widmete Freuds Untersuchungen die folgenden Worte des Lobes:

›Werthvoll erscheint mir vor Allem das Bestreben, sich bei der Erklärung des Traumlebens nicht auf die Sphäre des Vorstellungslebens, des Associationsspiels, der Phantasiethätigkeit, der somatischen Beziehungen zu beschränken, sondern auf die mannigfachen, so wenig bekannten Fäden hinzuweisen, die in die kernhaftere Welt der Affecte hinunterleiten und vielleicht erst in der That die Gestaltung und Auswahl des Vorstellungsmaterials verständlich machen werden. Auch sonst enthält das Buch viel Einzelheiten von hohem Anregungswerth, feine Beobachtungen und theoretische Ausblicke; vor Allem aber ein außerordentlich reichhaltiges Material an sehr genau registrirten Träumen, das jedem Arbeiter auf diesem Gebiete hochwillkommen sein muß.‹ (1901: 131)« (a.a.O., S. 612)

Sulloway zitiert dann unter anderem einige Bemerkungen aus der Rezension von Paul Näcke (1901) und fährt fort:

»Andere Rezensenten waren von Freuds Meisterwerk gleichfalls beeindruckt. Wilhelm Weygandt, der der Psychoanalyse erst später, nach ihrem Aufstieg als organisierte Bewegung, entgegentreten sollte, erklärte, das Buch biete ›ein gut beobachtbares, reichhaltiges

Material und [gehe] in der Bemühung um die Analyse desselben weiter, als bisher Jemand versucht hat.‹ (1901: 548f.). Théodore Flournoy in Genf lobte Freuds ›scharfsinnige Durchdringung‹ und ›subtilen Einfallsreichtum‹ bei der Aufdeckung der Psychologie des Traumlebens (1903: 73). Weitere lobende Erwähnungen lassen sich aus anderen Rezensionen zitieren. Kurzum, die allgemeine Aufnahme von Freuds Traumforschungen darf als wohlwollend charakterisiert werden und gipfelte wiederholt in dem Urteil, sie seien durchaus bemerkenswert.« (a.a.O., S. 612f.; ähnlich bei Ellenberger 1973, S. 1044ff.)

Hier müssen sich die Autoren bzw. ihre Gewährsleute einige Klarstellungen und wesentliche Korrekturen gefallen lassen (ausführlicher in Köhler 1987, S. 285ff.). Zunächst ist es irreführend, die Rezensionen in wissenschaftlichen und nicht-wissenschaftlichen Publikationsorganen ungesondert zu betrachten und diese unterschiedslos zur Berechnung des durchschnittlichen Abstands bis zum Erscheinen der Besprechung heranzuziehen; Freuds vorgebrachte und von Jones wiederholte Klage hatte die anfängliche Nichtbeachtung in Kreisen der Wissenschaft zum Gegenstand (s.o., vgl. auch »Zur Geschichte der psychoanalytischen Bewegung«, 1914d; GW X: 60).

Weiter muß man deutlich zwischen Rezensionen der großen Schrift *Die Traumdeutung* und des Aufsatzes *Über den Traum* (1901a) unterscheiden, da diese einen sehr unterschiedlichen Stellenwert im Freudschen Werk einnehmen und auch unter gänzlich anderen Bedingungen publiziert wurden. Schließlich, und hier handelt es sich nun um ausgesprochene Fehldarstellungen durch die kritische Freud-Biographik, sind die Rezensionen – wenigstens die der *Traumdeutung* – im allgemeinen recht wenig kompetent, die daraus wiedergegebenen Ausschnitte entgegen der Behauptung Sulloways (1982, S. 480) keineswegs repräsentativ.

Die erste Besprechung der *Traumdeutung* in einem wissenschaftlichen Publikationsorgan erschien Ende März/Anfang April 1901 in der *Vierteljahresschrift für wissenschaftliche Philosophie* (Mentz 1901), eine zweite Ende Mai 1901 in der *Zeitschrift für Psychologie und Physiologie der Sinnesorgane* (Stern 1901); im selben Jahr, aber später, folgten noch drei weitere Rezensionen, und zwar im *Archiv für Kriminal-Anthropologie und Kriminalistik* (Näcke 1901), im *Centralblatt für Nervenheilkunde* (Weygandt 1901), im *Centralblatt für Philosophie und spekulative Theologie* (Schneider 1901); 1903 wurde die erste Auflage der *Traumdeutung* schließlich noch von Flournoy in *Archives de*

Psychologie besprochen. Eine weitere (siebente) Rezension in Zeitschriften aus den Gebieten Philosophie und Theologie, Psychologie, Neuropsychiatrie, parapsychologische Forschung und Kriminalanthropologie läßt sich weder aus dem Literaturverzeichnis bei Bry und Rifkin noch dem bei Sulloway entnehmen und konnte von mir auch sonst nicht ausgemacht werden. Hinzu kommt eine (insgesamt ablehnende) Besprechung in einem Sammelreferat über die Freudschen Schriften durch Friedländer (1907a); diese wird, da nicht zu den frühen Rezensionen zu rechnen, hier übergangen.

Da *Die Traumdeutung* laut Jones (Bd. 1, S. 417) am 4. November 1899 erschien, hatte Freud, der seinem Freund Fließ am 24.3.1901 für die Übersendung einer Rezension in der Zeitschrift *Der Tag* dankte, korrekt den Stand der Dinge wiedergegeben, als er schrieb: »Ich war sehr überrascht, denn des 1½ Jahre alten Buches hat sich seit den Dir bekannten Zeitungskritiken noch kein Blatt, am wenigsten ein wissenschaftliches Periodical angenommen.« (Freud 1985a, S. 483)

Insgesamt war also die erste Auflage der *Traumdeutung* sechsmal in wissenschaftlichen Zeitschriften besprochen worden, dabei nur dreimal in eigentlich einschlägigen Fachorganen, nämlich solchen, die sich an Psychologen und Mediziner, speziell an Psychiater wandten; der durchschnittliche Abstand zwischen Erscheinen des Werkes und dieser Rezensionen betrug etwa zwei Jahre. Durch Vergleich mit der Rezeption anderer Schriften Freuds lassen sich diese Zahlen sofort in ihrer Bedeutung erkennen: Die *Studien über Hysterie*, die Mitte Mai 1895 veröffentlicht wurden, wurden bis Ende des Jahres 1896 bereits fünfmal in einschlägigen wissenschaftlichen Zeitschriften rezensiert, unter anderem in der bekannten englischsprachigen Zeitschrift *Brain* (Clarke 1896, außerdem Bleuler 1896, Strümpell 1896, Umpfenbach 1896, Infeld 1896); weiter war der berühmte Nervenarzt Richard von Krafft-Ebing, Ordinarius für Psychiatrie in Wien, in seinem Artikel »Zur Suggestionsbehandlung der Hysteria Gravis« (1896) genauer auf die von Breuer und Freud vorgetragenen Thesen eingegangen. Die 1904 in Buchform erschienene *Psychopathologie des Alltagslebens* wurde binnen eines Jahres nicht weniger als siebenmal in medizinischen Fachzeitschriften besprochen (Ziehen 1904, Haenel 1904, Möbius 1904, Ladame 1904, Weygandt 1904, Cimbal 1904, Anonymus 1904). Die zweite Auflage der *Traumdeutung*, erschienen 1909, als Freud bereits sehr viel bekannter war, wurde anders als die erste Auflage sehr prompt rezensiert, nämlich noch im Erscheinungsjahr allein in fünf medizinischen oder psychologischen Zeitschriften; die dritte Auflage, bereits 1911 nötig, wurde binnen eines Jahres in acht medizinischen und zwei nicht-medizinischen Fachorganen besprochen (vgl. Elliger 1986, S. 152f.). Vor allem aber erhielt der Essay *Über den Traum* (1901a) 19 Rezensionen, und zwar ausschließlich in medizinischen, speziell psychiatrischen Fachzeitschriften, wobei der durchschnittliche Zeitraum zwischen Erscheinen der Schrift und der Besprechung acht Monate betrug (vgl. Bry und Rifkin 1962, S. 20f.), also nur ein Drittel des entsprechenden Zeitraums für die *Traumdeutung*. Bry und Rifkin begründen die verschiedene Rezeptionsgeschichte wie folgt: Die *Traumdeutung* sei in nicht-medizinischen Zeitschriften rezensiert worden, »weil das Thema nicht für eine Besprechung im Rahmen der medizinischen Literatur paßte. Der Essay *Ueber den Traum* wurde dagegen in medizinischen und psychiatrischen Zeitschriften besprochen, weil er in einer Schriftenreihe [Leopold Löwenfelds *Grenzfragen des Nerven- und Seelenlebens*] mit dem Wort ›Nerven-‹ im Titel erschien.« (1962, S. 23, zitiert in deutscher Übersetzung nach Sulloway 1982, S. 615). Abgesehen davon, daß *Die Traumdeutung* auch so gut wie nicht in wissenschaftlichen Fachzeitschriften außerhalb des medizinischen Gebiets rezensiert wurde, ist der erste Teil der Beweisführung deshalb nicht stichhaltig, weil die *Psychopathologie des Alltagslebens*, die thematisch noch sehr viel weniger in den Bereich der Medizin gehörte, in den einschlägigen Fachorganen rasch und häufig rezensiert wurde (siehe oben) und auch die zweite und dritte Auflage der *Traumdeutung*, an deren inhaltlicher Zuordnung sich ja nichts geändert hatte, ausgesprochen oft in speziellen medizinischen Publikationsorganen Rezensionen erhielt (s. o.). Der zweite Teil von Bry und Rifkins Argumentation kommt dem eigentlichen Sachverhalt wohl viel näher: Offensichtlich war es weniger der Inhalt, der zu so zahlreichen Besprechungen herausforderte, als vielmehr die Tatsache, daß der Aufsatz in einer renommierten medizinischen Schriftenreihe erschien, deren einzelne Ausgaben man schwerlich unrezensiert lassen konnte. In keinem Fall ist es schließlich legitim, die beiden Schriften Freuds in einem Atemzug zu nennen und damit gewissermaßen als austauschbar anzusehen: Der Aufsatz besitzt bei aller Klarheit und Gewandtheit nicht annähernd den geistigen Tiefgang der *Traumdeutung*, läßt auch die für die weitere psychoanalytische Theorie grundlegenden metapsychologischen Überlegungen weg, wurde von Freud offenbar sehr lustlos abgefaßt (vgl. Freud 1950a, S. 279, Freud 1985a, S. 469) und wird schließlich auch im autobiographischen Werk nicht erwähnt.

Wie wenig Freuds Hauptwerk – sicher heute eines der meistgekauften wissenschaftlichen Werke überhaupt – zu Beginn zur Kenntnis genommen wurde, läßt sich vielleicht am genauesten aus den Verkaufszahlen ersehen: Obwohl die erste Auflage der *Traumdeutung* ohnehin nur 600 Exemplare umfaßte – die 1891 erschienene, mehr oder weniger ausschließlich an Neurologen adressierte Schrift *Zur Auffassung der Aphasien* wurde nach Jones (Bd. 1, S. 257) immerhin in 850 Exemplaren aufgelegt (von denen übrigens der Großteil später eingestampft werden mußte) –, war die erste Auflage erst nach etwa acht Jahren abgesetzt. Nachdem Ende 1901 351 Exemplare verkauft waren (Jones Bd. 1, S. 417), umfaßte der spätere durchschnittliche Jahresabsatz somit etwa 30 bis 40 Stück. Da Freud ab den Jahren 1906 / 1907 zusehends bekannter wurde, dürften die jährlichen Verkaufszahlen der *Traumdeutung* in den Jahren 1902 bis 1905 noch deutlicher darunter gelegen haben; alles dies, obwohl Freud in der sehr viel mehr gelesenen *Psychopathologie des Alltagslebens* vom Jahre 1904 mehrfach Bezug auf die *Traumdeutung* nahm und dank Löwenfelds Angebot, in Form des Essays *Über den Traum* eine Zusammenfassung der Traumlehre in einer renommierten Schriftenreihe herauszugeben, die wissenschaftliche Fachwelt nachdrücklich auf die große Veröffentlichung hingewiesen worden war. Mehr oder weniger unhaltbar erscheint Sulloways Annahme, daß der Essay der umfangreichen *Traumdeutung* gewissermaßen die Leser geraubt habe (vgl. Sulloway 1982, S. 482 f.). Dazu waren die Werke zu verschieden, *Die Traumdeutung* sehr viel weitergehender Natur, worauf auch Freud nachdrücklich in dem Aufsatz hingewiesen hatte (vgl. GW II / III: 699 f.); im Gegenteil möchte ich annehmen, daß die Lektüre der kleinen Schrift eher zum Studium der *Traumdeutung* hätte anregen sollen.

Was nun den Inhalt der Rezensionen angeht, so waren zumindest die Besprechungen der zugegebenermaßen nicht einfach zu verstehenden *Traumdeutung* im allgemeinen alles andere als kompetent: Stern (1901) und Mentz (1901) erläutern nicht das wesentliche Konzept der Traumarbeit, weder in der Besprechung von Näcke (1901) noch in der von Weygandt (1901) taucht überhaupt der Begriff des Unbewußten bzw. unbewußt auf! Alle Rezensenten dürften das zentrale Kapitel »Zur Psychologie der Traumvorgänge« bestenfalls überflogen haben. Schneider (1901) führt kurz in die Geschichte der Traumforschung ein, lobt den nicht spekulativen Charakter der *Traumdeutung* und gibt den Inhalt (besser: das Inhaltsverzeichnis) dann so wieder:

> »Nachdem die wissenschaftliche Litteratur der Traumprobleme verzeichnet worden ist, folgt die Methode der Traumdeutung, und daran schließt sich das Vorlegen des Traummaterials, der Traumquellen und der Traumarbeit. Das Ende bildet ein Versuch der ›Psychologie der Traumvorgänge‹. Aus dieser kurzen Inhaltsangabe

ist bereits zu sehen, wie reichhaltig der hier zusammengetragene und wissenschaftlich verarbeitete Stoff ist. Wir fügen hinzu, daß die Behandlung der einschlägigen Fragen eine durchaus nüchterne, positive und auch durch die Klarheit der Ausdrucksweise anziehend ist.« (a.a.O., S. 476)

In den verbleibenden 17 Zeilen verliert sich der Rezensent mehr oder weniger ganz in seine eigenen Gedanken über Träume. Als kompetent kann man lediglich die übrigens sehr beifällige Besprechung von Flournoy (1903) ansehen.

Schließlich ist es auch völlig verfehlt, anhand der von Sulloway (1982, S. 612f.) wiedergegebenen Ausschnitte der Rezensionen nun die allgemeine Aufnahme von Freuds Traumforschungen als »wohlwollend« zu charakterisieren. Sulloway hat nämlich aus der Besprechung von Stern ausgerechnet jenen Abschnitt zitiert, in dem der Rezensent die übliche Hervorhebung der positiven Aspekte des Werkes unternimmt. Vorausgestellt sind diesen Bemerkungen die von Sulloway hier nicht zitierten Worte: »Wir müssen gestehen, daß diese neuartige Betrachtung des Traumlebens und seine an vielen Stellen vorgenommene Analogisierung zu pathologischen Zuständen uns manche interessanten Perspektiven eröffnet, obgleich die Theorie selbst aus gleich zu besprechenden Gründen Ablehnung finden muß.« (Stern 1901, S. 131) Es folgen die von Sulloway wiedergegebenen Sätze, auf diese dann die eigentliche Stellungnahme des Rezensenten, die Sulloway in diesem Zusammenhang dem Leser unterschlägt (ebenso übrigens Ellenberger):

> »Dagegen muß leider der Hauptinhalt des Buches als verfehlt und unannehmbar bezeichnet werden. Wie nämlich beweist Verf. seine oben geschilderte Theorie? Durch eine Reihe durchgeführter Deutungen von Träumen seiner selbst und seiner Patienten. Diesen Deutungen aber steht der nüchterne Leser zuerst abwartend, dann zweifelnd, endlich aber mit einem immer energischeren Schütteln des Kopfes gegenüber. Die angewandte Methode ist die folgende: [...]
>
> An diesem Verfahren ist nicht weniger als Alles zu bestreiten. Weder ist die ›Selbstbeobachtung‹ eine so einfache Sache, namentlich, wenn man, wie der Verf. durch seine Theorie, und wie seine Patienten durch sehr eindringliche Ausfragung und Belehrung, über den Wunschcharakter des Traumes, beeinflußt ist; noch ist auch nur die geringste Veranlassung dafür vorhanden, in den Wachphantasien eine Wiederholung der Traumarbeit zu sehen und das, worauf jene als End- oder Knotenpunkt zufällig gestoßen, bei dieser als unbewußten Ausgangspunkt anzunehmen. Hier wird einfach eine Be-

hauptung an Stelle des Beweises gesetzt. ›Legt ihr's nicht aus, so legt ihr's unter.‹ [...]

Die Unzulässigkeit dieser Traumdeuterei als wissenschaftlicher Methode mußte mit aller Schärfe betont werden; denn die Gefahr ist groß, daß unkritischen Geistern dieses interessante Vorstellungsspiel behagen könnte und wir damit in eine völlige Mystik und chaotische Willkür hineingeriethen – man kann dann mit Allem Alles beweisen.

Nicht unerwähnt will ich lassen, daß eine Bibliographie von 78 Nummern und eine sehr übersichtliche Einleitung über die bisherigen Erklärungsversuche der Traumphänomene orientiren.

W. STERN (BRESLAU)

(Stern 1901, S. 132f., die ganze Rezension in Cremerius 1981, S. 200ff., ebenso in Kimmerle 1986)

Die Rezensionen des Aufsatzes *Über den Traum* geben sehr viel besser als die der *Traumdeutung* den Inhalt der Schrift wieder, Folge sicher der bewußt populärwissenschaftlich gehaltenen Ausführungen Freuds in dieser verkürzten Darstellung. Weiter sind einige Rezensionen durchaus als beifällig anzusehen, sicher aber nicht alle, etwa die von Liepmann (1901), Pilcz (1902), Marcinowski (1902); Giessler (1902) entwertet seine zunächst sehr wohlwollende Einschätzung der Freudschen Arbeit dadurch, daß er am Ende des Referats nun Freuds zentrale Annahme vom Traum als sinnvoller und zweckgerichteter Tätigkeit anzweifelt:

»Verf. will davon nichts wissen, daß die Träume durch die isolirte Thätigkeit einzelner, aus dem Schlafe geweckter Hirngruppen entstanden sind. Daß der Traum sein Material aus affectvollen und sinnreichen Gedankengängen nimmt, daran kann allerdings nicht gezweifelt werden. Es sind dies die Vorstellungskreise des wachen Lebens. Der Traum zerstückelt aber jene Vorstellungsreihen und setzt die Trümmer in einer Weise zusammen, wie wir sie als unsinnig bezeichnen müssen. Ref. ist daher im Gegensatz zu Fr. der Ansicht, daß der Traumzustand den Zerfall bezeichnet.« (Giessler 1902, S. 230)

Daß trotz insgesamt eher wohlwollender Rezensionen des kleinen Essays Freuds Traumlehre so gut wie keine Beachtung fand, sieht man nicht zuletzt daran, daß Wilhelm Wundt in der 5. Ausgabe seines Standardlehrbuches *Grundzüge der physiologischen Psychologie* aus dem Jahre 1903 in dem mehr als 12 Seiten langen Abschnitt über Schlaf und

Traum (S. 649–661) zwar Freuds Aufsatz *Über den Traum* (nicht »Die Traumdeutung«) anführt, jedoch auf die Freudsche Traumtheorie nicht eingeht (neben sechs anderen Quellen nennt er Freud [1901 a] lediglich als Beleg dafür, daß somatische Reize im Traum verarbeitet werden; Wundt 1903, S. 653, Fußnote 1); dies tat er erst 1911, als sie sich schwerlich mehr übersehen ließ, und bezeichnete sie dort abfällig als »Produkt einer Wiedergeburt alter Traummystik« (nach Elliger 1986, S. 64).

Interessant ist auch, daß Max Isserlin, alles andere als ein Anhänger Freuds und erst recht nicht mit der Absicht, eine psychoanalytische Legendenbildung in die Welt zu setzen, 1910 eine Darstellung von der Rezeption der Psychoanalyse gibt, die dem von Freud in der *Selbstdarstellung* (s. o.) entwickelten »historischen Szenarium« auffallend gleicht:

> »Ein paar Daten seien zunächst in das Gedächtnis zurückgerufen. Nach einigen mehr andeutenden Aufsätzen (1893 von *Breuer* und *Freud*, 1894 von *Freud*, beides im Neurol. Centralblatt) erschienen im Jahre 1895 die für die Bewegung grundlegenden ›*Studien über Hysterie*‹ von *Breuer* und *Freud*. Das Buch erregte wohl Aufsehen, fand aber wenig Anerkennung und blieb zunächst ohne nachhaltigen Einfluß. Ähnlich ging es mit mehreren kleineren Abhandlungen von *Freud*, die nun folgten, und selbst der großen Arbeit über die Traumdeutung, welche 1900 erschien. Auch die Aufsätze über die ›Psychopathologie des Alltagslebens‹ (1901, 1904) vermochten eine allgemeinere Aufmerksamkeit nicht zu fesseln. Erst die letzten größeren Schriften, die drei Abhandlungen zur Sexualtheorie (1905), Bruchstück einer Hysterieanalyse (1905) und ›Der Witz‹ (1905) fallen in eine Zeit, in der *Freud*s Gedankengänge weiteren Kreisen zugänglich werden. Aber nicht diese Schriften sind es zunächst, welche ein allgemeineres Interesse finden, sondern es sind die Bemühungen der Züricher Klinik, *Freud*sche Lehren mit Hilfe des Assoziationsexperiments zu sichern, welche einen stärkeren Widerhall hervorriefen. Seitdem stehen wir allmählich in einer Flut von Schriften für und gegen *Freud*.« (Isserlin 1910, S. 53; Hervorhebungen im Original)*

Was die Rezensionen der *Drei Abhandlungen zur Sexualtheorie* betrifft, so sind einige von diesen in der Tat sachverständig geschrieben

* Daß »Freud immer noch nicht zu einer gerechten Anerkennung und Würdigung« gelangt sei, schreibt auch Jung (1907, S. 2 f.), und Muthmann konstatiert ebenfalls 1907, daß die Darlegungen Freuds erst in der »allerletzten Zeit« in weiteren Kreisen Beachtung gefunden hätten (Muthmann 1907, S. 1).

und begrüßen ausdrücklich die Freudschen Beiträge, etwa Eulenburg (1906), Numa Praetorius (1906), Mayreder (1906), Meyer (1906). Allerdings sei noch einmal darauf hingewiesen, daß sich Freud und Jones bei der Schilderung der Ablehnung der Sexualtheorie nie auf die Rezensionen bezogen hatten, sondern eine Eindrucksbeschreibung von häufig nicht protokollierten Äußerungen gaben. Dennoch soll es nicht unerwähnt bleiben, daß einige der Rezensenten, vor allem der zweiten Auflage aus dem Jahre 1910, aus ihrer Ablehnung kein Hehl machten, etwa Fischer (1910), Levy-Suhl (1910), insbesondere aber Birk:

> »[...] liegt die bekannte Auffassung des Verf. zugrunde, daß die nervösen und psychischen Störungen des Körpers mehr oder weniger aus Störungen und Anomalien des Sexuallebens entspringen. Mit dieser Auffassung hat er sich bereits mit den Neurologen und Psychiatern in entschiedensten Widerspruch gesetzt. Wenn er nun in diesen 3 Abhandlungen versucht, auch das ganze Tun und Treiben eines *Kindes* als Äußerungen seines Sexuallebens hinzustellen, so dürfte er demselben Widerspruch bei den Kinderärzten begegnen.
>
> Die Bewertung des sexuellen Momentes in der Art und Weise, wie es der Verf. tut, geht über das Maß des Diskutierbaren hinaus. Außerdem aber ist eine um so schärfere Kritik und Ablehnung am Platze, als es nicht eigene Beobachtungen an Kindern sind, die er vorträgt, sondern reine Konstruktionen, Theorien, die er vom Erwachsenen abstrahiert und auf das Kind überträgt; [...] Ein anderes Beispiel für die grotesken Übertreibungen sind die Worte, die er über die Rolle der Analgegend für die Sexualität des Säuglings schreibt: [...]
>
> Diese beiden Proben, die wir hier herausgriffen, sind weder etwas vereinzeltes, noch etwas exzeptionelles, sondern das ganze Buch ist auf denselben Ton gestimmt. Aber sie genügen gewiß, um diese neueste Bereicherung der Literatur des Kindesalters in das rechte Licht zu rücken.« (Birk 1910, S. 190f.; Hervorhebung im Original)

Und Hofrat Dr. A. Friedländer schreibt am Schluß eines Sammelreferats über Freuds neuere Abhandlungen zur Neurosenfrage:

> »Bieten die Hysteriestudien u. a. vereinzelte Angriffspunkte, die mehr die therapeutische Methode als die Theorien betreffen, so weiß ich für die ›3 Abhandlungen‹ nichts zu sagen. Was *Freud* über die infantile Sexualität denkt, das fiel mir schon schwer zu referieren. Eine Kritik erübrigt sich – wie ich fürchte.
>
> Ich sage absichtlich ›fürchte‹. Sexualität bei den Neurosen, Sexualität im Wachen, im Unbewußten, im Denken und Träumen, zu-

weilen auch beim Vergessen und Versprechen, Sexualität bei kleinsten Kindern, die so raffinierte Lüstlinge sind, daß sie die Exkremente zurückbehalten, um die sexuelle Reizbarkeit der Afterzone auszukosten. Säuglinge, die so lange ›ludeln‹, bis sie in eine Art von Orgasmus verfallen (siehe die *wörtlichen* Zitate im Referat) – das beweist ein Ausbauen der sexuellen Theorien *Freuds*, ein Überwuchern der eigenartigen Phantasie über seine bis datum anzuerkennende Verstandestätigkeit, eine Überwertigkeit von Ideen mit sexuellem Inhalt..., dass ich für sein ganzes Gebäude fürchte, wenn er nicht an den Satz denkt: Ne nimis..., wenn er nicht zu der Denkmethode zurückkehrt, der er sein Ansehen, der wir fruchtbare Anerkennung und Belehrung verdanken, zu dem Denken in der Realität, nicht zum Phantasieren in der Sexualität.« (Friedländer 1907a; Hervorhebungen im Original)

Sulloways apodiktisch vorgebrachte Behauptung: »Von besonderer historischer Bedeutung ist, daß kein Rezensent Freud wegen seiner Erörterung des infantilen Sexuallebens kritisierte, wenn manche Autoren in diesem Zusammenhang auch seine speziellen Behauptungen über die oralen und analen erogenen Zonen in Frage stellten« (1982, S. 614), wäre angesichts der beiden hier auszugsweise wiedergegebenen Besprechungen (die Sulloway übrigens in seinem umfangreichen Literaturverzeichnis nicht aufführt), wohl doch besser etwas zurückhaltender formuliert worden.

Besonders aufschlußreich sind die Besprechungen zu Freuds Darstellung des »Dora«-Falles (»Bruchstück einer Hysterie-Analyse«, 1905e), da Freud solche darin auftretenden Reaktionen bereits bei der Abfassung der Schrift antizipiert hatte:

»In dieser einen Krankengeschichte, die ich bisher den Einschränkungen der ärztlichen Diskretion und der Ungunst der Verhältnisse abringen konnte, werden nun sexuelle Beziehungen mit aller Freimütigkeit erörtert, die Organe und Funktionen des Geschlechtslebens bei ihren richtigen Namen genannt, und der keusche Leser kann sich aus meiner Darstellung die Überzeugung holen, daß ich mich nicht gescheut habe, mit einer jugendlichen weiblichen Person über solche Themata in solcher Sprache zu verhandeln. Ich soll mich nun wohl auch gegen diesen Vorwurf verteidigen? Ich nehme einfach die Rechte des Gynäkologen – oder vielmehr sehr viel bescheidenere als diese – für mich in Anspruch und erkläre es als ein Anzeichen einer perversen und fremdartigen Lüsternheit, wenn jemand vermuten sollte, solche Gespräche seien ein gutes Mittel zur Aufreizung oder zur Befriedigung sexueller Gelüste.« (GW V: 165 f.)

Die Arbeit ist, soweit mir bekannt, gesondert in vier deutschsprachigen Zeitschriften sowie in bereits erwähntem Sammelreferat von Friedländer (1907 a) besprochen worden, schließlich auch sehr beifällig in einem Sammelreferat Freudscher Arbeiten im *Psychological Bulletin* (Anonymus 1906); einige weitere Autoren beziehen sich in ihren Auseinandersetzungen mit der Psychoanalyse nicht zuletzt auf diese Schrift Freuds (s. u.). Die Rezension von Umpfenbach (1906) leistet eine sachliche Darstellung des Inhalts und enthält sich jeglichen wertenden Kommentars; Infeld (1907) lobt viele »ausgezeichnete Bemerkungen«, kann die Beweisführung im ganzen aber wenig überzeugend finden. Die Besprechung von Oswald Bumke, der in den Auseinandersetzungen mit der Psychoanalyse später eine bedeutende Rolle spielen sollte, läßt schon in den ersten Sätzen keine Zweifel über die Stellungnahme des Rezensenten aufkommen: »Warum wohl Fr. diese Arbeit ein ›Bruchstück‹ genannt hat? Es ist ein ganzes großes Gebäude, an dem keine Verzierung vergessen ist; allerdings das Baumaterial ist brüchig, denn es besteht aus Hypothesen, und schon dem Fundament werden nicht viele vertrauen.« (Bumke 1906, S. 168) Er stellt dann sehr verkürzt einige Beispiele für Freuds Deutungen dar und schließt die Rezension mit den unmißverständlichen Worten: »Fr. fürchtet selbst, diese Analyse werde bei dem ärztlichen Leser ausser dem Unglauben Befremden und Grauen erregen – die Leser dieser Jahrbücher werden dabei vielleicht an *Rieger's* Wort von der ›einfach schauderhaften Altweiberpsychiatrie‹ (vgl. Jahrbh. CCLI p. 196) denken, in dem diese Empfindungen zu einem ziemlich deutlichen Ausdruck gebracht worden sind.« (a. a. O., S. 169; Name im Original hervorgehoben)

Sehr dezidiert drückt sich auch Spielmeyer 1906 im *Centralblatt für Nervenheilkunde und Psychiatrie* aus:

»›Wer Augen hat, zu sehen, und Ohren, zu hören, überzeugt sich, daß die Sterblichen kein Geheimnis verbergen können. Wessen Lippen schweigen, der schwätzt mit den Fingerspitzen; aus allen Poren dringt ihm der Verrat. Und darum ist die Aufgabe, das verborgenste Seelische bewusst zu machen, sehr wohl lösbar.‹ (S. 436)

Man kann wohl von Glück sagen, dass bei nur Wenigen die Fähigkeit, dieses verborgenste Seelische zu enthüllen, in so eigenartiger Weise entwickelt wird, wie bei Professor *Freud* in Wien. Es ist doch zum mindesten erstaunlich, mit welcher Behendigkeit F. alle möglichen, scheinbar belanglosen Handlungen, an denen ›wir gewöhnlich achtlos vorübergehen‹, ihrer symbolischen Hülle entkleidet.« (Spielmeyer 1906 a, S. 322; Name im Original hervorgehoben)

Und nachdem er die Freudschen Deutungen einiger Symptomhandlungen, der beiden Träume und der wesentlichen Symptome aus dem »Bruchstück einer Hysterie-Analyse« ironisierend und so stark verkürzt wiedergegeben hat, daß sie in der Tat ausgesprochen absurd wirken, schließt er die Besprechung:

»Vielleicht genügen schon diese spärlichen Mitteilungen des Referates, um bei den ärztlichen Lesern ›Befremden‹ hervorzurufen, was *Freud* selber bei diesem letzten Stücke seiner Analyse für möglich hält. Der ›Wohlanständigkeit dieser Herren‹ gegenüber sei deshalb betont, dass Professor *Freud* häufig die Genugtuung erfahren hat, ›von einer Patientin, der die Offenheit in sexuellen Dingen anfänglich nicht leicht geworden, späterhin den Ausruf zu hören: ›Nein, Ihre Kur ist doch um vieles anständiger als die Gespräche des Herrn X!‹

Wenn nur Herr X. keine Hysterie-Analyse schreibt!« (a.a.O., S. 324; Name im Original hervorgehoben)

Auf diese Rezension hin schrieb Eugen Bleuler an die Redaktion einen Brief, der einige Wochen später in der Zeitschrift abgedruckt wurde: Wer die Freudschen Arbeiten nachgeprüft habe, denke darüber anders, wer sie nicht nachgeprüft habe, habe auch »kein wissenschaftliches Recht darüber zu sprechen«. (Bleuler 1906) Darauf gab Spielmeyer eine Erwiderung, die in derselben Ausgabe der Zeitschrift abgedruckt wurde:

»Die Redaktion dieses Zentralblattes hat mir die vorstehende Zuschrift zu meinem Referate über *Freud*'s ›Bruchstück einer Hysterieanalyse‹ (15. IV., S. 322) zur Kenntnisnahme gütigst übersandt. Ich habe darauf folgendes zu erwidern:

Es soll gewiss nicht bezweifelt werden, dass von verfeinerten psychologischen Untersuchungen wichtige Aufschlüsse über das normale und kranke geistige Geschehen auch aus scheinbar belanglosen Aeusserungen zu erhoffen sind. Mit aller Entschiedenheit sollte aber in diesem Referate gegenüber den Tendenzen *Freud*'s, überall nur nach dem sexuellen Momente zu fahnden, Stellung genommen werden. Aus prinzipiellen Gründen müssen wir den *Freud*'schen Analysen ihre Beweiskraft absprechen, da sich mit Hilfe so willkürlicher Kombinationen, wie sie *Freud* für seine Deutungen braucht und von denen das Referat einige Proben geben sollte, psychologische Beziehungen nach allen möglichen Richtungen, nicht nur nach der sexuellen, konstruieren lassen. Deshalb nehmen wir auch das Recht für uns in Anspruch, über Arbeiten vom Typus der *Freud*'schen Analyse absprechend zu urteilen. Es bedarf dazu nicht erst an Tausenden von Einzelbeobachtungen der Nachprüfung der dort in so befremdendem Tone vorgetragenen Anschauungen und Methoden. Wer sich in diesem Umfange mit einer Nachuntersuchung dieser Dinge beschäftigt, erkennt damit schon ihre wissenschaftliche Berechtigung an, ebenso wie derjenige die Möglichkeit telepathischer und spiritistischer Phänomene zugibt, der sich mit ihnen in ernstgemeinten Versuchen befasst.

Wir sehen auch nicht, woher der Arzt das Recht zu solchen Explorationen mit den ihm anvertrauten Kranken – die Kranke *Freud*'s war ein 17jähriges Mädchen – nimmt. Die psychotherapeutischen Erfolge, die diese Art von Analyse allein rechtfertigen könnten, beruhen unserer festen Ueberzeugung nach nicht auf der Anwendung dieser oder jener Methode, sondern lediglich auf dem suggestiven Einfluss der ärztlichen Persönlichkeit. Dass gewisse weibliche abnorme Individuen sich dem Einfluss der *Freud*'schen Methode, die das ganze sexuelle Phantasieleben mächtig aufrührt, gerne hingeben, soll nicht bezweifelt werden; wir halten aber die Anwendung solcher Methoden für unerlaubt und die Gefahren dieser ›analytischen Kur‹, die für die Patientinnen einer psychischen Onanie mehr wie ähnlich sein kann, gegenüber den therapeutischen Erfolgen für ausserordentlich gross.« (Spielmeyer 1906b; Name im Original hervorgehoben)

Nach einem im Mai 1906 gehaltenen Vortrag erschien im September 1906 ein Artikel von Gustav Aschaffenburg mit dem Titel: »Die Beziehungen des sexuellen Lebens zur Entstehung von Nerven- und Geisteskrankheiten«. Er widmet sich zunächst dem Thema der Onanie, wobei auch Freuds Theorie der Aktualneurosen kritisch kommentiert wird, und beschäftigt sich im weiteren fast ausschließlich mit der Freudschen Annahme von der sexuellen Ätiologie der Hysterie:

»Wer die *Freud*schen Veröffentlichungen aus den letzten 12 Jahren verfolgt hat, wird sich über die Betonung des sexuellen Vorstellungslebens nicht wundern. Hat *Freud* es doch in seinem neuesten Werke so weit gebracht, Onanie und sexuelle Perversion schon im Säuglingsalter nachzuweisen und aus diesen psychischen Erlebnissen für die weitere Entwicklung des Individuums die wichtigsten Schlüsse zu ziehen.

So lange *Freud* mit seiner Behauptung allein stand, konnte man sich darauf beschränken, seinen zweifellos recht interessanten Gedankengängen nachzugehen, vielleicht auch, wenn man sich dazu berufen fühlte, an einem oder dem anderen Falle den Wert seiner Theorie und seiner Behandlungsmethode zu versuchen. Nachdem aber neuerdings namhafte Autoren, unter denen ich besonders neben *Loewenfeld* und *Hellpach* die Züricher Psychiater *Bleuler* und *Jung* nennen will, für *Freud* eingetreten sind, dürfte es an der Zeit sein, zu den *Freud*schen Behauptungen auch öffentlich Stellung zu nehmen.« (Aschaffenburg 1906, S. 1795 f.; Namen im Original hervorgehoben)

Nachdem er – übrigens recht treffend – Freuds Lehre von der Verdrängung und der Konversion dargestellt und Freuds Verdienst, die psychische Krankheit Hysterie von der psychischen Seite anzugehen, hervorgehoben hat, kritisiert er zunächst die Freudschen Forschungsmethoden und unter beifälligem Hinweis auf Spielmeyer (1906 a) Freuds Deutungen. Er nimmt dann gegen das Therapieverfahren und die freie Assoziation Stellung:

»Ich halte diese Dressur, seinen Gedanken ziellos freien Lauf zu lassen, für ausserordentlich ungeeignet bei solchen Kranken, bei denen es gerade unsere Pflicht ist, sie zu einem klaren, ruhigen und vor allem zu einem objektiven Denken zu erziehen. Neben diese Schattenseiten der *Freud*schen Methode möchte ich als dritte die starke Bevorzugung der sexuellen Gesprächsgegenstände stellen. Es gehört wirklich nicht zu den Annehmlichkeiten, wenn man gezwungen ist, etwa in einem Falle von perverser Sexualempfindung oder bei der Begutachtung von Sittlichkeitsverbrechern sich mit allen Einzelheiten des sexuellen Lebens zu beschäftigen. Aber immerhin ist das noch etwas anderes, wie dieses behagliche Breittreten der intimsten sexuellen Einzelheiten und alles dessen, was eine Kranke sich vom sexuellen Leben vorstellt.

Auf die Gefahr hin, von *Freud* und seinen Anhängern für unwissenschaftlich erklärt zu werden, muss ich gestehen, dass mir die Breite, mit der *Freud* in dem Falle, den er in seiner Arbeit: Bruchstück einer Hysterieanalyse schildert, das Geschlechtsleben erörtert und die Einzelheiten, über die dabei gesprochen wurde, zumal bei einer 18jährigen Patientin, einen nachhaltigen Widerwillen erregt haben. Und doch würde mich das nicht einen Moment verhindern können, die Methode anzuwenden, wenn ihr Erfolg so überaus glänzend und sie ausserdem die einzige wäre, die zum Ziele führt.

Das ist aber nicht der Fall.« (Aschaffenburg 1906, S. 1797; Namen im Original hervorgehoben)

Aschaffenburg führt aus, daß die Erfolge Freuds als unspezifischer Psychotherapieeffekt anzusehen seien, und fährt fort:

»*Freud* hat niemals veröffentlicht, wie viele Fälle er mit seiner Methode behandelt und welche Erfolge er erzielt hat. Ich bin sicher, dass seine Erfolge sogar überraschend grosse sind. Aber ich behaupte, dass die gleichen Erfolge für jeden zu erreichen sind, der Psychotherapie zu treiben versteht, und der, so befähigt, die zur Behandlung erforderliche Zeit seinen Kranken widmet. Er wird dabei auch das Gebiet des Geschlechtslebens nicht außer Acht lassen dürfen, aber er wird bestrebt sein müssen, die Aufmerksamkeit der Kranken von dem sexuellen Leben und den damit verknüpften Vorstellungen *abzulenken*, nicht aber geradezu darauf hinzulenken.

Der Arzt hat vor allem die Pflicht, nicht zu schaden, und diese Gefahr kann bei der *Freud*schen Methode unmöglich vermieden werden. So wenig wie man vor der Lebensgefahr einer Operation zurückschrecken wird, wenn sie das einzige Mittel zur Rettung ist, so wenig dürften alle Bedenken uns von der Anwendung des *Freud*schen Heilverfahrens abhalten, wenn es das einzige Mittel wäre, die Kranken der Genesung entgegenzuführen. Aber gerade das halte ich für falsch. Wir wollen gerne von *Freud* lernen, dass es unsere Pflicht ist, das ganze Denken und Handeln unserer Kranken sorgfältig zu analysieren; aber ich halte es ebenso für unsere Pflicht, den bedenklichen Uebertreibungen und Einseitigkeiten *Freuds* aufs allerentschiedenste entgegenzutreten. Seine Methode ist – davon haben mich Versuche und Erfahrungen überzeugt –, für die meisten Fälle unrichtig, für viele bedenklich und für alle – entbehrlich.« (a. a. O., S. 1798; Hervorhebungen im Original)

Friedländer (1907a) bespricht in dem schon erwähnten Sammelreferat das »Bruchstück einer Hysterie-Analyse« ausführlich und kommentiert:

»Auf eine eingehendere Kritik muß ich leider verzichten; denn wenn ich gestehe, daß mir die weiteren Mitteilungen in dem ›Bruchstück‹, aus denen hervorgeht, daß *Freud* die Aphonie auf die verdrängten Vorstellungen sexuelle Impotenz des Vaters und sexuellen Verkehr per os betreffend usw. bezieht, sowohl ›Unglauben wie Befremden‹ (siehe Seite 414) erzeugten, so gestehe ich damit gleichzeitig ein, daß ich eben zu denen gehöre, die von der ›Unvermeidlichkeit der Berührung sexueller Themata‹ in dieser Form ebensowenig überzeugt sind, wie davon, daß bei ›keiner Hysterie Gedankenunschuld und bei keiner die Gefahr besteht, ein unerfahrenes Mädchen zu verderben‹ (Seite 415). Hätten wir aber wirklich diese Ansicht von allen Hysterischen, dann wäre es erst recht unsere Pflicht, diese sexuellen Gedankengänge zur Ausschaltung zu bringen und nicht breitzutreten.

Gelänge selbst – nur auf diesem Wege – die Abreaktion hysterischer Symptome, so hat die Patientin für ihr unbewußt gebliebene Situationen eine bewußte ›Kenntnis und ein Wissen‹ dafür eingetauscht, das sie von jedem eher als von ihrem Arzte erhalten darf.« (Friedländer 1907a, S. 212; Name im Original hervorgehoben)

In seiner »Schluß-Kritik« betont er:

»*Freuds* Methode aber verstümmelt (ihm sicherlich unbewußt) sittlich, selbst die ›wissenden Hysterischen‹; seine Methode bietet nicht nur den Fachgenossen, sondern auch dem Laienpublikum, das solche Arbeiten im Original oder aus Zeitungsberichten kennen lernt, Material, aus dem Angriffe gegen die Ethik des Arztes im allgemeinen geschmiedet werden können. Nicht jede Psychoanalyse bei Neurotikern kann und darf eine Sexualanalyse sein; eine Hysterische mag noch so viel ›wissen‹, meiner Überzeugung nach darf der Arzt über dies Wissen mit ihr keine Unterhaltungen pflegen, besonders dann nicht, wenn es auch ohne dies geht. Ich fürchte, wenn diese so bekannt gewordene Methode ohne ernsten Protest geblieben wäre, lag die Gefahr nahe, daß Eltern ihre Töchter lieber ihr Leben lang krank, als für 6 bis 36 Monate (siehe oben) einer solchen sexual-analytischen Methode überantwortet gesehen ließen.« (a.a.O., S. 213; Name im Original hervorgehoben; ähnlich in Friedländer 1907b, S. 954, 1907c, S. 52ff., 1910, S. 81)

Schließlich einige Jahre später dann Hoche in seinem Vortrag »Eine psychische Epidemie unter Aerzten«:

»Es ist mir immer rätselhaft geblieben, wie man die ungeheuerlichen Deuteversuche, z.B. in *Freuds* ›Bruchstück einer Hysterieanalyse‹ und die Auffassung von der Analerotik der Säuglinge und die Inzestphantasien der Kinder überhaupt jemals hat ernst nehmen können.

[...]

Das Hinzerren auf das Sexuelle, die Züchtung einer dauernden Sexualatmosphäre im Individuum durch tägliches Aufrühren dieser

Dinge und Hineinreden in den Patienten ist zweifellos für jeden ruhig denkenden, nicht fanatisierenden Arzt eine in höchstem Maße bedenkliche Prozedur. Wenn die Anhänger der Lehre den Gegnern vorwerfen, daß sie nicht mitreden könnten, solange sie nicht sich jahrelang im gleichen Sinne bemüht hätten, so ist darauf einfach zu erwidern, daß es eben Behandlungsmethoden gibt, die man, unabhängig von jeder Theorie, für *ärztlich unerlaubt* hält, und wenn heute z. B., was ja nicht unmöglich wäre, irgendwo die Theorie auftauchte, daß man nervöse und psychische Zustände durch Verordnung von Onanie zu heilen vermöchte, so würde ich auch diese therapeutische Mode nicht mitmachen, ohne mir durch diesen Verzicht das Recht einer Meinung ›wegen Mangels an eigner Erfahrung‹ nehmen zu lassen.« (Hoche 1910, S. 1008f.; Hervorhebungen im Original)

Eschenröder (1986, S. 169) spricht von den »gründlichen historischen Forschungen« Ellenbergers und Sulloways. Diesem Urteil kann ich mich nicht anschließen, wenn man bedenkt, daß die hier ausschnittweise wiedergegebenen Arbeiten von Isserlin (1910), Birk (1910), Friedländer (1907a), Spielmeyer (1906a, b), Bumke (1906) von den Autoren nicht erwähnt und auch im Literaturverzeichnis nicht angeführt werden, obwohl diese Beiträge für die Rezeption der Psychoanalyse alles andere als belanglos sind.

Unter Mißachtung solch wichtiger Quellen und inhaltlicher Fehlinterpretation von anderen (etwa Stern 1901) ist es natürlich für Sulloway leicht, »krasse Widersprüche zwischen den tatsächlichen historischen Fakten und der traditionellen Darstellung von Freuds Aufnahme« zu entdecken; erneute Quellensichtung läßt vielmehr die psychoanalytische Geschichtsschreibung als zuweilen überzeichnend, tendenziell aber durchaus als korrekt erscheinen (vgl. auch Elliger 1986, S. 82f., der unter anderem nach Durchsicht traditioneller Lehrbücher und Standardwerke der Psychologie zu einem sehr ähnlichen Urteil gelangt). Sulloways Resümee:

»Das alles soll nicht besagen, daß Freud und seine Theorien auf keinen wie immer gearteten Widerstand von Bedeutung getroffen wären, denn das war in der Tat der Fall, besonders seitdem die psychoanalytische Bewegung die Triebkraft einer Organisation entfaltete. Worauf es mir hier ankommt, ist der Umstand, daß starker Widerstand nicht die anfängliche Reaktion auf Freuds Theorien war; und der Widerstand stützte sich auch in keinem Fall auf das angebliche Triumvirat von sexueller Prüderie, Neuerungsfeindschaft und Antisemitismus, das das traditionelle historische Szenarium auf dem Gebiet beherrscht.« (1982, S. 616)

nimmt man beifällig in seinen ersten Sätzen zur Kenntnis. Um den apodiktischen weiteren Behauptungen beizustimmen, wird man bessere Belege fordern müssen.

5. Ein historisches Dokument und seine Wiedergabe: Freuds Gutachten und Aussage vor der Kommission zur Erhebung militärischer Pflichtverletzungen (»Wagner-Jauregg-Prozeß«)

Die im biographischen Kontext letztlich recht belanglose und meist nicht weiter beachtete Episode sei hier herausgegriffen, einerseits weil man der Angelegenheit als Zeitdokument an sich durchaus Interesse abgewinnen kann, andererseits weil die entsprechenden Unterlagen mittlerweile so gut wie vollständig publiziert sind und der Leser deshalb die Originaltexte und ihre Wiedergabe beim kritischen Freud-Biographen Ellenberger (1973) gut vergleichen kann. Die erhebliche Entstellung, die sie dabei erlitten haben, muß natürlich auch gegenüber den anderen, nicht überprüfbaren Darstellungen von Quellenmaterial bei dem erwähnten Autor zu Skepsis veranlassen.

Es handelt sich um Freuds Gutachten und Aussage vor der Kommission zur Erhebung militärischer Pflichtverletzungen, die unter anderem zu untersuchen hatte, ob in der Klinik von Professor Wagner-Jauregg in Wien »Kriegsneurotiker« durch die dort praktizierte Elektrotherapie zu Schaden gekommen waren. Ellenbergers Schilderung des Verfahrens findet sich auf den Seiten 1125–1128 seines Buches, wobei er sich auf die Dokumente der Untersuchung und das Stenogramm der Diskussion stützt, die ihm wiederum von Frau Renée Gicklhorn zur Verfügung gestellt wurden (Ellenberger, S. 1126, Fußnote 348). Freuds vor der Eröffnung des Verfahrens verfaßtes Gutachten findet sich mittlerweile sowohl in der Zeitschrift *Psyche* (Freud 1972) als auch bei Eissler (1979) abgedruckt, das Protokoll auszugsweise in *Psyche** und vollständig bei Eissler, so daß man den Verlauf der Untersuchung genau verfolgen kann; anzumerken ist, daß dieses Quellenmaterial offensichtlich in Gänze bereits Ellenberger vorlag. Da dessen Ausführungen leicht zugänglich sind, paraphrasiere ich sie auf weite Strecken.

* Dem Abdruck in *Psyche* ist eine kurze Einleitung von Renée Gicklhorn vorangestellt (Gicklhorn 1972), die in wesentlichen Punkten Fehler enthält (siehe Eissler 1979, S. 291, S. 298, S. 299, siehe auch unten); weiter schreibt Frau Gicklhorn, Jones' Schilderung des Prozesses sei unrichtig, dies ohne weitere Begründung. Auch Ellenberger (1973, S. 1126, Fußnote 348) bemerkt, die Darstellung von Jones gebe einen »unrichtigen Eindruck von den Diskussionen«. Ich kann diese Ansicht nicht teilen. Jones datiert lediglich die Verhandlung, die am 14. und 16. Oktober stattfand, auf den 15.; weiter macht auch er (wie Ellenberger und Gicklhorn) die wahrscheinlich nicht zutreffende Aussage, Freuds Gutachten sei verlesen worden. Ansonsten halte ich seine Darstellung für sehr viel korrekter als die von Ellenberger und Gicklhorn, obwohl ihm offensichtlich nicht die Protokolle zur Einsicht offen standen.

Ellenberger erwähnt zunächst im Sinne einer historischen Einführung die Tatsache, daß es in Sozialistenkreisen heftige Angriffe gegen Militärärzte gegeben habe, die bei der Behandlung von Kriegsneurosen elektrische Reizung angewendet hatten. Zur Überprüfung der eingegangenen Beschwerden, die sich unter anderem gegen Professor Wagner-Jauregg richteten, habe das österreichische Parlament eine Untersuchungskommission eingesetzt, die wiederum Sigmund Freud und Emil Raimann beauftragte, ein fachärztliches Gutachten über die Elektro-Behandlung von Kriegsneurotikern zu erstellen. Ellenberger gibt dann Wagner-Jaureggs Stellungnahme bei der Anhörung ausführlicher wieder: Dieser bemerkte unter anderem, der Hauptankläger Leutnant Kauders sei ein Simulant gewesen. Nur ein Bruchteil der Kriegsneurosen sei an der Front entstanden, die meisten vielmehr im Hinterland, oft in der Art von Epidemien, meistens in bestimmten ethnischen Gruppen (wobei er sich im weiteren auf die Tschechen bezog). Die Mutigen hätten sich in Kriegsgefangenschaft nehmen lassen, die weniger Mutigen sich in die Krankheit geflüchtet. »[...] ›Wie der Umsturz gekommen ist, ist eine große Menge von Neurosen aus dem Spital davongelaufen, sie haben auf einmal gehen können.‹ Viele Tschechen gaben offen zu, daß sie simuliert hatten, und es hatte sogar Schulen für Simulanten gegeben. Wagner-Jauregg fügte hinzu, er habe Kriegsneurotiker zuerst mit Isolierung und Milchdiät behandelt, dann habe er die ›Faradische Behandlung‹ angewendet, ›eine altbekannte Behandlung von hysterischen Zuständen‹; der Erfolg sei glänzend gewesen, er habe sich oft schon nach einer Sitzung eingestellt.« (Ellenberger 1973, S. 1126) Die folgende Passage sei ganz wiedergegeben:

> »Als nächster wurde Freud aufgerufen und trug sein Gutachten vor. Er warf Wagner-Jauregg vor, er habe zuviel Simulation gesehen, und wies darauf hin, das Wort ›Flucht in die Krankheit‹ stamme von ihm und die medizinische Wissenschaft habe es aufgenommen. ›Die Anzahl derjenigen, die sich krank gestellt haben, dürfte gering sein.‹ (Hier warf Wagner-Jauregg ein: ›Geständnisse!‹) Die Ärzte sollten nicht: ›...etwa die Rolle von Maschinengewehren hinter der Front (spielen), ...die Flüchtigen zurückzutreiben. – Der Arzt soll in erster Linie der Anwalt der Kranken sein, nicht der eines anderen.‹ Freud sagte, bei Kauders sei eine Verletzung konstatiert worden (Wagner-Jauregg rief: ›Nein!‹) und Wagner-Jauregg habe ihm unrecht getan, als er ihn einen Simulanten genannt habe. ›Ich glaube also, daß die Ursachen zum Teil an Hofrat Wagner liegen. Es liegt daran, daß er sich nicht meiner Therapie bedient hat. Ich verlange nicht von ihm, daß er es kann, ich kann es auch nicht von ihm verlan-

gen, meine Schüler können es ja auch erst recht nicht.‹« (a.a.O., S. 1127; Eissler 1979, S. 297 hält einen Fehler des Stenographen nicht für ausgeschlossen; es könnte geheißen haben: seine Schüler.)

Der nächste, hier nicht referierte Abschnitt betrifft in der Tat eine Kontroverse zwischen Freud und Wagner-Jauregg über die Grenzen und Erfolge der Psychoanalyse während des Krieges. Ellenberger fährt fort, daß Raimann als Schüler Wagner-Jaureggs am nächsten Tag (dem 16. Oktober) einen Bericht abgegeben habe, der ganz zu dessen Gunsten ausfiel. Auf eine scharfe Kritik von Fuchs habe Freud erwidert, Wagner-Jaureggs Ansicht beweise, »›...daß er ein schlechter Psycholog ist und die Neigung hat, überall Simulanten zu entdecken...‹«. (a.a.O., S. 1128)

Laut Ellenberger warf dann Raimann Freud vor, er habe niemals Kriegsneurosen gesehen und es bedeute einen gewissen Mut, in Unkenntnis dieser Dinge fachärztliche Gutachten darüber abzugeben. Er fügte hinzu, daß auf dem Psychoanalytikerkongreß 1918 zwei der engsten Schüler Freuds zugegeben hätten, die psychoanalytische Behandlung sei hier nicht anwendbar. Pötzl habe sich dann an die Seite Freuds gestellt und erklärt, er sei in theoretischer Richtung unbedingter Anhänger der Psychoanalyse, wenn er auch in bezug auf ihre praktische Anwendbarkeit anderer Meinung sei. Ellenberger beschließt seine Darstellung mit einer Aussage von Professor Fuchs und zieht dann seine Schlüsse:

»Fuchs sagte aus, er habe die Psychoanalyse kennengelernt und angewendet, aber er habe ›...bei dieser Methode als Therapie niemals den geringsten Erfolg gesehen.‹ Er habe Kriegsneurotiker an Psychoanalytiker überwiesen, und sie hätten sie ihm alle ungeheilt zurückgeschickt. ›Wenn Professor Freud sagt, daß seine Schüler der Sache nicht gewachsen waren, warum ist er nicht selbst in die Arena heruntergestiegen?‹ schloß er spöttisch.

Man sieht deutlich, daß das, was als Sitzung einer Untersuchungskommission begonnen hatte, bald den Charakter eines Wortgefechts zwischen Verfechtern und Gegnern der Psychoanalyse annahm, wobei die letzteren die Oberhand hatten. Die Kommission kam zu dem Schluß, es bestehe kein Grund für einen Prozeß. Inmitten des allgemeinen Aufruhrs dieser Zeit wurde der Vorfall bald vergessen. Später, als Freuds fachärztliches Gutachten veröffentlicht wurde, hatten Psychoanalytiker den Eindruck, er sei Wagner-Jauregg gegenüber äußerst fair vorgegangen; dieser selbst war jedoch ganz anderer Ansicht. In seiner Autobiographie behauptete er, die Untersuchung habe Freud eine unerwartete Gelegenheit verschafft, seiner Wut auf ihn Ausdruck zu verleihen.« (ebda.)

Diese Wiedergabe des Untersuchungsverlaufes vermittelt den Eindruck, Freud habe Wagner-Jauregg angegriffen, aber dann von Fachleuten eine kompetente Abweisung erfahren, insbesondere mit seinem Ansinnen, Kriegsneurosen psychoanalytisch zu behandeln (worauf offenbar Freud auch nichts zu erwidern gehabt hatte). Weiter wird suggeriert, daß dies auch der Eindruck der Kommission gewesen sei, die dann auch die Eröffnung eines Prozesses abgelehnt habe. Der Sachverhalt war jedoch erheblich anders und hätte sich auch so dargestellt, wenn Ellenberger die entscheidenden Punkte aus Freuds Gutachten und seinen Aussagen wiedergegeben hätte.

Freud konnte natürlich das Behandlungsverfahren, bei dem offensichtlich wenigstens in Einzelfällen auch stärkere Stromstöße appliziert wurden, nicht billigen, von humanitären Erwägungen abgesehen, allein schon aus theoretischen Überlegungen. Er schildert in dem Gutachten zunächst die allgemeine (nicht einheitliche) ärztliche Auffassung von den traumatischen Neurosen und entwirft dann die psychoanalytische Konzeption der Kriegsneurosen, die ihm zufolge ähnliche Entstehungsmechanismen aufweisen wie die anderen, während der Friedenszeit beobachteten neurotischen Störungen:

»Es ergab sich also leicht als die nächste Ursache aller Kriegsneurosen die dem Soldaten unbewußte Tendenz, sich den gefahrvollen oder das Gefühl empörenden Anforderungen des Kriegsdienstes zu entziehen. Angst um das eigene Leben, Sträuben gegen den Auftrag, andere zu töten, Auflehnung gegen die rücksichtslose Unterdrückung der eigenen Persönlichkeit durch die Vorgesetzten waren die wichtigsten Affektquellen, aus denen die kriegsflüchtige Tendenz gespeist wurde.

Ein Soldat, in dem diese affektiven Motive mächtig und klar bewußt gewesen wären, hätte als Gesunder desertieren oder sich krank stellen müssen. Die Kriegsneurotiker waren aber nur zum kleinsten Teil Simulanten; die Affektregungen, die sich in ihnen gegen den Kriegsdienst sträubten und sie in die Krankheit trieben, wirkten in ihnen, ohne ihnen bewußt zu werden. Sie blieben unbewußt, weil andere Motive, Ehrgeiz, Selbstachtung, Vaterlandsliebe, Gewöhnung an Gehorsam, das Beispiel der Anderen, zunächst die Stärkeren waren, bis sie bei einem passenden Anlaß von den anderen, unbewußt wirksamen Motiven überwältigt wurden.« (Freud 1972, S. 943; Eissler 1979, S. 32; hier wie in den folgenden Zitaten Orthographie und Interpunktion heutigen Regeln angeglichen)

Sodann leitet Freud auf das in Frage stehende Behandlungsverfahren und seine Begründung über: Man habe sich über den Unterschied zwischen bewußter und unbewußter Absicht hinweggesetzt und den Kriegsneurotiker wie einen Simulanten behandelt, indem man ihm das Kranksein noch unleidlicher als den Dienst gemacht habe. Zu diesem Zwecke habe man sich schmerzhafter elektrischer Behandlung bedient, und zwar mit Erfolg. Es sei »eine nachträgliche Beschönigung, wenn Ärzte behaupteten, die Stärke dieser elektrischen Ströme sei die nämliche gewesen, die von jeher bei funktionellen Störungen zur Verwendung kam«. Dies hätte nur in den leichtesten Fällen wirken können, auch gar nicht dem zugrunde liegenden Raisonnement entsprochen, dem Kriegsneurotiker das Kranksein zu verleiden. Freud geht nun auf die Praxis des Verfahrens ein und entlastet Wagner-Jauregg nachdrücklich in einem entscheidenden Punkt:

> »Diese in der deutschen Armee entstandene, in therapeutischer Absicht schmerzhafte Behandlung konnte gewiß auch in maßvoller Weise geübt werden. Wenn sie in den Wiener Kliniken angewendet wurde, so bin ich persönlich davon überzeugt, daß sie niemals durch die Initiative von Prof. Wagner-Jauregg ins Grausame gesteigert worden ist. Für andere Ärzte, die ich nicht kenne, will ich auch nicht einstehen. Die psychologische Schulung der Ärzte ist ganz allgemein recht mangelhaft, und mancher mag daran vergessen haben, daß der Kranke, den er als Simulanten behandeln will, doch keiner ist.« (Freud 1972, S. 944; Eissler 1979, S. 33)

Auch der nächste Abschnitt zeigt, daß Freud – bei aller Ablehnung der Behandlungsmethode – es nicht im Sinne hatte, pauschal Anklage gegen jene Kollegen zu führen, die sich ihrer bedienten:

> »Dies therapeutische Verfahren war aber von vornherein mit einem Makel behaftet. Es zielte nicht auf der Herstellung des Kranken oder auf diese nicht in erster Linie, sondern vor allem auf die Herstellung seiner Kriegstüchtigkeit. Die Medizin stand eben diesmal im Dienste von Absichten, die ihr wesensfremd sind. Der Arzt war selbst ein Kriegsbeamter und hatte persönliche Gefahren, Zurücksetzung und den Vorwurf der Vernachlässigung des Dienstes zu fürchten, wenn er sich durch andere Rücksichten als die ihm vorgeschriebenen leiten ließ. Der unlösbare Konflikt zwischen den Anforderungen der Humanität, die sonst für den Arzt maßgebend sind, und denen des Volkskrieges mußte auch die Tätigkeit des Arztes verwirren.« (Freud 1972, S. 944; Eissler 1979, S. 33)

Nachdem er auf den mangelnden Dauererfolg der Elektrotherapie hingewiesen hat, kritisiert er noch einmal den Mißbrauch des Verfahrens, wiederum nachdrücklich die Wiener Kliniken ausnehmend:

> »[...] Auch machte sich die im Laufe der Kriegsjahre rasch zunehmende Ermüdung der Volksseele und ihre sich steigernde Abneigung gegen das Kriegführen immer mehr geltend, so daß die Erfolge der besprochenen Behandlung zu versagen begannen. In dieser Konstellation gab ein Teil der Militärärzte der für die Deutschen charakteristischen Neigung zur rücksichtslosen Durchsetzung ihrer Absichten nach, was niemals hätte geschehen dürfen, die Stärke der Ströme sowie die Härte der sonstigen Behandlung wurden bis zur Unerträglichkeit gesteigert, um den Kriegsneurotikern den Gewinn, den sie aus ihrem Kranksein zogen, zu entziehen. Es ist unwidersprochen geblieben, daß es damals zu Todesfällen während der Behandlung und zu Selbstmorden in Folge derselben in deutschen Spitälern kam. Ich weiß aber absolut nicht anzugeben, ob die Wiener Kliniken auch diese Phase der Therapie mitgemacht haben.« (Freud 1972, S. 944 f.; Eissler 1979, S. 34)

Freud schreibt dann kurz über die Möglichkeiten psychoanalytischer Therapie bei Kriegsneurosen und beschließt das etwa vier Seiten lange Gutachten: »Mit dem Krieg verschwanden aber auch die Kriegsneurotiker, ein letzter, aber schwer wiegender Beweis für die psychische Verursachung ihrer Krankheiten.« (Freud 1972, S. 945; Eissler 1979, S. 34)

Hat Ellenberger es versäumt, den Inhalt des Gutachtens auch nur auszugsweise wiederzugeben, und damit den Leser in Unklarheit über den Ausgangspunkt des Folgenden gelassen, so könnte man dies mit gutem Willen noch dadurch entschuldigen, daß der Autor – wenn auch kritisch – auf Jones verweist, der auf das Gutachten eingeht (Bd. 3, S. 36 f.). Bei der Schilderung der eigentlichen Anhörung wird nun Ellenbergers Darstellung grob fehlerhaft. Zunächst einmal versäumt der Autor, der mit seiner Wiedergabe über den Verlauf und das Ergebnis der Untersuchung offensichtlich die Unschuld Wagner-Jaureggs suggerieren möchte, auf eine Stelle in dessen »Lebenserinnerungen« hinzuweisen (welche Ellenberger zweifellos vertraut waren, siehe oben), in der Wagner-Jauregg sich zu solchen unsanften Behandlungen ausdrücklich bekennt: »Wenn alle Tachinierer, die ich an der Klinik während des Krieges, manchmal etwas unsanft, geheilt hatte, als meine Ankläger aufgetreten wären, hätte das allerdings eine imposante Verhandlung gegeben.« (Wagner-Jauregg 1950, S. 71) Die Vorwürfe waren somit keineswegs unbegründet, und Freud dürfte es ein leichtes gewesen sein, in der Zeit von der Abfassung des Gutachtens im Februar bis zum Tagen der Kommission im Oktober Belastungsmaterial beizubringen, wenn es ihm daran gelegen gewesen wäre, seiner Wut auf Wagner-Jauregg Ausdruck zu verleihen.[1] Daß er dies auch während der Verhandlung nicht tat, zeigt das Protokoll.

Auf den ersten Teil der Sitzung, die Einvernahme Wagner-Jaureggs zum Fall Kauders, kann hier nicht eingegangen werden (Näheres siehe Eissler 1979, S. 35–50, außerdem S. 281–285, wo zwei Gutachten des berühmten Neurologen Erb über Kauders Beschwerdebild abgedruckt sind; demnach ist die Diagnose »Simulant« zumindest anfechtbar). Es folgt die Einvernahme Freuds, wobei Eissler recht überzeugend nachweist, daß, anders als von den Herausgebern des Protokolls angemerkt (Freud 1972, S. 942, S. 945), Freud wohl nicht dazu kam, sein Gutachten vorzulesen (der gleiche Fehler dann auch bei Ellenberger, S. 1127, übrigens auch bei Jones, Bd. 3, S. 38). Die Darstellung des anschließenden Teils der Verhandlung ist zunächst bei Ellenberger weitgehend korrekt (s. o.), mit Ausnahme der Tatsache, daß er entscheidende Sätze Freuds unterschlägt, nämlich folgende:

> »Es wird verschiedene Ärzte gegeben haben, die die Pflichten der Humanität vergessen haben und den Druck, dem sie ausgesetzt waren, elastisch weitergegeben haben. Sie haben das Bewußtsein ihrer Macht in grausamer Weise zum Vorschein kommen lassen.
>
> Obwohl ich nicht von allen Vorgängen in Wien Kenntnis hatte, habe ich doch die vollste Überzeugung, daß die angeklagten Personen, wie Herr Hofrat Wagner, den ich seit 35 Jahren kenne und von dem ich weiß, daß die Humanität das treibende Motiv der Behandlung seiner Kranken ist, unmöglich zu diesen gezählt werden können.« (Eissler 1979, S. 53f.)

Auch der nächste Teil des Protokolls wird bei Ellenberger nicht erwähnt, nämlich die Frage des Vorsitzenden, ob nach Freuds Meinung die Unterlassung einer psychoanalytischen Therapie ein Kunstfehler sei. Freud antwortete:

> »Von dem letzteren Falle, daß damit eine Pflichtverletzung verbunden wäre, kann nicht die Rede sein. Das ist eine interne Angelegenheit der Wissenschaft, inwieweit die psychoanalytische Behandlung solcher Kranker berechtigt ist. Allgemein akzeptiert ist sie nicht. Ich habe es auch Freund Wagner nicht übelgenommen, daß er sich nicht dazu entschlossen hat. Ich habe nie verlangt, daß die Kranken so behandelt werden müssen; von einer Pflichtverletzung kann also nicht die Rede sein.« (Eissler 1979, S. 55)

Von nun an ist die Darstellung Ellenbergers überhäuft mit nicht entschuldbaren Fehlern: Zunächst einmal war mit der Aussage Freuds die Verhandlung am 14. Oktober noch nicht zu Ende; vielmehr wurde – was bei Ellenberger unerwähnt bleibt – der Brief eines Dr. Kozlowski vorgelesen, der während des Krieges Wagner-Jauregg zugeteilt war und die meisten der Elektrobehandlungen durchgeführt hatte. Zunächst einige Sätze aus diesem interessanten Dokument:

»Zur Beantwortung der Anfrage [...] betreff der Starkstrombehandlung auf der Klinik Wagner-Jauregg teile (ich) folgendes mit:

Vor allem bemerke ich, daß ich im Falle der Wiederholung der ganzen Situation nochmals fast genau wie damals meine ›scharfen‹ Kuren vornehmen würde. –

Der faradische Apparat, der an der Klinik Wagner verwendet wurde, war der gewöhnliche an mediz. Kliniken zur Untersuchung u. Behandlung verwendete Schlittenapparat, welcher keine Starkströme zu geben im Stande ist.

[...]

Das Material, welches ich zur Behandlung bekam, waren Hysteriker u. Simulanten, Tachenierer, welche kräftig und manchmal wohlgenährt, monatelang, ja jahrelang in verschiedenen Militärspitälern herumlagen oder sich mit Glück durchschwindelten, um keinen Dienst mehr zu machen. Einen Teil dieser Leute hätte man ebensogut als Deserteure disziplinarisch behandeln können. – Es erforderte nun nicht nur das Wohl der schwer kämpfenden Armee, sondern auch der Ruf der ersten Nervenklinik des Reiches, daß durch eine genaue Untersuchung, wobei alle Mittel: Röntgen, Ophtalmoskopie, chemische Analyse usw. angewendet wurden, endlich der wahre Befund erhoben werde, der Hysteriker geheilt, und dem ev. Simulanten nachgewiesen werde, daß sein Betrug offenkundig ist u. endlich derselbe mit den der Klinik zu Gebote stehenden Mitteln – wozu bei Kriegsneurosen die Suggestion u. die Pinselfaradisierung als äußerst nützlich u. die Behandlung sehr abkürzend sich erwiesen – diensttauglich gemacht werde; jedenfalls mindestens, daß der Tachenierer der Simulation überwiesen werde u. zum Aufgeben derselben veranlaßt werde, damit er nicht zur disziplinarischen Amtshandlung an die entsprechende Behörde überwiesen werden mußte, wo ihn jedenfalls etwas Schärferes als meine ›scharfe‹ Faradisierung erwartet haben würde.

[...]

Was den Anstoß des H. Kauders an der ›psychologischen Vorbereitung der Opfer‹ betrifft, so besteht das ganze einfach in einer Suggestion, indem man etwas Geheimnisvolles u. sehr Wirksames zu machen ankündigt – dieses unschädliche psychische Mittel wirkte auf so viele so, daß sie, auf diese einfache Suggestion hin, die Krankheit oder die Simulation aufgaben, u. damit weitere mühsame Arbeit dem Arzte erspart wurde.

Tatsächlich war mir das übertriebene Gebaren u. übermäßig laute Schreien der faradisierten Leute, wodurch dieselben das Erleiden angeblich großer Schmerzen simulierten, nur erwünscht und am liebsten war mir, wenn der Simulant beim Berühren mit dem faradischen Pinsel schreckliches Jammergeheul erhob, *obwohl ohne sein Wissen der Strom unterbrochen war, folglich er nichts empfinden* konnte, denn einerseits wurden durch sein Geschrei die übrigen *noch nicht* behandelten in Menge an der Klinik befindlichen Soldaten, denen *ich* befahl, in nächster Nähe der Faradisierung zuzuschauen, heilsam suggestioniert, so daß ganz plötzlich viele Lahme sofort anfingen stramm zu marschieren usw. – andererseits wurde dadurch der faradisierte Simulant sofort entlarvt. – Dieses große Geheul auf der Klinik war daher auch Simulation.

[...]

Ich bemerke zum Schlusse, daß man sich unbedingt in die Situation während des Krieges hineindenken muß, wenn man den Sachverhalt richtig beurteilen will: Es mußte alles aufgeboten werden, damit die Schlagfertigkeit der Armee erhalten bleibe, damit Simulanten und Deserteure die Plätze in Spitälern nicht durch Monate belegen und damit zu diesem Zwecke sichere und klare Diagnosen geliefert werden. [...]« (nach Eissler 1979, S. 271 ff.; Hervorhebungen aus dem Original übernommen; Interpunktion und Orthographie heutigen Regeln angeglichen)

Auf diesen Brief und seinen Verfasser, und nicht – wie Ellenberger fälschlich und nicht in korrektem Zusammenhang darstellt – auf Wagner-Jauregg beziehen sich die kritischen Einwände Freuds, welcher auf das Argument eingeht, jemand, der bei der Unterbrechung des Reizstroms Schmerzen äußere, sei als Simulant überführt:

»Zu dem Briefe wären zwei Dinge zu bemerken. Im allgemeinen muß ich dem meisten beipflichten. Ich möchte nur zwei Punkte erwähnen. Das Argument mit der Unterbrechung des Stromes ist hinfällig, denn ich bin überzeugt, daß alle, mich eingeschlossen, wenn man den Versuch machen würde, sich ähnlich benehmen würden, d. h. die Erwartung, daß dieser Pinsel, der vorhin so geschmerzt hat, wieder schmerzen werde, würde uns die Schmerzen doch spüren lassen. [...] Seine Ansicht beweist, daß er ein schlechter Psycholog ist und die Neigung hat, überall Simulanten zu entdecken [...].« (Eissler 1979, S. 58)

Erst dann schlägt Freud den Bogen zu Wagner-Jauregg und bringt nun seine einzigen, recht moderaten Angriffe während des ganzen Verfahrens vor:

»... und die Neigung hat, überall Simulanten zu entdecken und das ist es, was ich Prof. Wagner zum Vorwurf gemacht habe. Alle sprechen gleich von Simulation und sind bereit, immer gleich Simulanten zu finden. Charakteristisch ist die Stelle zu Beginn des Briefes, wo Dr. Kozlowski sagt, daß die Kranken mit allen möglichen Mitteln untersucht wurden. Das mag den Standpunkt klarstellen, von dem aus das ganze Verhalten zu begreifen ist. Es handelt sich um kranke Neurotiker oder um solche, die im Verdacht stehen, Neurotiker zu sein, die werden mit allen Mitteln untersucht, mit dem Hauptmittel, mit dem sie aber untersucht werden sollten, werden sie nicht untersucht. Das ist geradeso, wie wenn man jemandem, der klagt, daß er taub ist, mit allen Mitteln untersucht, nur im Ohre nicht. An die psychologische Untersuchung denkt er nicht. Den Ärzten fehlt aller Unterricht darüber, und sie glauben, alles getan zu haben, wenn sie nach allen Richtungen untersuchen, und übersehen, daß sie psychoanalytisch nicht untersucht haben, und Sie, meine Herren, können daher in allen diesen Erscheinungen nun die Konsequenz, die Strafe dieses Mangels sehen. Der Kranke fühlt sich nicht verstanden, und es kommen daher Differenzen heraus...« (Eissler 1979, S. 58f.; bereits zuvor hatte Freud geäußert, Wagner habe seines Erachtens den Kreis der Simulanten zu weit ausgedehnt; auch das war aber nicht als Vorwurf im Sinne von Anklage zu verstehen)

Und auf die Frage des Vorsitzenden an Freud, ob er glaube, daß sich solche Differenzen vermeiden ließen, antwortete dieser: »Wenn diese Kranken auch psychoanalytisch untersucht würden, so würden solche Anklagen nicht zustande kommen.« (ebda.)

Dies waren die einzigen Kritikpunkte, die Freud an Wagner-Jauregg äußerte, nie aber darüber Zweifel aufkommen lassend, daß es sich nicht um einen ärztlichen Kunstfehler oder eine Pflichtverletzung handelte. Die ohne Belege vorgebrachte Behauptung Josef Gicklhorns:

»Anhänger und Bewunderer *Freuds*, aber auch Schüler *Wagners* dürften nach Kenntnis der stenographischen Protokolle vor einem Rätsel stehen, ebenso wie Wissenschaftshistoriker. In einer Kon-

> frontation mit *Wagner* hat *Freud* Beschuldigungen erhoben, die heute einfach unfaßbar sind. *Freuds* Verhalten ist um so weniger verständlich, als sein angefordertes Gutachten, das er selbst in der Verhandlung verlas, von einer beispielhaften Sachlichkeit, voller Mäßigkeit und reich an ausgezeichneten Gedanken ist.« (Gicklhorn 1957, S. 536; Namen im Original hervorgehoben)

ist bereits von Eissler (1958) kritisiert worden. Heute, nach Veröffentlichung der Protokolle, kann Gicklhorns Darstellung als in höchstem Grade unsachlich nachgewiesen werden. Obwohl Gicklhorns Artikel nicht weiter Beachtung gefunden hat, ist es wieder einmal lehrreich, darauf hinzuweisen, welcher Mittel sich antifreudianische Polemik zu bedienen pflegt.

Daß man sich keineswegs bemüßigt fühlte, mit Freud wegen seiner Äußerungen über Wagner-Jauregg ins Gericht zu gehen, zeigt die folgende Feststellung des Wagner-Schülers Emil Raimann, die bezeichnenderweise bei Ellenberger nicht aufgeführt ist: Er »habe die Hauptsache nicht gehört, sondern nur die Frage des Herrn Vorsitzenden vernommen. Was Herr Prof. Freud gesagt hat, war so ausgezeichnet formuliert, daß ich es nicht besser zu sagen vermöchte.« (Eissler 1979, S. 60) Der Vorsitzende schloß die Debatte und mehr oder weniger auch die Verhandlung für diesen Tag mit den Worten: »Es handelt sich also um wenige wissenschaftliche Differenzen. Aber daß deswegen der Arzt, der das eine oder andere tut, einen Kunstfehler begeht, ist nicht ganz richtig.« (Eissler 1979, S. 61)

Erst am übernächsten Tag, nachdem – anders als bei Ellenberger vermerkt (falsch auch in Gicklhorn 1972, S. 940) – Freud nicht anwesend war, begann, eingeleitet durch Raimann, die eigentliche Debatte über die Psychoanalyse, bei der in der Tat die Gegner (Raimann und Fuchs) die Oberhand behielten, da lediglich Pötzl sie verteidigte, übrigens keineswegs sehr energisch (siehe Eissler 1979, S. 75). Pötzl, der wohl erst seit 1919, möglicherweise auch schon seit 1917 oder noch etwas früher, Mitglied der Wiener Psychoanalytischen Vereinigung war und sich später wieder von der Psychoanalyse zurückzog (siehe Eissler 1979, S. 299), dürfte wohl keineswegs der geeignete Verteidiger gewesen sein (vgl. auch Freuds ambivalente Äußerungen über Pötzl in Freud / Abraham 1965 a, S. 269); es ist bezeichnend, daß Raimann mit seinem Angriff auf die Psychoanalyse so lange wartete, bis ihr berufenster Advokat, der Begründer selbst, nicht anwesend war. Man kann anmerken, daß Raimann offensichtlich am ersten Verhandlungstag erst später hinzustieß (siehe Eissler S. 74); der Angriff *in absentia* bleibt dennoch ein äußerst unfairer Akt, den Freud in einem Brief an Karl Abraham vom 31.10.1920 so kommentierte:

> »Bei einer Gelegenheit, da ich als Sachverständiger vor einer Kommission zur Erhebung militärischer Pflichtverletzungen über eine Anklage gegen Wagner zu fungieren hatte, konnte ich wieder die ganze verlogene Gehässigkeit der hiesigen Psychiater konstatieren. Aber natürlich wagten sie sich erst hervor, als ich nicht mehr dabei war; in meiner Gegenwart benehmen sie sich scheißfreundlich, wie man in der Sprache der erogenen Zonen zu sagen pflegt.« (Freud/Abraham 1965a, S. 296)

Es wäre für Ellenberger ein leichtes gewesen, diesen Brief zur Kenntnis zu nehmen, der seine Darstellung der Anhörung in einem entscheidenden Punkt korrigiert, wie auch sonst die hier aufgezeigte Art von Quellenbehandlung bei Ellenberger jene Wertschätzung korrigieren sollte, welche *Die Entdeckung des Unbewußten* seit Jahren genießt.

Anmerkungen zu Kapitel 5

1 Tatsächlich wäre ein gewisser Ärger Freuds nicht unverständlich gewesen. Nicht nur, daß Wagner-Jauregg konzediert, zwar nicht gegen Freud polemisiert, wohl aber »hie und da in vertrautem Kreise, nie aber öffentlich, über irgendwelche seiner Sentenzen harmlose, scherzhafte Bemerkungen gemacht« zu haben (Wagner-Jauregg 1950, S. 73); er schreibt weiter, sein Assistent Raimann sei »scharf gegen *Freud* eingestellt« gewesen und habe reichlich Gelegenheit gehabt, »über Veröffentlichungen *Freuds* die Schale seines Sarkasmus auszugießen«. Er fügt hinzu: »*Freud* aber, der einer der intolerantesten Menschen war und in seinem psychoanalytischen Verein jede abweichende Meinung mit einem Anathema, das heißt, mit der Ausschließung aus dem Verein bestrafte, hatte für meinen Standpunkt der weitgehendsten Toleranz meinen Schülern gegenüber absolut kein Verständnis und war offenbar der Meinung, daß *Raimanns* Auftreten mit meiner Zustimmung, ja auf meine Anregung hin erfolgt wäre.« (ebda.; Namen im Original kursiv) Seine nächsten Worte enthalten noch einmal ein gewisses Schuldeingeständnis und stellen angesichts des vorliegenden Gutachtens und der Verhandlungsprotokolle eine nicht zu übersehende Ungerechtigkeit gegenüber Freud dar: »Da gab ihm nun das Verfahren, das gegen mich vor diesem Gerichtshof geführt wurde, einen erwünschten Anlaß, seinen Ärger über mich zur Geltung zu bringen, und er gab ein Gutachten über mein Vorgehen gegenüber diesen Soldaten und allen anderen, die an meiner Klinik etwas energisch, aber in sehr kurzer Zeit von ihrem ›neurotischen Symptomenkomplex‹ befreit worden waren, ab, das recht ungünstig für mich lautete.« (ebda.)

Jurjevich berichtet von einem Interview mit einem alten Arzt, der um 1918 in Wien Medizin studiert hatte und angab, daß Wagner-Jauregg Studenten durch das Examen fallen ließ, wenn er gehört hatte, daß sie Freuds Vorlesungen besuchten. Er habe gesagt: »Wenn Sie zu diesem Scharlatan gehen, dann sind Sie nicht wert, Ärzte zu sein.« (Jurjevich 1974, S. 203f.; übersetzt von mir, Th. K.) Bei aller Skepsis dieser Erinnerung gegenüber, so paßt sie doch recht gut in das Bild, das Wagner-Jauregg in seinen Lebenserinnerungen gibt, und auch zu den Ausführungen bei Roazen:

»Helene Deutschs Analyse bei Freud hieß für sie auch, daß sie ihre Position an der Klinik Wagner-Jaureggs aufgeben mußte. Kraepelin hatte sie als einen sehr langweiligen Lehrer empfunden, während Wagner-Jauregg zu einer für ihr Leben bedeutsamen Persönlichkeit wurde. Obwohl er sich über ihr Interesse an Freud lustig machte, schätze er ihre psychiatrischen Kenntnisse.« (1973, S. 82)

Um so anzuerkennender ist Freuds vornehme Zurückhaltung in seinem Gutachten und vor der Kommission.

6. Freuds Aufgabe der sogenannten Verführungstheorie und die Mutmaßungen über seine Gründe (Masson, Krüll)

Freuds Verführungstheorie, sein erstes ätiologisches Modell der Neurosenentstehung, war dem wissenschaftlichen Publikum im Jahre 1896 in Form eines Vortrags vor dem Verein für Psychiatrie und Neurologie in Wien und durch drei Veröffentlichungen: »L'hérédité et l'étiologie des névroses« (1896a; GW I: 405ff.), »Weitere Bemerkungen über die Abwehr-Neuropsychosen« (1896b; GW I: 377ff.), »Zur Ätiologie der Hysterie« (1896c; GW I: 423ff.) vorgestellt worden. Zentrale Annahme in dieser Theorie war, daß jeder Hysterie (im übrigen unter leicht veränderten Vorzeichen auch jeder Zwangsneurose) ursächlich ein sexueller Mißbrauch der erkrankten Person im frühen Kindesalter vorausgegangen war, teils durch fremde Erwachsene, insbesondere Hausangestellte, teils durch zuweilen nahe Verwandte, teils schließlich durch andere Kinder (GW I: 382, 444f.). Dieses infantile sexuelle Erlebnis bildet danach das unverzichtbare ätiologische Moment der Hysterie:

> »Ich stelle also die Behauptung auf, zugrunde jedes Falles von Hysterie befinden sich – durch die analytische Arbeit reproduzierbar, trotz des Dezennien umfassenden Zeitintervalles – *ein oder mehrere Erlebnisse von vorzeitiger sexueller Erfahrung*, die der frühesten Jugend angehören. Ich halte dies für eine wichtige Enthüllung, für die Auffindung eines *caput Nili* der Neuropathologie [...]« (1896c; GW I: 439; Hervorhebungen im Original).

Der Begriff der sexuellen Erfahrung kann erheblich präzisiert werden: es reiche für die »Verursachung der Hysterie nicht hin«, daß »zu irgend einer Zeit des Lebens ein Erlebnis auftrete, welches das Sexualleben irgendwie streift [...]« Das ätiologische Moment wird von Freud sehr viel schärfer gefaßt: »Es müssen vielmehr *diese sexuellen Traumen der frühen Kindheit (der Lebenszeit vor der Pubertät) angehören, und ihr Inhalt muß in wirklicher Irritation der Genitalien (koitusähnlichen Vorgängen) bestehen.*« (1896b; GW I: 380; Hervorhebungen im Original)

Wie Freud erläuterte, war dies allein keineswegs als hinreichende Bedingung anzusehen; solche Erlebnisse führten nicht zwangsläufig später zur Hysterie. Sie mußten aber stets vorhanden sein, wenn sich überhaupt je diese Erkrankung ausbilden sollte:

»Es stört nicht, wenn viele Menschen infantile Sexualszenen erleben ohne hysterisch zu werden; wenn nur alle, die hysterisch werden, solche Szenen erlebt haben. Der Kreis des Vorkommens eines ätiologischen Faktors darf gerne ausgedehnter sein als der seines Effekts, nur nicht enger. Es erkranken nicht alle an Blattern, die einen Blatternkranken berühren oder ihm nahe kommen, und doch ist Übertragung von einem Blatternkranken fast die einzige uns bekannte Ätiologie der Erkrankung.« (1896c; GW I: 446)

Unabhängig davon, daß nach Freud gegebenenfalls noch weitere Bedingungen hinzukommen mußten, etwa eine gewisse hereditär vermittelte Prädisposition (vgl. 1896a; GW I: 421f.), um vom sexuellen Mißbrauch im Kindesalter zur Entwicklung einer Hysterie zu führen, finden wir hier eine radikale Milieutheorie vor, da die konstante ätiologische Bedingung in einem (objektiven) Ereignis der frühen Lerngeschichte gesehen wird. Mit dieser Annahme lassen sich nun fast alle der einschlägigen klinischen Beobachtungen erklären, zunächst die scheinbar inadäquaten Reaktionen von hysterisch Kranken, für welche z.B. Breuer noch die physiologische Theorie abnormer nervöser Erregbarkeit heranziehen mußte (siehe Freud und Breuer 1970, S. 195), die sich aber für Freud nun im lebensgeschichtlichen Kontext mühelos als wieder heraufbeschworene Erinnerungen an die »nie verwundene Kränkung im Kindesalter« verstehen lassen. (1896c; GW I: 455)

Weiter läßt sich erklären, warum später, oft auf den ersten Blick eher unbedeutende sexuelle Erlebnisse zur Verdrängung und damit zum Ausbruch des hysterischen Symptoms Anlaß geben: »Die ›Verdrängung‹ der Erinnerung an ein peinliches sexuelles Erlebnis reiferer Jahre gelingt nur solchen Personen, bei denen dies Erlebnis die Erinnerungsspur eines Kindertraumas zur Wirkung bringen kann.« (1896b; GW I: 384)

Schließlich wird nun auch klar, warum die Hysterie ausschließlich aus nicht bewältigten Erlebnissen der sexuellen Sphäre stammt, denn nur dort sind die Bedingungen für die von Freud beobachtete Zweiphasigkeit der Neurosenentstehung gegeben: Da die Pubertät »die Reaktionsfähigkeit des Sexualapparates in unvergleichbarem Maße gesteigert« habe, wirke die Erinnerung nach diesem Zeitpunkt stärker als das sexuelle Erlebnis, das in die Zeit sexueller Unreife falle. *»Die Kindertraumen wirken nachträglich wie frische Erlebnisse, dann aber unbewußt.«* (GW I: 384, Fußnote 1; Hervorhebungen im Original)

Die Symptome der Hysterie können inhaltlich teils aus dem infantilen Sexualtrauma, teils aus dem späteren auslösenden sexuellen Erlebnis verstanden werden (siehe GW I: 451 f.). Das gemeinsame Auftreten von Hysterie bei Geschwistern oder nahen Verwandten – das zunächst die Annahme einer erblichen Disposition nahelegt – läßt sich oft zwanglos durch ähnliche infantile sexuelle Erlebnisse im nämlichen häuslichen Kreise erklären (siehe GW I: 445).

Jenes – wie man sieht intellektuell äußerst befriedigende – ätiopathogenetische Modell der Neurosenentstehung wird aber bekanntermaßen von Freud sehr bald aufgegeben, spätestens bereits in den Sommermonaten des darauffolgenden Jahres 1897. Mit Recht hat Lorenzer die Aufgabe der Verführungstheorie als zweite Geburtsstunde der Psychoanalyse bezeichnet, und sieht dabei einen Wandel in deren wissenschaftlichem Selbstverständnis: Mit der These von der »Sexualverführung« sei »auch der Anspruch, Ursachen ermitteln, Ereignisse ›objektiv‹ vermessen zu können, gefallen. Psychoanalyse ist im subjektiven Erleben befangen und hat da ihre Aufgabe: subjektive Erlebnisstruktur zu verstehen.« (1984, S. 212 f.)

Andererseits wird dieser folgenschwere Schritt in den späteren Schriften Freuds kaum mehr erläutert, ebensowenig in der großen Freud-Biographie von Jones. Immerhin dauerte es fast zehn Jahre, bis Freud diese 1896 in drei Veröffentlichungen vorgestellte Theorie offiziell widerrief, nämlich zunächst kurz in den *Drei Abhandlungen zur Sexualtheorie* (1905 d; GW V: 91), dann ausführlicher in der Schrift »Meine Ansichten über die Rolle der Sexualität in der Ätiologie der Neurosen« (1906 a):

> »Ein Zufall des damals noch spärlichen Materials hatte mir eine unverhältnismäßig große Anzahl von Fällen zugeführt, in deren Kindergeschichte die sexuelle Verführung durch Erwachsene oder andere ältere Kinder die Hauptrolle spielte. Ich überschätzte die Häufigkeit dieser (sonst nicht anzuzweifelnden) Vorkommnisse, da ich überdies zu jener Zeit nicht imstande war, die Erinnerungstäuschungen der Hysterischen über ihre Kindheit von den Spuren der wirklichen Vorgänge sicher zu unterscheiden, während ich seitdem gelernt habe, so manche Verführungsphantasie als Abwehrversuch gegen die Erinnerung der eigenen sexuellen Betätigung (Kindermasturbation) aufzulösen. Mit dieser Aufklärung entfiel die Betonung des ›traumatischen‹ Elements an den sexuellen Kindererlebnissen, und es blieb die Einsicht übrig, daß die infantile Sexualbetätigung (ob spontan oder provoziert) dem späteren Sexualleben nach der Reife die Richtung vorschreibt. Dieselbe Aufklärung, die ja den bedeutsamsten meiner anfänglichen Irrtümer korrigierte, mußte

auch die Auffassung vom Mechanismus der hysterischen Symptome verändern. Dieselben erschienen nun nicht mehr als direkte Abkömmlinge der verdrängten Erinnerungen an sexuelle Kindheitserlebnisse, sondern zwischen die Symptome und die infantilen Eindrücke schoben sich nun die (meist in den Pubertätsjahren produzierten) Phantasien (Erinnerungsdichtungen) der Kranken ein, die auf der einen Seite sich aus und über den Kindheitserinnerungen aufbauten, auf der anderen sich unmittelbar in die Symptome umsetzten. Erst mit der Einführung des Elements der hysterischen Phantasien wurde das Gefüge der Neurose und deren Beziehung zum Leben der Kranken durchsichtig; [...]« (GW V: 153f.)

Demzufolge waren es also zwei Irrtümer, die der Aufstellung der Verführungstheorie zugrunde lagen, einmal eine vorschnelle Generalisierung aus einer nicht repräsentativen Stichprobe von Fällen, zum anderen der Fehler, gewisse Erinnerungsdichtungen der Patienten als tatsächliche biographische Vorkommnisse aufgefaßt zu haben. Das zweite der Argumente, die Verwechslung von Phantasieerzeugnissen in der Analyse mit realen Gegebenheiten, wird dann auch im allgemeinen von Freud aufgeführt, wenn er in späteren Arbeiten auf jenen Irrweg in der Theoriebildung zu sprechen kommt, etwa in einem 1924 erfolgten Zusatz zur Schrift »Weitere Bemerkungen über die Abwehr-Neuropsychosen«, wo er von einem Irrtum schreibt, den er »seither wiederholt bekannt und korrigiert« habe. »Ich verstand es damals noch nicht, die Phantasien der Analysierten über ihre Kinderjahre von realen Erinnerungen zu unterschciden.« (GW I: 385, Fußnote 1) Ähnlich wird in »Zur Geschichte der psychoanalytischen Bewegung« (1914d; GW X: 55f.), »›Psychoanalyse‹ und ›Libidotheorie‹« (1923a; GW XIII: 220) und schließlich in der *Selbstdarstellung* (1925d) argumentiert:

»Ehe ich weiter in die Würdigung der infantilen Sexualität eingehe, muß ich eines Irrtums gedenken, dem ich eine Weile verfallen war und der bald für meine ganze Arbeit verhängnisvoll geworden wäre. [...] Als ich mich gefaßt hatte, zog ich aus meiner Erfahrung die richtigen Schlüsse, daß die neurotischen Symptome nicht direkt an wirkliche Erlebnisse anknüpften, sondern an Wunschphantasien, und daß für die Neurose die psychische Realität mehr bedeute als die materielle.« (GW XIV: 59f.)

Dem etwas kundigeren Leser fällt es schwer, diese Beweisführung sofort bereitwillig anzuerkennen, denn in der Arbeit »Zur Ätiologie der

Hysterie« hatte Freud recht überzeugende Argumente für die Echtheit der reproduzierten Szenen vorgebracht (siehe GW I: 440ff.). Nicht zu leugnen ist, daß in Freuds Schriften dieser wichtige Schritt, der konsequenzenreiche Übergang von einer Traumatheorie zu einer Theorie des bewußten und unbewußten Phantasielebens, in seinen Gründen nur unzureichend erläutert wird, und man hat deshalb bezüglich dieses dunklen Punktes in den Briefen von Freud an Fließ Aufklärung erhofft. In der Tat führt Freud, sehr viel detaillierter als in seinen Veröffentlichungen und mit einer Reihe sonst nie mehr vorgebrachter, gleichwohl zum Großteil rätselhafter Argumente seine Gründe für die Aufgabe der Verführungstheorie in jenem berühmten Brief vom 21.9.1897 aus. Er vertraut Fließ das »große Geheimnis« an, das ihm in den letzten Monaten »gedämmert« habe: Er glaube an seine »Neurotica« nicht mehr; sodann führt er die »Motive zum Unglauben« an:

> »Die fortgesetzten Enttäuschungen bei den Versuchen, eine Analyse zum wirklichen Abschluß zu bringen, das Davonlaufen der eine Zeitlang am besten gepackten Leute, das Ausbleiben der vollen Erfolge, auf die ich gerechnet hatte, die Möglichkeit, mir die partiellen Erfolge anders, auf die gewöhnliche Art zu erklären: dies die erste Gruppe. Dann die Überraschung, daß in sämtlichen Fällen der *Vater* als pervers beschuldigt werden mußte, mein eigener nicht ausgeschlossen, die Einsicht in die nicht erwartete Häufigkeit der Hysterie, wo jedesmal dieselbe Bedingung erhalten bleibt, während doch solche Verbreitung der Perversion gegen Kinder wenig wahrscheinlich ist. (Die Perversion muß unermeßlich häufiger sein als die Hysterie, da ja Erkrankung nur eintritt, wo sich die Ereignisse gehäuft haben und ein die Abwehr schwächender Faktor hinzugetreten ist.) Dann drittens die sichere Einsicht, daß es im Unbewußten ein Realitätszeichen nicht gibt, so daß man die Wahrheit und die mit Affekt besetzte Fiktion nicht unterscheiden kann. (Demnach blieb die Lösung übrig, daß die sexuelle Phantasie sich regelmäßig des Themas der Eltern bemächtigt.) Viertens die Überlegung, daß in der tiefgehendsten Psychose die unbewußte Erinnerung nicht durchdringt, so daß das Geheimnis der Jugenderlebnisse auch im verworrensten Delirium sich nicht verrät. Wenn man so sieht, daß das Unbewußte niemals den Widerstand des Bewußten überwindet, so sinkt auch die Erwartung, daß es in der Kur umgekehrt gehen müßte bis zur völligen Bändigung des Unbewußten durch das Bewußte.« (Freud 1985a; S. 283f.; Hervorhebung im Original, was einer Unterstreichung Freuds entspricht, siehe a.a.O., S. XXIX)

Freud folgert:

»Soweit beeinflußt wurde ich bereit, auf zweierlei zu verzichten, auf die völlige Lösung einer Neurose und auf die sichere Kenntnis ihrer Ätiologie in der Kindheit. Nun weiß ich überhaupt nicht, woran ich bin, denn das theoretische Verständnis der Verdrängung und ihres Kräftespieles ist mir nicht gelungen. Es erscheint wieder diskutierbar, daß erst spätere Erlebnisse den Anstoß zu Phantasien geben, die auf die Kindheit zurückgreifen, und damit gewinnt der Faktor einer hereditären Disposition einen Machtbereich zurück, aus dem [ihn] zu verdrängen ich mir zur Aufgabe gestellt hatte – im Interesse der Durchleuchtung der Neurose.« (a.a.O., S. 284; Ergänzung in Klammern durch den Herausgeber)

Freuds Reaktion stellt eine Mischung aus Zuversicht und bitterer Resignation dar:

»Wäre ich verstimmt, unklar, ermattet, so wären solche Zweifel wohl als Schwächeerscheinungen zu deuten. Da ich im gegensätzlichen Zustande bin, muß ich sie als Ergebnis ehrlicher und kräftiger intellektueller Arbeit anerkennen und stolz darauf sein, daß ich nach solcher Vertiefung solcher Kritik noch fähig bin. Ob dieser Zweifel nur eine Episode auf dem Fortschreiten zur weiteren Erkenntnis darstellt?

Merkwürdig ist auch, daß jedes Gefühl von Beschämung ausgeblieben ist, zu dem doch ein Anlaß sein könnte. Gewiß, ich werde es nicht in Dan erzählen, nicht davon reden in Askalon, im Lande der Philister, aber vor Dir und bei mir habe ich eigentlich mehr das Gefühl eines Sieges als einer Niederlage (was doch nicht recht ist).« (a.a.O., S. 284f.)*

[...]

»Nun setze ich meinen Brief fort. Ich variiere das Hamlet'sche Wort ›To be in readiness‹ – Heiter sein ist alles. Ich könnte mich ja sehr unzufrieden fühlen. Die Erwartung des ewigen Nachruhms war

* Eschenröder (1986, S. 57) schreibt: »Er verwirft also eine Theorie, von der er kurz zuvor noch behauptet hatte, jeder Zweifel an ihrer Richtigkeit könne mit Sicherheit zurückgewiesen werden. Im gleichen Brief kündigt Freud an: ›Gewiß, ich werde es nicht in Dan erzählen, nicht davon reden in Askalon, im Lande der Philister...‹ Im Klartext heißt dies: Obwohl ich es besser weiß, werde ich meinen Fachkollegen verschweigen, daß meine Entdeckung der Ursachen der Hysterie auf einem schwerwiegenden Irrtum beruhte.«

Das heißt es ganz sicher nicht, der Sinn dieser »Ankündigung« ergibt sich unmittelbar, wenn man den von Eschenröder ausgelassenen Rest des Satzes hinzufügt: »[...] aber vor Dir und mir habe ich eigentlich mehr das Gefühl eines Sieges als einer Niederlage (was doch nicht recht ist).« (Freud 1985a, S. 284f.; 1950a, S. 188) so schön und des sicheren Reichtums, die volle Unabhängigkeit, das Reisen, die Hebung der Kinder über die schweren Sorgen, die mich um meine Jugend gebracht haben. Das hing alles daran, ob die Hysterie aufgeht oder nicht. Nun kann ich wieder still und bescheiden bleiben, sorgen, sparen, und da fällt mir aus meiner Sammlung die kleine Geschichte ein: Rebekka, zieh das Kleid aus, Du bist keine Kalle mehr. Aber ich bin trotz alledem sehr heiter und zufrieden, daß Du ein ähnliches Bedürfnis empfindest mich wiederzusehen wie ich Dich.« (a.a.O., S.285f.; »Kalle« ist der jiddische Ausdruck für Braut; für einen Kommentar siehe Köhler 1987, S.196f., insbesondere auch Krüll 1979, S.188.)

Jener rätselhafte, in den ersten Ausgaben der »Anfänge« weggelassene Satz »mein eigener nicht ausgeschlossen«, war im wesentlichen der Ausgangspunkt für Marianne Krülls Buch *Freud und sein Vater* (1979), in dem sie der Familiengeschichte der Freuds, insbesondere der Biographie von Sigmunds Vater Jakob sowie seiner Beziehung zu seinem Sohn nachgeht und daraus S. Freuds historische Situation bei der Aufgabe der Verführungstheorie abzuleiten versucht:

»Die Verführungstheorie erforderte es, die Eltern oder die anderen primären Bezugspersonen des Kindes als aktiv Handelnde, eben als ›Verführer‹, zu betrachten, Freud hätte daher seine eigenen Eltern, vor allem seinen Vater, kompromittieren müssen, als er durch die Selbstanalyse darauf gestoßen war, daß auch seine eigenen neurotischen Symptome der Abwehr von Kindheitserinnerungen dienten.« (Krüll 1979, S.88)

Masson hat – nicht zuletzt mit der Absicht, weitere Aufschlüsse über die Umstände der Aufgabe der Verführungstheorie zu erhalten – die für lange Zeit nur unvollständig veröffentlichten Briefe Freuds an Fließ aus den Jahren 1887 bis 1904 durchgesehen. Nach Studium dieser Briefe und einiger anderer Dokumente glaubt Masson, neue Erkenntnisse über Freuds Motive beibringen zu können:

»Ich bin nach wie vor der Überzeugung, daß Freud seine eigene Entdeckung aus dem Jahre 1896 – daß Kinder in vielen Fällen in ihren eigenen Familien sexueller Gewalt und sexuellem Mißbrauch ausgesetzt sind – als so belastend empfand, daß er sie buchstäblich aus seinem Bewußtsein tilgen mußte.« (Masson 1984, S.17)

Beiden Autoren kommt das Verdienst zu, wichtige historiographische Beiträge geliefert zu haben, Krüll zur Familiengeschichte Freuds, Masson zur Frühgeschichte der Psychoanalyse, insbesondere auch durch die kommentierte Herausgabe der ungekürzten Fließ-Briefe. Aus diesem Grunde sind auch die Werke beider Autoren spezieller Interessierten nachdrücklich zur Lektüre zu empfehlen; zur Erhellung jener dunklen Phase in der Entstehung der Psychoanalyse, der Aufgabe der Verführungstheorie, tragen sie jedoch so gut wie nichts bei, verwirren im Gegenteil die Zusammenhänge.

Insbesondere die Argumente in Massons Buch, das unter reichlich eigenartigen Umständen publiziert wurde (vgl. Malcolm 1986) und sofort Furore gemacht hatte, lassen sich rasch zurückweisen, wenn man sich den eigentlichen Inhalt der Verführungstheorie und die Konsequenzen ihrer Aufgabe vor Augen hält: die Theorie ist als All-Satz formuliert (»zugrunde jeden Falles von Hysterie«, s. o.); somit bedeutet ihr Widerruf logisch die Einschränkung der All-Aussage in dem Sinne, daß auch Hysterie ohne reales infantiles Sexualtrauma entstehen könne. Entsprechend weist Freud fast immer, wenn er die Aufgabe der Verführungstheorie kommentiert, darauf hin, daß ein sexueller Mißbrauch von Kindern durchaus vorkomme, sehr deutlich bereits in den *Drei Abhandlungen zur Sexualtheorie*:

> »Für das Wiederauftreten der sexuellen Tätigkeit sind innere Ursachen und äußere Anlässe maßgebend [...]; die zufälligen äußeren Anlässe gewinnen um diese Zeit eine große und nachhaltige Bedeutung. Voran steht der Einfluß der Verführung, die das Kind vorzeitig als Sexualobjekt behandelt und es unter eindrucksvollen Umständen die Befriedigung von den Genitalzonen kennen lehrt, welche sich onanistisch zu erneuern es dann meist gezwungen bleibt. Solche Beeinflussung kann von Erwachsenen oder anderen Kindern ausgehen; ich kann nicht zugestehen, daß ich in meiner Abhandlung 1896 ›Über die Ätiologie der Hysterie‹ die Häufigkeit oder die Bedeutung derselben überschätzt habe, wenngleich ich damals noch nicht wußte, daß normal gebliebene Individuen in ihren Kinderjahren die nämlichen Erlebnisse gehabt haben können, und darum die Verführung höher wertete als die in der sexuellen Konstitution und Entwicklung gegebenen Faktoren. Es ist selbstverständlich, daß es der Verführung nicht bedarf, um das Sexualleben des Kindes zu wecken, daß solche Erweckung auch spontan aus inneren Ursachen vor sich gehen kann.« (1905d; GW V: 91)

Ähnlich 1906a (GW V: 153), 1916–1917 (GW XI: 385), 1896b (Zusatz von 1924; GW I: 385, Fußnote 1); schließlich in der *Selbstdarstellung*: »Auch blieb der Verführung im Kindesalter ihr Anteil an der Ätiologie, wenngleich in bescheidenerem Ausmaß, gewahrt. Die Verführer waren aber zumeist ältere Kinder gewesen.« (1925d; GW XIV: 60) In der Fallgeschichte vom »Wolfsmann« (»Aus der Geschichte einer infantilen Neurose«, 1918b) betont Freud ausdrücklich, daß die vom Patienten berichtete Verführung durch die Schwester »gewiß keine Phantasie« war (GW XII: 44). Auch der Zusatz zur Fallgeschichte von Katharina aus dem Jahre 1924 (GW I: 195, Fußnote 1), daß die »sexuellen Versuchungen« nicht vom Onkel, sondern vom eigenen Vater ausgingen, zeigt, daß Freud natürlich dergleichen berichtete Ereignisse nicht zwangsläufig für Phantasieprodukte hielt. Vielmehr schreibt er sogar nach dem Jahre 1897 mehrfach ausdrücklich, daß die reproduzierten Verführungs- oder Traumaszenen keineswegs stets nur Erfindungen der Analysanden seien, etwa in den *Vorlesungen zur Einführung in die Psychoanalyse* (1916–1917):

»Besonderes Interesse hat die Phantasie der Verführung, weil sie nur zu oft keine Phantasie, sondern reale Erinnerung ist. Aber zum Glück ist sie doch nicht so häufig real, wie es nach den Ergebnissen der Analyse zuerst den Anschein hatte. Die Verführung durch ältere oder gleichaltrige Kinder ist immer noch häufiger als die durch Erwachsene, und wenn bei den Mädchen, welche diese Begebenheit in ihrer Kindergeschichte vorbringen, ziemlich regelmäßig der Vater als Verführer auftritt, so leidet weder die phantastische Natur dieser Beschuldigung noch das zu ihr drängende Motiv einen Zweifel. Mit der Verführungsphantasie, wo keine Verführung stattgehabt hat, deckt das Kind in der Regel die autoerotische Periode seiner Sexualbetätigung. Es erspart sich die Beschämung über die Masturbation, indem es ein begehrtes Objekt in diese frühesten Zeiten zurückphantasiert. Glauben Sie übrigens nicht, daß sexueller Mißbrauch des Kindes durch die nächsten männlichen Verwandten durchaus dem Reiche der Phantasie angehört. Die meisten Analytiker werden Fälle behandelt haben, in denen solche Beziehungen real waren und einwandfrei festgestellt werden konnten; nur gehörten sie auch dann späteren Kindheitsjahren an und waren in frühere eingetragen worden.

Man empfängt keinen anderen Eindruck, als daß solche Kinderbegebenheiten irgendwie notwendig verlangt werden, zum eisernen Bestand der Neurose gehören. Sind sie in der Realität enthalten, dann ist es gut; hat sie die Realität verweigert, so werden sie aus Andeutungen hergestellt und durch die Phantasie ergänzt. Das Ergebnis ist das gleiche, und es ist uns bis heute nicht gelungen, einen Unterschied in den Folgen nachzuweisen, wenn die Phantasie oder die Realität den größeren Anteil an diesen Kinderbegebenheiten hat.« (GW XI: 385)

Obwohl Masson die hier angeführten Stellen zweifellos bekannt gewesen sein dürften – er zitiert sie zum Teil sogar –, hat er offenbar nicht gesehen, daß sie seine aufwendige Beweisführung rasch und gründlich entwerten; noch mehr ist dem Autor anzulasten, daß er innerhalb seines Werkes mehrmals deutlich sich selbst widerspricht. Massons im zweiten Kapitel (a.a.O., S. 30ff.) als geradezu sensationell herausgestellte Entdeckung, daß Freud während seines Paris-Aufenthaltes wahrscheinlich Obduktionen vergewaltigter und mißhandelter Kinder zugesehen hatte, hätte nur dann Beweiskraft und Bezug zum Thema, wenn Freud später das Vorkommnis solcher Tatsachen geleugnet hätte – was er nun aber nicht tat, vielmehr die Hörer seiner Vorlesungen nachdrücklich auf diese bedenklichen Vorfälle hinwies (s.o.). Freud hatte sogar weiterhin der Verführung in der Neurosenätiologie eine gewisse Bedeutung beigemessen, nicht mehr aber in dem Sinne, daß er ihr Vorkommen als unverzichtbare Entstehungsbedingung der Psychoneurosen ansah. Auch der Nachweis, daß Freud in Briefen an Fließ nach jenem denkwürdigen 21. September 1897 noch vom Mißbrauch bei Kindern durch die Väter spricht (a.a.O., S. 115, S. 136ff.), bedeutet nicht, daß – wie Masson es ausdrückt – Freud erneut dazu neigte, »der Verführungstheorie Glauben zu schenken«. (a.a.O., S. 11) Nur da Masson es geschickt unterläßt, die Verführungstheorie mit ihren logischen Implikationen unmißverständlich darzustellen, dürfte es ihm gelingen, einige unkundige Leser in die Irre zu führen. Bezeichnenderweise führt auch Masson jene nach diesen Fallgeschichten geschriebene Bemerkung nicht an, in der Freud ausdrücklich die Richtigkeit seiner damaligen Überlegungen betont: »In Hysterie habe ich Dir einiges mitzuteilen, was Klärung und Bestätigung meiner Vermutung bedeutet, daß ich die Ätiologie anfänglich zu scharf genommen; der Anteil an Phantasie dabei ist größer, als ich anfangs gedacht.« (Brief vom 27.4.1898, Freud 1985a, S. 340; auch dieser Brief fehlt übrigens in den »Anfängen«; die Herausgeber haben somit nicht ausschließlich in tendenziöser Absicht die Briefe zur Publikation freigegeben oder zurückgehalten.) Ähnliche Äußerungen Freuds zur Bedeutung der Phantasien finden sich im Brief vom 3.1.99 (Freud 1985a, S. 370), sowie Bemerkungen zur vollzogenen Überwindung der Traumatheorie im Brief vom 9.12.99 (a.a.O., S. 428).

Nun noch einige Hinweise auf handgreifliche Widersprüche in Massons Monographie: Für die Gesellschaft, schreibt der Autor, sei dies eine tröstliche Ansicht gewesen, »denn Freuds Interpretation – der zufolge die sexuelle Gewalt, die sich so schwerwiegend auf das Leben seiner Patientinnen ausgewirkt hatte, ein *reines Phantasieprodukt* ist – war keine Bedrohung für die bestehende Gesellschaftsordnung«. (Masson, S. 17; Hervorhebungen von mir, Th. K.) »Sobald Freud jedoch zu der Auffassung übergegangen war, daß diese Verführungen *niemals* stattgefunden, daß die Eltern ihren Kindern in Wirklichkeit nichts angetan hatten, [...]« (a.a.O., S. 135; Hervorhebung von mir, Th. K.) »Sexuelle Angriffe, wie Freud sie in den Aufsätzen des Jahres 1896 beschrieben hatte, gelten nun *ausschließlich* als Produkt des kindlichen Phantasielebens oder als Lügen hysterischer Frauen.« (a.a.O., S. 145; Hervorhebung von mir, Th. K. Daß Freud jemals in diesem Zusammenhang von »Lügen hysterischer Frauen« gesprochen hat, ist nicht belegt; ich halte eine solche Behauptung Freuds auch für äußerst unwahrscheinlich. In jedem Fall bleibt es eine dreiste Unterstellung.)

All diese Äußerungen hindern Masson dann nicht, korrekt Freud zu zitieren, welcher schreibt: »Besonderes Interesse hat die Phantasie der Verführung, weil sie nur zu oft keine Phantasie, sondern reale Erinnerung ist. [...]« (a.a.O., S. 157; Masson zitiert aus den *Vorlesungen*, siehe oben.) Und: »Zwischen 1897 und 1903 gelangte Freud zu der Überzeugung, daß der Fall seiner früheren Patientin Emma Eckstein typisch war: die meisten (wenn auch nicht alle) Patientinnen, entschied er, hätten sich und ihn getäuscht.« (a.a.O., S. 217)

Ein großes Fragezeichen wird man auch hinter Massons Annahme setzen müssen, durch die Aufgabe der Verführungstheorie sei die Psychoanalyse gewissermaßen gesellschaftsfähig geworden und Freud aus seiner wissenschaftlichen Isolierung gelangt:

> »Freuds Entschluß, seine ›irrtümliche‹ Ansicht aufzugeben, verschaffte ihm wieder Zugang zu den Medizinerkreisen, die ihn zuvor geächtet hatten. 1905 widerrief Freud öffentlich die Verführungstheorie, und schon 1908 hatten sich ihm angesehene Ärzte angeschlossen: Paul Federn, Isidor Sadger, Sándor Ferenczi, Max Eitington [sic!], Carl Gustav Jung, Ludwig Binswanger, Karl Abraham, Abraham Brill und Ernest Jones. Damit war die psychoanalytische Bewegung geboren, wenn auch auf Kosten einer bedeutsamen Wahrheit.« (a.a.O., S. 28)

Abgesehen davon, daß Freud bereits 1902 langsam aus der völligen Isolierung herauszutreten begann (vgl. GW X: 63), etwa der erwähnte Paul Federn sich schon 1903 in Freuds Kreis befand, der nicht genannte Alfred Adler sogar 1902 (vgl. Jones Bd. 2, S. 20f.), Massons Prämisse also weitgehend falsch ist, versucht der Autor hier einen augenfälligen »post hoc, ergo propter hoc«-Schluß. Wenn man sich vor Augen hält, daß Massons Argumentation nicht zuletzt auf der unbewiesenen und unwahrscheinlichen Annahme beruht, mit der partiellen Ersetzung der Verführungstheorie durch die Theorie der infantilen Sexualität habe Freud seinen wissenschaftlichen Ruf wiederhergestellt, erkennt man – von den oben angeführten Denkfehlern und Fehldarstellungen abgesehen – die ganze Fragwürdigkeit der Beweisführung. Unzweifelhaft dürfte die neue Theorie die weitaus brisantere sein: Die Verführungstheorie kompromittierte nur gewisse Verwandte von Psychoneurotikern und die nicht einmal in allen Fällen; schließlich erwähnt Freud auch die Verführung durch nicht verwandte Erwachsene (etwa Dienstboten) und andere Kinder. Die Theorie der infantilen Sexualität schrieb jeder Person – ob neurotisch oder gesund – ein Sexualleben im Kindesalter zu, was vor allem die Empörung vieler Kritiker heraufgerufen hatte (vgl. Kapitel 2 und 3).

Nicht einmal auf eine korrekte Wiedergabe der Originaltexte kann der Leser in Massons Buch (bzw. der deutschen Übersetzung) vertrauen:

»›[Ich mußte] dann doch erkennen ... diese Verführungsszenen seien niemals vorgefallen, seien nur Phantasien, die meine Patienten erdichtet.‹ (G. W. XIV, S. 59f.)« (Masson 1984, S. 28; eckige Klammern in Massons Wiedergabe) Korrekt lautet der Satz:

»Als ich dann doch erkennen mußte, diese Verführungsszenen seien niemals vorgefallen, seien nur Phantasien, die meine Patienten erdichtet, die ich ihnen vielleicht aufgedrängt hatte, war ich eine Zeitlang ratlos.« (GW XIV: 59f.) Masson fügt in einer Anmerkung hinzu: »Dies ist das härteste Urteil, das Freud jemals über die Unwirklichkeit dieser Ereignisse gefällt hat.« (a. a. O., S. 223) Dies ist nicht richtig, denn wenige Zeilen zuvor schreibt Freud, er habe diesen Mitteilungen Glauben geschenkt und also angenommen, daß er in diesen Erlebnissen sexueller Verführung in der Kindheit die Quelle der späteren Neurose aufgefunden habe. »Einige Fälle, in denen sich solche Beziehungen zum Vater, Oheim oder älteren Bruder bis in die Jahre sicherer Erinnerung fortgesetzt hatten, bestärkten mich in meinem Zutrauen.« (GW XIV: 59), womit er die Realität einiger dieser Verführungserinnerungen bestätigt. Der ganze Abschnitt endet bei Freud mit den Worten: »Auch blieb der Verführung im Kindesalter ihr Anteil an der Ätiologie, wenngleich in bescheidenerem Ausmaß, gewahrt. Die Verführer waren aber zumeist ältere Kinder gewesen.« (GW XIV: 60) (Sehr viel entschiedenere Worte gegen die Realität der Verführungsszenen finden sich in »Zur Geschichte der psychoanalytischen Bewegung«, 1914d, GW X: 55f. sowie in der Vorlesung »Die Weiblichkeit« aus der *Neuen Folge der Vorlesungen zur Einführung in die Psychoanalyse*, 1933a; GW XV: 128, wo Freud ausnahmsweise nicht auf das tatsächliche Vorkommen solcher Begebenheiten hinweist.)

Die folgende, hier etwas ausführlicher zu kommentierende Passage wäre an sich der Beachtung nicht wert, wenn Masson nicht dabei die Gelegenheit benutzt hätte, Vorwürfe an die Herausgeber der »Anfänge« zu richten; seine Interpretation zeugt von Nachlässigkeit und erheblichem Textunverständnis:

> »In einem am 30. Mai 1893 geschriebenen Brief an Fließ deutet Freud zum erstenmal die Möglichkeit sexueller Verführung in der frühen Kindheit an. In der bislang veröffentlichten Ausgabe der Briefe Freuds an Fließ wurden diese Sätze ohne Erklärung weggelassen. Weder in der deutschen noch in der englischen Fassung findet sich ein Hinweis darauf, daß etwas fehlt, obwohl es sich um ein vollständiges Postskriptum handelt:
>
> ›Ich setze fort, weil ich jetzt besser schreibe; um Dir folgendes Problem vorzulegen: Es gibt unzweifelhaft Fälle von juveniler Neurasthenie *ohne* Masturbation, aber *nicht* ohne die gewöhnliche Einleitung überhäufiger Pollutionen, also gerade so, als ob Onanie dagewesen wäre. Für das Verständnis dieser Fälle habe ich nur folgende unbewiesene Ausflüchte:
>
> 1. angeborene Schwäche des Genital- und Nervensystems,
> 2. Mißbrauch in der Zeit vor der Pubertät.
>
> Könnten nicht 3. organische Veränderungen der Nase die Pollutionen und damit die Neurasthenie produzieren, so daß letztere hier als Produkt der nasalen Reflexneurose entsteht? Was meinst Du und weißt Du etwas?‹
>
> Da das Wort ›Mißbrauch‹ sich nicht auf die Masturbation beziehen kann (Freud spricht von ›juveniler Neurasthenie *ohne* Masturbation‹), muß es für einen ›Mißbrauch‹ durch eine andere Person, also für ein sexuelles Trauma, eine Verführung stehen. In allen Bänden der ›Gesammelten Werke‹ wird das Wort ›Mißbrauch‹ ausschließlich als Bezeichnung für einen von außen verursachten sexuellen Mißbrauch verwendet. Nie bezieht es sich auf Masturbation.« (Masson 1984, S. 101; Hervorhebungen aus dem Original übernommen)

Tatsächlich findet sich diese Nachschrift nicht in den »Anfängen«, und zwar ohne daß die Auslassung korrekterweise gekennzeichnet wäre. Man mag dies den Herausgebern als Versehen auslegen, bei dezidiert kritischer Einstellung eventuell auch als editorische Unsauberheit, aber nicht als mehr, denn die obige Passage handelt mit Sicherheit nicht vom kindlichen »Mißbrauch« im Sinne von Sexualtraumen. Zunächst irrt Masson, wenn er glaubt, Mißbrauch könne sich an dieser Stelle nicht auf Masturbation beziehen. Wenn Freud von »juveniler Neurasthenie *ohne* Masturbation« spricht, dürfte er mit aller Wahrscheinlichkeit damit meinen, daß bei dem Patienten zum Zeitpunkt der Erkrankung (also der Pubertät oder später) keine Masturbation gefunden wird; folgerichtig diskutiert Freud, ob der Erkrankte vor der Pubertät masturbiert habe.

Massons Aussage, Mißbrauch bezeichne in allen Bänden der Gesammelten Werke stets einen »von außen verursachten sexuellen Mißbrauch«, nie beziehe es sich auf Masturbation, ist nicht korrekt: In der *Selbstdarstellung* (1925 d) kommt Freud auf die Neurastheniker zu sprechen, bei denen »schwere Mißbräuche der Sexualfunktion bestanden«. (GW XIV: 49) Er erwähnt weiter Coitus interruptus oder Masturbation als ätiologisches Moment der Neurasthenieformen und fährt fort: »Konnte man den Mißbrauch abstellen und durch normale Sexualtätigkeit ersetzen, so lohnte sich dies durch eine auffällige Besserung des Zustandes.« (GW XIV: 50)

Abgesehen davon darf man natürlich für den Beleg des Freudschen Sprachgebrauchs in den Briefen nicht die Gesammelten Werke heranziehen, sondern die in jenem Zeitraum verfaßten Briefe selbst, und dort wird Mißbrauch von Anfang 1893 an mehrfach im Sinne von mißbräuchlicher aktiver Ausübung der Sexualität verwendet, etwa im Manuskript C/2 von Anfang 1893 (Freud 1985 a, S. 38) oder in einem Brief vom November 1893, der von einem »vergnügten alten Junggesellen« berichtet, »der sich nichts abgehen läßt und der einen klassischen Angstanfall produziert hat, nachdem er sich von seiner dreißigjährigen Dame zu einem dreimaligen Koitus hinreißen ließ«. Er sei, schreibt Freud weiter, »überhaupt darauf gekommen, die Angst nicht an eine psychische, sondern an eine *physische* Folge der sexualen Mißbräuche zu knüpfen«. (Freud 1985 a, S. 54; Hervorhebung im Original) Auch im Brief vom 30.5.93, dessen Nachschrift bei Masson zitiert wurde, steht: »Die Angstneurosen jugendlicher Personen, die man für virginal ansehen muß, die nicht dem Mißbrauch unterworfen waren, glaube ich zu verstehen.« (a. a. O., S. 41) im meines Erachtens eindeutigen Sinne von mißbräuchlicher Ausübung, allein schon aus der Tatsache heraus, daß Freud sich mit der Ätiologie der Angstneurose bzw. Neurasthenie befaßt (vgl. 1895 b; GW I: 13 ff.). Zum ersten Male dürfte Mißbrauch im Sinne von Sexualtrauma im November 1895 verwendet werden (siehe Freud 1985 a, S. 153).

Weiterhin muß hier die Frage nach der Seriosität eines Wissenschaftshistorikers gestellt werden, der die Bedeutung und Korrektheit seiner Behauptungen nicht ausschließlich mit Textbelegen zu stützen versucht, sondern wie Masson sich dazu auch auf nicht nachprüfbare und in ihrem tatsächlichen Bezug unklare Reaktionen von Personen beruft, die mit seinen Thesen konfrontiert wurden: Anna Freud und andere der Familie Freud nahestehende Analytiker hätten ihm signalisiert, daß er auf etwas gestoßen war, »was man besser auf sich beruhen lassen sollte«. (Masson 1984, S. 12) Und:

> »Auf Einladung von Anna Freud stellte ich ein vorläufiges Fazit meiner Entdeckungen 1981 auf einer Psychoanalytiker-Tagung in der Hampstead Clinic in London vor. Die Konferenzteilnehmer waren von Anna Freud zum Thema ›Einsichten in die Psychoanalyse‹ geladen worden, und es waren führende Analytiker aus aller Welt anwesend. Die negative Reaktion auf meinen Vortrag machte mich auf die politischen Implikationen meiner Forschung aufmerksam, auf die Möglichkeit, daß sie den Psychoanalytikern schaden könnte. Doch ließ ich derlei Überlegungen außer acht, weil sie eines ernsthaften Forschers unwürdig sind.« (a.a.O., S. 16)

Und zu guter Letzt wäre eigentlich noch die Frage aufzuwerfen, ob es nicht Anstand und Taktgefühl verbieten sollten, der bei Erscheinen von Massons Buch schon verstorbenen Anna Freud (sie starb im Oktober 1982) Aussagen zuzuschreiben bzw. Verhaltensmotive zu unterlegen, die sich nicht mehr klarstellen lassen:

> »Ich fragte Anna Freud, warum sie diesen Abschnitt aus dem Brief von Dezember 1897 ausgelassen hatte. Sie wisse den Grund nicht mehr, antwortete sie. Als ich ihr dann einen unveröffentlichten Brief von Freud an Emma Eckstein zeigte, sagte sie, sie könne mein Interesse an diesem Gegenstand gut verstehen, da Emma Eckstein in der frühen Geschichte der Psychoanalyse eine bedeutende Rolle gespielt habe; trotzdem solle der Brief nicht veröffentlicht werden. In den darauffolgenden Gesprächen ging Miss Freud näher auf ihre Haltung ein: Da ihr Vater die Verführungstheorie schließlich aufgegeben habe, fürchte sie, es könnte die Leser verwirren, wenn man sie mit den Bedenken und Zweifeln des frühen Freud konfrontiere.« (a.a.O., S. 11)

Dazu die kühne Behauptung, daß Anna ihn anfänglich in seiner kritischen Haltung gegenüber der heutigen Praxis der Psychoanalyse unterstützt habe, jedoch: »[...] als ich bei meiner Forschungsarbeit tiefer zu schürfen begann und als auch Freud nicht mehr von meiner Kritik verschont blieb, entzog sie mir ihre Unterstützung«. (a.a.O., S. 15f.)

Sehr viel weniger direkt läßt sich die (im übrigen ernster zu nehmende) Argumentation Marianne Krülls zurückweisen, denn sie beruht – wie von der Autorin auch wiederholt zugestanden (etwa Krüll 1979, S. 92, S. 126, S. 135) – weitgehend auf Spekulation, etwa der, daß Sigmund Freuds Vater Jakob, der sich bereits von der strengen jüdischen Tradition abgewandt hatte, sich darob schuldig gefühlt hatte, weiter, daß auch sein Sexualverhalten bei ihm Schuldgefühle hervorgerufen habe:

»Es gibt aber auch Hinweise darauf, daß Jakob sich nicht nur allgemein dieser Abwendung von der Tradition der Väter schuldig fühlte, sondern daß es in diesem Zusammenhang ein Thema gab, das ihm besondere Probleme bereitete, nämlich das der Sexualität. Als Händler war Jakob schon als junger Mann monatelang auf Reisen. In dieser Zeit war er der Kontrolle der Familie und der Gemeinde weitaus mehr entzogen als in der Heimat. Es ist daher möglich, daß er sich der Übertretung des Gebots der ehelichen Treue schuldig machte. Das Verschweigen seiner zweiten Ehe mit der mysteriösen Rebekka – wenn es sie überhaupt gegeben hat – könnte auf eine solche Schuld hindeuten.

Doch selbst wenn er dieser Versuchung widerstand, muß es ihm auf den Reisen schwer gefallen sein, das jüdische Verbot der Onanie einzuhalten. Es ist denkbar, daß die ›Perversion‹ Jakobs, unter der er litt und auf die Freud, als er noch die Verführungstheorie vertrat, seine eigenen neurotischen Störungen zurückführen wollte (vgl. oben Kap. 1.2.2), lediglich in einem Masturbationszwang bestand. Da Onanie nach den jüdischen Moralvorstellungen eine schwere Sünde war, was Jakob sicher auch mit seinen neuen Auffassungen nicht anders sehen konnte, ist es denkbar, daß er dies als Teil seiner Schuld empfand.« (Krüll 1979, S. 127f.)

Spekulativ geht die Autorin auch in höchstem Maße dadurch vor, daß sie Freuds Träume wiederholt (etwa S. 57ff., S. 135ff.), ihrer eigenen Interpretation unterwirft, dabei – wider alle psychoanalytischen Interpretationsregeln – den manifesten Trauminhalt direkt in allegorischer oder symbolischer Deutung in die Umgangssprache übersetzt; dieses Verfahren eignet sich naturgemäß in besonderer Weise, vorgefaßte Hypothesen zu bestätigen. Weiter beruhen die aus diesen und anderen spekulativen Annahmen gezogenen Schlüsse nicht zuletzt auf Analogie oder auf »post hoc, ergo propter hoc«-Argumenten, etwa:

»Fest steht, daß Freud kurz vor seinem Anfall im Jahre 1912 einen persönlichen Sieg über Jung errungen hatte und daß das Thema Tod und Sterben diskutiert worden war, als Freud ohnmächtig wurde.

Mir scheint, daß sich diese Anfälle direkt mit Freuds Vater-Bindung in Zusammenhang bringen lassen: Als Jakob seinen Sieg über den Sohn errang und ihm sein Tabu aufzwang, starb er, bzw. er war sogar bereits gestorben. Wenn daher Freud sich als Vater Jungs empfand, dann konnte ein Sieg über ihn das Gefühl von Bedrohung mit sich bringen, so als müsse man, um seinen Sohn zu bezwingen, selbst sterben.« (a. a. O., S. 224)

Als hinreichend gesichert wird man annehmen können, daß Freuds Vater Jakob – wenn auch nicht annähernd so vollständig wie sein Sohn – von der jüdischen Tradition abgekommen war und daß er wohl im Mannesalter viele Monate unterwegs sein mußte. Ob und wie er auf diesen Reisen seinen sexuellen Regungen nachging und ob er dabei Schuldgefühle entwickelte, ob er dies auch wegen seines Bruches mit der Tradition tat, bleibt der Vermutung überlassen; erst recht Annahmen sind, daß er seinem Sohn Sigmund den Auftrag gab, Forscher zu werden, aber ihm insgeheim das Verbot übermittelte, bei der Erforschung von seines Vaters Biographie an entscheidenden Stellen in die Tiefe zu dringen, schließlich daß Freud aus diesem Grund die Verführungstheorie fallen ließ und statt dessen seine Zuflucht zum Konzept des Ödipuskomplexes nahm; das alles kann man nur als ein Gerüst kunstvoll aufeinandergetürmter Spekulationen betrachten. Man muß die Autorin bewundern, wie sie von einer solch schwachen empirischen Basis aus mittels weiterer Mutmaßungen, biographischer Rekonstruktionen und Analogieschlüssen schließlich zu ihrer zentralen Aussage gelangt und mit welcher Sicherheit sie diese schließlich als nachgerade unzweifelbar hinstellt, nachdem sie eingangs selbst die Unsicherheit der Ableitung konzediert hat: Die von ihr zusammengetragenen Details lieferten nur ein sehr lückenhaftes Bild von den Zusammenhängen. Zugestehend, daß andere Ergänzungen ein ebenso sinnvolles Bild ergäben, betont die Autorin, daß ihre Bemühungen »selbstverständlich diesen Charakter der Vorläufigkeit« hätten (a. a. O., S. 206).

Um so kühner nehmen sich auf dem Hintergrund solcher Reflexionen dann die affirmativ vorgebrachten Schlußfolgerungen aus:

»In der Krise von 1896/97 verstand Freud nicht, daß die ihn quälende Frage nach den Ursachen seiner eigenen neurotischen Symptome ihre Antwort darin gefunden hätte, daß sein Konflikt eine Wiederholung des Konflikts war, in dem Jakob gestanden hatte, als dieser genauso alt war wie er und ebenfalls gerade seinen Vater verloren hatte. Freud begriff nicht, daß Jakob ihn zu seinem ›gebundenen Delegierten‹ (Stierlin) gemacht hatte, der einen widerspruchsvollen Auftrag zu erfüllen hatte: Er sollte ein besserer, ein treuerer Sohn sein, als Jakob selbst meinte gewesen zu sein, zugleich aber sollte er den Weg aus der Enge der Tradition weitergehen und in der bürgerlichen Gesellschaft Erfolg haben. Meines Erachtens bestand die Ambivalenz des Auftrags darin, daß der Sohn einerseits die Tradition überwinden sollte, sie andererseits jedoch in einem zentralen Aspekt nicht antasten durfte, nämlich in dem der Vaterverehrung, auf der letztlich die jüdische Tradition begründet ist. [...]

Freud sah diese Zusammenhänge nicht, aber ich bin sicher, daß er sie spürte. Das läßt sich schließen aus seinen insgeheim in all den Jahren aufgestauten Wut- und Haßgefühlen auf den Vater, die in Freuds Träumen vor und nach der Krise von 1896/97 zum Ausdruck kamen. Er haßte seinen Vater, weil er ihn mit diesem Auftrag gefesselt hatte. [...]

Fast ein Jahr nach dem Tod Jakobs bis zum Widerrufsbrief (vgl. oben Kap. 1.2) rang Freud noch darum, die Verführungstheorie zu retten. Dann aber hatte der Vater gesiegt. Freud nahm den Auftrag Jakobs in all seiner Widersprüchlichkeit an: Er gab es auf, nach der Schuld des Vaters zu suchen, er widerrief die Verführungstheorie und nahm stattdessen als treuer Sohn die Schuld allein auf sich, indem er die Ödipustheorie an ihre Stelle setzte. [...]

Und indem Sigmund ein solcher Sohn wurde, half er Jakob, die Schuld dem Vater gegenüber abzutragen. Dazu war es notwendig, die den Vater, oder besser: alle Väter kompromittierende Verführungstheorie aufzugeben. Jakob überwand sein Schuldgefühl durch den Einsatz seines eigenen Kindes, Sigmund durch den Einsatz eines ›theoretischen Kindes‹, der auf der Ödipustheorie basierenden Psychoanalyse. Die psychische Struktur der Bewältigung des Vaterkonfliktes aber war bei beiden gleich: Sie begehrten nicht gegen die Väter auf, sondern erfüllten den widersprüchlichen Auftrag, sowohl einen anderen Weg zu gehen, als auch ein gehorsamer Sohn zu bleiben.

Für uns ist es allerdings ernüchternd, uns vorstellen zu müssen, daß die Psychoanalyse von Freud erfunden wurde, weil sein Vater wahrscheinlich unter seiner Onanie litt und vermutlich mit dem eigenen Vater einen Streit über den rechten Glauben hatte; daß Freud als gehorsamer Sohn lediglich Aufträge seines Vaters erfüllte; daß seine Motivation zur Schaffung eines epochalen Werkes in seinem kindlichen Wunsch bestand, es dem Vater recht zu machen.« (a.a.O., S. 208ff.)

Es bleibt dem Geschmack des Lesers überlassen (und wird deshalb naturgemäß davon abhängen, wie er zur Theorie der infantilen Sexualität steht), ob er Krülls Art der Beweisführung in irgendeiner Form als legitim betrachtet oder von vornherein als willkürlich und unfruchtbar verwirft. Streng das Gegenteil für irgendeine von Marianne Krülls Annahmen läßt sich nicht beweisen (etwa daß Jakob Freud vor weit mehr als einem Jahrhundert nicht onanierte), und so wie Analogieschlüsse keine Beweiskraft besitzen, so lassen sie sich auch nicht widerlegen. Immerhin kann man zeigen, daß wenigstens eine (wenn auch wohl nicht unentbehrliche) Prämisse der Autorin sicher nicht zutrifft, nämlich daß Sigmund Freud auf Wunsch seines Vaters Gelehrter werden sollte:

»Die Erwähnung, daß er dann auch ›den Beruf des Vaters fortgesetzt hätte‹, könnte ein Hinweis auf den widersprüchlichen Auftrag sein, den ihm Jakob, wie ich meine, aufgegeben hatte (vgl. oben Kap. 3.3.3). Es könnte sein, daß sich Freud in dieser Situation, als er ›durch das Wiedersehen seiner Heimat weich geworden‹ war, wünschte, auch ein Händler geworden zu sein, weil er damit von den vielen Belastungen und Anforderungen, die Jakobs Auftrag für ihn mit sich brachte, befreit gewesen wäre. Er sollte ein Gelehrter werden, sollte in der Welt des nicht-jüdischen Bürgertums Glanz und Reichtum erwerben, dafür aber auf vieles verzichten, eben z. B. darauf, bald Geld zu verdienen, ein ruhiges, sicheres Leben zu führen und nicht zuletzt auch darauf, bald zu heiraten. [...]

Vielleicht ist es kein Zufall, daß Freud bei diesem Besuch in Freiberg genauso alt war wie sein Vater, als dieser Sally, seine erste Frau, in Tysmenitz heiratete (vgl. oben Kap. 2.4). Jakob war Handelsmann geworden wie sein Vater und Großvater. Vielleicht hatte ihm Jakob zu verstehen gegeben, daß er nicht diesem Vorbild des Vaters nacheifern durfte, wenn er es in seinem Leben zu etwas Besserem bringen wollte. Sigmund hatte vielleicht das Gefühl, daß der Vater bereute, diesen Weg gegangen und Händler anstatt ein Mann des Geistes geworden zu sein.« (a.a.O., S. 202)

Marianne Krüll bezieht sich an dieser Stelle auf den Aufsatz »Über Deckerinnerungen« (1899a; GW I: 529ff.), in dem Freud in anonymer Form das Phänomen einer Deckerinnerung bei sich beschreibt und im biographischen Kontext zu deuten versucht (vgl. Jones, Bd. 2, S. 394). Genau in dieser Schrift findet sich nun ein Abschnitt, der inhaltlich

Krülls Argumentation den Boden entzieht und der entsprechend auch nirgends in ihrem Werk zitiert ist. Freud beschreibt den Anlaß, bei dem die Deckerinnerung zum ersten Male bei ihm aufgetreten war, nämlich zunächst mit 17 Jahren, als er seinen Geburtsort wiedergesehen hatte, dann noch einmal aufgefrischt drei Jahre später, als er die in der Deckerinnerung vorkommenden Personen wiedersah:

> »Ich war schon auf der Universität und gehörte ganz den Büchern; für meine Cousine hatte ich nichts übrig. Ich habe damals meines Wissens keine solchen Phantasien gemacht. Aber ich glaube, zwischen meinem Vater und meinem Onkel bestand der Plan, daß ich mein abstruses Studium gegen ein praktisch besser verwertbares vertauschen, nach Beendigung der Studien mich im Wohnort des Onkels niederlassen und meine Cousine zur Frau nehmen sollte. Als man merkte, wie versunken in meine eigenen Absichten ich war, ließ man wohl den Plan wieder fallen; ich meine aber, daß ich ihn sicher erraten habe.« (GW I: 544 f.)*

M. Krüll kennt offensichtlich die »Deckerinnerungen« genau, denn sie bezieht sich mehrfach auf diesen Aufsatz (a.a.O., S. 85 f., S. 140, S. 185 f., S. 200 ff.), unterläßt es aber, diese bedeutsamen Sätze anzuführen.

Noch eine weitere Inkorrektheit gilt es anzumerken. Auf den Seiten 56 ff. schildert die Autorin sachlich richtig die Abfolge der Begebenheiten: Am 23. 10. 1896 starb Jakob Freud, am 6. Dezember 1896 äußerte Sigmund Freud zum ersten Male den Gedanken, daß die Väter wesentlich an der Verführung von Kindern beteiligt sind. Die Perversion des Vaters sei hier zum erstenmal als »eigentliche Ursache der Verführung eines Kindes genannt. Freud dachte dabei noch nicht an seinen eigenen Vater, da er ja der Meinung war, keine Hysterie zu haben, sondern seine eigenen neurotischen Symptome als Aktualneurose deutete.« (Krüll 1979, S. 61) Und erst am 11. Februar 1897 ziehe er die Möglichkeit in Betracht, daß sein eigener Vater für die hysterischen Symptome bei einigen Geschwistern Freuds (nicht bei ihm selbst) verantwortlich sei. Später, im Kapitel: »Schlußfolgerungen: Der Auftrag des Vaters und die Krise von 1896/97«, dreht Marianne Krüll die zeitlichen Verhältnisse im Sinne ihrer Argumentation um: Zeit seines Lebens habe Freud einen Kampf gegen den Auftrag des Vaters geführt: »Als der Kampf zu

* Den Hinweis auf diese Stelle verdanke ich Herrn K. R. Eissler, ebenso den Hinweis auf die folgende nicht korrekte Darstellung von der Aufgabe der Verführungstheorie, die Marianne Krüll in ihrem Buch gibt.

einem Höhepunkt kam, als Freud den ›Perversionen‹ des Vaters auf der Spur war, starb Jakob, und dadurch wurde die wirkliche Auseinandersetzung mit dem Vater verhindert.« (a. a. O., S. 209)

Schließlich gilt für Krüll das, was schon für Masson gesagt wurde: Auch sie hat offenbar die Verführungstheorie nicht verstanden. Sie schreibt, Freud habe diese Theorie nie »restlos aufgegeben«, sie in der *Traumdeutung* und in den anderen frühen Werken (etwa vor 1910) relativ häufig seinen Argumentationen zugrunde gelegt. »Auch in seinen späteren Arbeiten sind Rückgriffe auf die Verführungstheorie zu finden, so etwa auch die Bemerkung in der *Selbstdarstellung*, daß ›der Verführung im Kindesalter ihr Anteil an der Ätiologie, wenngleich in bescheidenerem Ausmaß, gewahrt [blieb]‹ (1925d, 64).« (a.a.O., S. 90f.)

Dabei hat sie nicht erkannt, daß die Verführungstheorie nie eine konkurrierende Theorie zu der der infantilen Sexualität war, vielmehr nach dem Brief vom 21. September 1897 das infantile Sexualtrauma nur in seiner ätiologischen Bedeutung eingeschränkt wurde, die »Verführung« im Lichte der Neurosenkonzeption den Stellenwert eines begünstigenden – aber nicht unverzichtbaren – ätiologischen Faktors für die Neurosenentstehung bekam. (Sachlich nicht richtig auch S. 47, wo sie schreibt, [die Verführungstheorie] »besagte, daß das aus der Erinnerung abgedrängte Kindheitserlebnis immer eine sexuelle Verführung durch Pflegepersonen war«; vgl. oben und GW I: 382 sowie GW I: 444f.)

Nach wie vor sind wir also im dunkeln, aus welchen genauen Gründen Freud seine Verführungstheorie aufgab. Die von ihm selbst angeführte Erklärung, daß »diese Ätiologie an ihrer eigenen Unwahrscheinlichkeit und an dem Widerspruche gegen sicher festzustellende Verhältnisse zusammenbrach« (GW X: 55), scheint mir weiter die plausibelste, und ich fürchte, damit werden wir uns auch für immer begnügen müssen.

7. Zur Kritik und Neuinterpretation der Fallgeschichte vom »Kleinen Hans« (Wolpe und Rachman)

Freuds nach 1900 geschriebene Fallgeschichten haben – von der des »Rattenmannes« (»Bemerkungen über einen Fall von Zwangsneurose«, 1909d) vielleicht abgesehen – bei Anhängern und Gegnern der Psychoanalyse breite Kenntnisnahme erfahren; sie sind auch von letzteren nachdrücklich kritisiert worden, etwa Freuds Darstellung des Falles Dora (»Bruchstück einer Hysterie-Analyse«, 1905e) bei Zimmer (1986, S. 110ff.), der Fall Schreber (»Psychoanalytische Bemerkungen über einen autobiographisch beschriebenen Fall von Paranoia [Dementia paranoides]« 1911c) bei Eschenröder (1986, S. 73ff. in Anlehnung an Schatzmann 1974), der »kleine Hans« (»Analyse der Phobie eines fünfjährigen Knaben«, 1909b) bei Wolpe und Rachman (1960), und auf deren Ausführungen zurückgreifend dann bei Eysenck (1985, S. 112ff.) und Eschenröder (1986, S. 62ff.), schließlich der Fall des »Wolfsmanns« (»Aus der Geschichte einer infantilen Neurose«, 1918b) bei Eysenck (1985, S. 58ff.) und Eschenröder (1986, S. 87ff.), beide unter Bezug auf Obholzer (1980).

Über diese Kritik hinaus, vor allem an der Datenerhebung und Interpretation, hat man auch alternative Modelle angeboten, die besser als die Freudschen Konzepte die Entstehung der Symptome erklären sollen.

Eine dieser Kritiken und alternativen Modellbildungen soll hier genauer dargestellt und ihrerseits kritisch betrachtet werden, nämlich die zur Fallgeschichte des »kleinen Hans« (1909b). Bei diesem Fall handelt es sich um die Analyse einer Pferdephobie bei einem Kind, dessen Eltern beide Anhänger Freuds waren, entsprechend der Freudschen Auffassung ihren Sohn nicht gewaltsam von der Ausübung seines Sexuallebens abhielten, schließlich auch sein Verhalten und seine Äußerungen genau protokollierten. So finden wir auch in einer Schrift Freuds, deren Abfassung lange vor der Entwicklung der kindlichen Phobie liegt, die Sexualforschung des kleinen Hans, insbesondere sein Interesse am »Wiwimacher«, u. a. bei Pferden, beschrieben (1907c, GW VII: 23).*

* Anders als es Eysenck (1985, S. 112f.) suggerieren möchte, weist Freud in einer 1924 hinzugefügten Fußnote (GW VII: 23, Fußnote 1) auf die spätere neurotische Erkrankung des Kindes hin. Der kleine Hans wird auch nicht in der Krankengeschichte entgegen der früheren Darstellung als »unglücklich« hingestellt, wie Eysenck (S. 112) behauptet; wenn sich der Autor auf

Die Analyse der Phobie wurde bekanntlich durch den Vater des kleinen Patienten durchgeführt, der lediglich Berichte an Freud schickte und sich von ihm Ratschläge holte; Freud selbst hatte Vater und Sohn nur einmal während der Phase der Störung gesehen. Die ersten Blätter der Krankengeschichte referieren das Verhalten und die Äußerungen des Knaben aus der Zeit vor Eintritt der Phobie, z. B. sein Interesse am Wiwimacher bei Tieren im Zoo, Pferden, Puppen, seiner kleinen Schwester (GW VII: 245ff.). Besonders beschäftigt ihn aber der Wiwimacher bei seinen Eltern:

»Hans, 3 ¾ Jahre: ›Papa, hast Du auch einen Wiwimacher?‹

Vater: ›Ja natürlich.‹

Hans: ›Aber ich hab' ihn nie gesehen, wenn du dich ausgezogen hast.‹

Ein andermal sieht er gespannt zu, wie sich die Mama vor dem Schlafengehen entkleidet. Diese fragt: ›Was schaust Du denn so?‹

Hans: ›Ich schau' nur, ob du auch einen Wiwimacher hast?‹

Mama: ›Natürlich. Hast du denn das nicht gewußt?‹

Hans: ›Nein, ich hab' gedacht, weil du so groß bist, hast du einen Wiwimacher wie ein Pferd.‹

Wir wollen uns diese Erwartung des kleinen Hans merken; sie wird später zu Bedeutung kommen.« (GW VII: 247)

Auch von Spielen am Genitale und daraufhin vorgebrachten Kastrationsdrohungen wird berichtet:

»Sein Interesse für den Wiwimacher ist indes kein bloß theoretisches; wie zu vermuten stand, reizt es ihn auch zu Berührungen des Gliedes. Im Alter von 3 ½ Jahren wird er von der Mutter, die Hand am Penis, betroffen. Diese droht: ›Wenn du das machst, lass' ich den Dr. A. kommen, der schneidet dir den Wiwimacher ab. Womit wirst du dann Wiwi machen?‹

Hans: ›Mit dem Popo.‹« (GW VII: 245)

Freud bezieht, der den Jungen als »Ausbund aller Schlechtigkeit« bezeichnet, so ist es Eysenck wahrscheinlich als einem von wenigen gelungen, die augenfällige Ironie in den Worten Freuds zu übersehen. Tatsächlich wäre natürlich – statistisch gesehen – ein wie der kleine Hans erzogenes Kind eher gering zu neurotischer Entwicklung disponiert; der einzelne vorliegende Fall – auch das scheint Eysenck nicht zu realisieren – beweist aber nicht das Gegenteil, zumal da Freud auch ausdrücklich anmerkt, daß die Erlebnisse des Kindesalters nicht die alleinige Determinante für die Neurosenentstehung darstellen (GW VII: 350, Fußnote 1, ebenso GW VII: 376; vgl. auch GW XI: 375f.). Zurecht weist Freud auch darauf hin, daß die vergleichsweise wenig auffälligen Symptome in anderem familiären Rahmen möglicherweise durch erzieherische Maßnahmen unterdrückt worden wären; bei dem kleinen Patienten hingegen »hat sich seine Angst kühner hervorgewagt.« (GW VII: 373).

Weiter erfährt man von dem Ereignis der Geburt der kleinen Schwester (S. 247f.), vom »Klosettspielen« des kleinen Hans (S. 251), seiner Zuneigung zu anderen männlichen und weiblichen Kindern (S. 251ff.), von einer Aufforderung an seine Mutter, seinen Penis zu berühren (S. 255), und schließlich von der Verwunderung über den andersartigen Wiwimacher seiner Schwester (S. 257). Nur auf dem Hintergrund dieser Informationen wird das spätere Verhalten des kleinen Hans, insbesondere seine Phobie, verständlich, und es ist der große Mangel jener »alternativen Erklärungsansätze«, daß sie die Symptomatik nicht im lebensgeschichtlichen Kontext verständlich machen können.

Die Pferdephobie tritt auf, als Hans 4¾ Jahre alt ist. Sie setzt jedoch nicht plötzlich ein; vielmehr geht ihr eine Phase ausgesprochener Zärtlichkeit zur Mutter voraus, ein Angsttraum, der den Verlust der Mutter zum Gegenstand hat, schließlich eine unbestimmte Angst auf der Straße mit der Weigerung, weiterzugehen. Zu Hause will er nicht sagen, warum er geweint hatte und nicht weiter wollte. Abends ist er »von der Mama nicht fortzubringen«. Als am nächsten Tag die Mutter selbst mit ihm spazierengeht, um zu sehen, was los ist, fängt er wieder an zu weinen und fürchtet sich.

> »Auf der Rückfahrt von Schönbrunn sagt er nach vielem Sträuben zur Mutter: *Ich hab' mich gefürchtet, daß mich ein Pferd beißen wird.* (Tatsächlich wurde er in Schönbrunn unruhig, als er ein Pferd sah.) Abends soll er wieder einen ähnlichen Anfall bekommen haben wie tags vorher, mit Verlangen zu schmeicheln. Man beruhigt ihn. Er sagt weinend: ›Ich weiß, ich werde morgen wieder spazieren gehen müssen,‹ und später: ›Das Pferd wird ins Zimmer kommen.‹« (GW VII: 260)

Auch diese Vorgeschichte ist bei Wolpe und Rachman (1979) nicht ausreichend berücksichtigt; dabei drängt sich die Frage geradezu auf, in welcher Verbindung die Pferdephobie zur unmittelbar vorausgehenden diffusen Angst steht. Freud kommentiert das Verhalten des Kindes und betont die psychologische Funktion der Angst:

> »Das Kind kann nicht wissen, wovor es sich fürchtet, und wenn Hans auf dem ersten Spaziergange mit dem Mädchen nicht sagen will, wovor er sich fürchtet, so weiß er es eben noch nicht. Er sagt, was er weiß, daß ihm die Mama auf der Straße fehlt, mit der er schmeicheln kann, und daß er nicht von der Mama weg will. Er verrät da in aller Aufrichtigkeit den ersten Sinn seiner Abneigung gegen die Straße.
>
> Auch seine, an zwei Abenden hintereinander vor dem Schlafenge-

hen wiederholten, ängstlichen und noch deutlich zärtlich getönten Zustände beweisen, daß zu Beginn der Erkrankung eine Phobie vor der Straße oder dem Spaziergange oder gar vor den Pferden noch gar nicht vorhanden ist. Der abendliche Zustand würde dann unerklärlich; wer denkt vor dem Zubettgehen an Straße und Spaziergang? Hingegen ist es vollkommen durchsichtig, daß er abends so ängstlich wird, wenn ihn vor dem Zubettgehen die Libido, deren Objekt die Mutter ist, und deren Ziel etwa sein könnte, bei der Mutter zu schlafen, verstärkt überfällt. Er hat doch die Erfahrung gemacht, daß die Mutter sich durch solche Stimmungen in Gmunden bewegen ließ, ihn in ihr Bett zu nehmen, und er möchte dasselbe hier in Wien erreichen.« (GW VII: 261)

Nun versucht Freud, die Verbindung zur Pferdephobie herzustellen:

»Auf diesem Spaziergange äußert er zunächst die Furcht, daß ihn ein Pferd beißen werde. Woher das Material dieser Phobie stammt? Wahrscheinlich aus jenen noch unbekannten Komplexen, die zur Verdrängung beigetragen haben und die Libido zur Mutter in verdrängten Zustand erhalten. Das ist noch ein Rätsel des Falles, dessen weitere Entwicklung wir nun verfolgen müssen, um die Lösung zu finden. Gewisse Anhaltspunkte, die wahrscheinlich verläßlich sind, hat uns der Vater schon gegeben, daß er die Pferde wegen ihrer großen Wiwimacher immer mit Interesse beobachtet, daß er angenommen, die Mama müsse einen Wiwimacher haben wie ein Pferd u. dgl. So könnte man meinen, das Pferd sei nur ein Ersatz für die Mama. Aber was soll es heißen, daß Hans am Abend die Furcht äußert, das Pferd werde ins Zimmer kommen? Eine dumme Angstidee eines kleinen Kindes, wird man sagen. Aber die Neurose sagt nichts Dummes, so wenig wie der Traum. Wir schimpfen immer dann, wenn wir nichts verstehen. Das heißt, sich die Aufgabe leicht machen.« (GW VII: 262f.)*

* Es ist sehr aufschlußreich, diese Gedanken Freuds, die nicht nur von einem tieferen wissenschaftlichen Interesse mit Mißtrauen gegen vordergründige Erklärungsversuche zeugen, sondern auch in ihrem Bestreben, die scheinbar sinnlosen oder gar im Widerspruch zur äußeren Realität stehenden Aussagen eines Kindes ernstzunehmen und in Einzelheiten zu verstehen, einen wahrhaft humanen Ansatz darstellen, mit Äußerungen bei Wolpe und Rachman sowie bei Eysenck zu vergleichen. Die ersteren schreiben: »Die Aussagen von Hans sind aus verschiedenen Gründen unzuverlässig. Abgesehen von den zahlreichen Lügen, die er in den wenigen Wochen seiner Phobie erzählt, sind seine Erzählungen häufig unzusammenhängend und gelegentlich widersprüchlich.« (Wolpe und Rachman 1979, S. 390) In ihrem Bestreben, nur das objektiv Beobachtbare zur Erklärung heranzuziehen und entsprechend Aussagen wörtlich zu nehmen, ohne eine mögliche Textentstellung in Betracht zu ziehen, geraten die Autoren sehr bald in die mißliche Lage, ihr Untersuchungsobjekt, einen kleinen Jungen, anhand den Maßstäben gerichtlicher

Es ist hier nicht der Ort, die umfangreiche Krankengeschichte, die Deutungen der Symptome durch den Vater sowie Freuds abschließenden Kommentar wiederzugeben. Etwas grob ließe sich Freuds Interpretation des Falles so zusammenfassen: Die nicht zuletzt aus sexueller Erregung angesichts der Mutter gespeiste Angst suchte sich als Objekt Pferde, weil sich diese über mehrere Assoziationsverbindungen als geeigneter Ersatz für den Vater erwiesen, zu dem Hans im Rahmen der ödipalen Konfliktproblematik ein ambivalentes, deutlich angstbetontes Verhältnis hatte, und weil zudem in die Vorstellung umfallender, schwer beladene Wagen ziehender Pferde auch das Gedankenmaterial verwoben werden konnte, das sich bei Hans an die Niederkunft der Mutter mit der kleinen Schwester knüpfte. Nicht diskutiert werden soll hier, ob man diese Interpretation als plausibel oder gar zwingend ansehen kann. Vielmehr soll nun Wolpes und Rachmans Kritik und alternative Klärung betrachtet werden.

Diese erschien zunächst 1960 in einer psychiatrischen Zeitschrift, wurde sodann unverändert in den von Rachman herausgegebenen Sammelband *Critical Essays on Psychoanalysis* (1963) übernommen, außerdem in *The Experimental Study of Freudian Theories* (Eysenck und Wilson, 1973), und erschien mit der Übersetzung dieses Sammelbandes 1979 auch in deutscher Sprache (Wolpe und Rachman, 1979). Allein schon dies läßt auf eine gewisse Resonanz und angenommene Bedeutsamkeit der Arbeit schließen, und mit der für die Anti-Freud-Autoren geradezu charakteristischen gegenseitigen lobhudelnden Kritiklosigkeit spricht Eysenck (1985, S. 113) von einer »erhellenden Diskussion« und Eschenröder (1986, S. 63) von einer »scharfsinnigen Kritik« von Wolpe und Rachman. Ich kann mich diesem Urteil nicht anschließen; vielmehr halte ich die Ausführungen von Wolpe und Rachman geradezu für ein Musterbeispiel unfairer und inkompetenter Freud-Kritik; die von den Autoren präsentierte Alternativerklärung zeugt von einer bemerkenswerten Anspruchslosigkeit an wissenschaftliche Erklärungen und gibt in ihrer Schlichtheit überhaupt nur annähernd Sinn, wenn man wesentliche Stücke des Fallberichts unterschlägt, deren Berücksichtigung Freud erst zu seiner komplexen spekulativen Erklärung veranlaßt hat.

Zunächst einmal – man ist es leid, dies jedesmal zu wiederholen, aber die Autoren der Anti-Freud-Literatur geben keine Rechtfertigung, diese Bemerkung auch nur einmal zu unterlassen – muß man feststellen,

Glaubwürdigkeit zu beurteilen. Eysenck (1985, S. 115) wiederholt Wolpes und Rachmans Schelte fast wörtlich.

daß die beiden Wissenschaftler jene überhaupt wissenschaftlichen Diskurs ermöglichenden Grundregeln der korrekten Textwiedergabe nicht beherrschen oder nicht einhalten.* Das beginnt bereits auf den ersten beiden Seiten: »Der Kleine Hans hat überdies spezielle Bedeutung für die Entwicklung der psychoanalytischen Theorie, denn Freud selbst war der Meinung, damit einen ›direkteren und auf kürzerem Weg gewonnenen Beweis‹ (S. 13f.) einiger fundamentaler psychoanalytischer Lehrsätze gefunden zu haben.« (Wolpe und Rachman 1979, S. 379f.) Dies stellt eine fehlerhafte Paraphrasierung dar, wobei die zitatmäßige Wiedergabe von Freuds Worten in einen veränderten Kontext gestellt wird. Im Original lautet die Stelle, die noch vor der Fallgeschichte steht:

> »Ich habe diese Annahmen [scl. über die infantile Sexualität] in meinen 1905 veröffentlichten ›Drei Abhandlungen zur Sexualtheorie‹ dargelegt; ich weiß, daß sie dem Fernerstehenden ebenso befremdend erscheinen wie dem Psychoanalytiker unabweisbar. Aber auch der Psychoanalytiker darf sich den Wunsch nach einem direkteren, auf kürzerem Wege gewonnenen Beweise jener fundamentalen Sätze eingestehen. Sollte es denn unmöglich sein, unmittelbar am Kinde in aller Lebensfrische jene sexuellen Regungen und Wunschbildungen zu erfahren, [...]« (GW VII: 244).

Dann leitet Freud überhaupt erst zum kleinen Hans über. Sicher ist die resultierende Entstellung nicht eigentlich gravierend, das Vorgehen jedoch ungewöhnlich und läßt für das Kommende Schlimmstes erwarten.

Sodann schildern die Autoren die Vorgeschichte und die Entwicklung der Symptomatik, leisten sich aber dabei erhebliche Auslassungen (unter anderem die Angabe, daß Hans im Fieber das gerade geborene Schwesterchen fort wünscht) und Entstellungen:

> »Anfang Jänner 1908 schrieb der Vater an Freud, daß sich bei Hans ›eine nervöse Störung entwickelt habe‹. Die Symptome, von denen er berichtete: waren Furcht, auf die Straße zu gehen, Depressionen am Abend und die Angst, daß ihn auf der Straße ein Pferd beißen könnte. [...] Die ersten Anzeichen der Phobie zeigten sich am 7. Jänner, als Hans wie gewöhnlich von seinem Kindermädchen in den Park geführt wurde. Er fing zu weinen an und sagte, daß er mit seiner Mutter ›schmeicheln‹ möchte.« (Wolpe und Rachman 1979, S. 382f.)

* Fairerweise muß man erwähnen, daß einige dieser Fehler nur in der deutschen Übersetzung, nicht im englischsprachigen Originaltext auftreten; in meiner Kritik habe ich nur das berücksichtigt, was nicht einer nachlässigen Übersetzungs- und Editionsarbeit anzulasten ist.

Abgesehen davon, daß das Kind nicht »Depressionen«, sondern Angst am Abend zeigte, fehlt in dieser Wiedergabe hier gänzlich die für die Freudsche Interpretation wesentliche Tatsache, daß der eigentlichen Phobie eine Phase diffuser Angst einschließlich eines Angsttraumes, die Mutter zu verlieren, vorausging (vgl. GW VII: 259; siehe auch oben). Diese Verdrehung der Reihenfolge und die Auslassungen erweisen sich jedoch als nötig, um die spätere »Alternativerklärung« plausibel zu machen.

> »Zwei Tage später erzählte der Vater Hans neuerlich, daß Mädchen und Frauen keinen Wiwimacher haben: ›Die Mama hat keinen, die Anna nicht‹ usw. [...] Am 17. März berichtete Hans von einer Phantasievorstellung, bei der er seine Mutter nackt gesehen hat. Aufgrund dieser Phantasievorstellung zieht Freud den Schluß, daß Hans die Aufklärung, die ihm zuteil geworden war, nicht akzeptiert hat.« (Wolpe und Rachman, S. 384)

Dies vermittelt den Eindruck, als sei Freud in seiner Interpretation weit über das vorliegende Datenmaterial hinausgegangen. In Wirklichkeit haben die Autoren die Tatsache verschwiegen, daß in dieser Phantasie die Mutter einen »Wiwimacher« besitzt: Hans gesteht, die Finger »ganz wenig« zum »Wiwimacher« gegeben zu haben. »Da hab' ich die Mammi ganz nackt im Hemde gesehen und sie hat den Wiwimacher sehen lassen. Ich hab' der Grete, meiner Grete, gezeigt, was die Mama macht, und hab' ihr meinen Wiwimacher gezeigt. Dann hab' ich die Hand schnell vom Wiwimacher weggegeben.« (GW VII: 267)

Bei einem Besuch im Tiergarten, schreiben Wolpe und Rachman, habe Hans Furcht vor der Giraffe, dem Elefant und allen großen Tieren gezeigt. »Sein Vater sagte zu ihm: ›Weißt du, warum du dich vor großen Tieren fürchtest? Große Tiere haben einen großen Wiwimacher, und du fürchtest dich eigentlich vor dem großen Wiwimacher.‹ Der Knabe bestreitet dies.« (Wolpe und Rachman, S. 385) Der Knabe bestreitet hier keineswegs seine Furcht vor dem »Wiwimacher«, vielmehr daß er je den »Wiwimacher« bei großen Tieren gesehen hat, was falsch ist angesichts der früher protokollierten Äußerungen und von Freud als Zeichen beginnender Verdrängung aufgefaßt wird:

> »Hans: ›Aber ich habe noch nie von den großen Tieren den Wiwimacher gesehen.‹
>
> Ich: ›Aber vom Pferde doch und das Pferd ist auch ein großes Tier.‹
>
> Hans: ›Oh, vom Pferd oft. Einmal in Gmunden, wie der Wagen vor dem Hause gestanden ist, einmal vor dem Hauptzollamt.‹« (GW VII: 269)

Unzulässig verkürzt und fehlerhaft ist auch die Giraffenphantasie dargestellt (Wolpe und Rachman, S. 385f., vgl. GW VII: 271 ff.).

Ausführlich im Originaltext geben die Autoren jene Stelle wieder, auf die sie sich dann besonders bei ihrer eigenen Interpretation stützen:

»..., daß er Angst habe, seit das Pferd gestürzt sei und daß er am meisten Angst vor den Stellwagen habe, die von Pferden gezogen werden.

Hans: ›...wenn ein Stellwagen kommt, fürcht' ich mich am meisten.‹

Vater: ›Warum? Weil er so groß ist?‹

Hans: ›Nein, weil einmal bei so einem Wagen das Pferd umgefallen ist.‹

Vater: ›Wann?‹

Hans erzählt dann seinem Vater von einem Unfall, was später von seiner Mutter bestätigt wird.

Vater: ›Was hast du gedacht, wie das Pferd umgefallen ist?‹

Hans: ›Das wird jetzt immer so sein. Alle Pferde werden beim Stellwagen umfallen.‹

Vater: ›Bei jedem Stellwagen?‹

Hans: ›Ja! Und dann beim Möbelwagen. Beim Möbelwagen nicht so oft.‹

Vater: ›Du hast damals die Dummheit schon gehabt.‹

Hans: ›*Nein* [kursiv vom Autor]. Ich hab sie erst gekriegt. Wie das Pferd vom Stellwagen umgefallen ist, hab' ich mich so erschrocken, wirklich. Wie ich gegangen bin, hab' ich sie gekriegt.‹

Der Vater fügt hinzu: ›Das alles wird von meiner Frau bestätigt, auch daß *unmittelbar nachher die Angst ausgebrochen ist*‹ [kursiv vom Autor].« (Wolpe und Rachman, S. 386f.; Hervorhebungen durch Wolpe und Rachman)

Nicht erwähnt hingegen werden von Wolpe und Rachman einige Beobachtungen, die einem simplen, rein traumatischen Angstmodell widersprechen, nämlich zunächst, daß Hans auf dem Höhepunkt der Phobie mit dem Dienstmädchen Pferdchen spielt (GW VII: 266), wie er es auch früher mit den Kindern im Ferienort Gmunden getan hatte, bei dem ein Spielkamerad sich verletzt hatte (s. u.), daß er, ebenfalls in einer Zeit ausgeprägter Angst vor Pferden auf der Straße, ein seltsames Spiel aufführt: »Hans spielt seit einiger Zeit im Zimmer Pferd, rennt herum, fällt nieder, zappelt mit den Füßen, wiehert. Einmal bindet er sich ein Sakkerl wie einen Futtersack um. Wiederholt läuft er auf mich zu und beißt mich.« (GW VII: 287) Schließlich ist es sicher auch nicht belanglos, jene Phantasien anzuführen, in denen Hans Pferde necken und peitschen möchte (GW VII: 314ff.). Wolpe und Rachman erwähnen dann noch unter anderem das Interesse des kleinen Hans am Lumpf (Lumpfmachen als Erledigen des großen Geschäftes) und schließen die eigentliche Darstellung des Falles mit den Worten:

> »Der Rest des Materials der Fallgeschichte – bis sich Hans anfangs Mai von der Phobie erholt – bezieht sich auf Lumpf-Themen und auf die Gefühle, die Hans gegenüber seinen Eltern und seiner Schwester hegt. Vorwegzunehmen ist, daß dieses restliche Material als Erhärtung der Theorien Freuds unbefriedigend ist. Zum größten Teil geht es darum, daß der Vater dem Knaben Theorien erklärt und daß dieser gelegentlich zustimmt und gelegentlich nicht zustimmt.« (Wolpe und Rachman, S. 387f.)

Hier liefern die Autoren eine bemerkenswerte Fehldarstellung: Gerade der letzte Teil der Analyse enthält besonders interessantes Material, nämlich die überraschenden Einsichten von Hans in die Gravidität der Mutter und die Vorgänge bei der Geburt der kleinen Hanna, die in direkter Weise Freuds Theorie von der infantilen Sexualforschung bestätigen. Anzumerken ist auch, daß gerade jene Äußerungen des Knaben schwerlich mehr auf die Suggestion des Vaters zurückgeführt werden können, da dieser darauf keineswegs gefaßt war. Die Auslassung durch Wolpe und Rachman ist um so weniger entschuldbar, als die Geburtsphantasien des kleinen Hans nach Freuds Deutung in die Symptomatik der Phobie (Angst vor Pferden, die mit schwer beladenem Wagen umstürzen) Eingang gefunden haben und die einschlägigen Passagen in der Fallgeschichte etwa 20 Seiten einnehmen (GW VII: 304ff.) sowie noch einmal etwa drei Seiten in der Epikrise (GW VII: 361ff.).

Nun zur Einschätzung, die Wolpe und Rachman von der Beweiskraft des Falles geben. Zunächst wenden sie ein, daß das in die Falldarstellung aufgenommene Material sicher nicht tendenzfrei ausgewählt wurde: »Die größte Aufmerksamkeit kommt natürlich dem Material zu, das sich auf die psychoanalytische Theorie bezieht, und es besteht die Tendenz, andere Tatsachen zu ignorieren.« (Wolpe und Rachman, S. 389) Dies ist vermutlich richtig, trifft im übrigen mehr oder weniger auf jede klinische Falldarstellung zu; man sollte sich aber fragen, ob ausgerechnet Wolpe und Rachman eine solche Rüge gut ansteht, denen es nicht einmal gelingt, einen niedergeschriebenen Bericht sachlich korrekt und tendenzlos wiederzugeben; außerdem wird sich zeigen, daß die Autoren bei der Entwicklung ihres alternativen Erklärungsmodells sehr viel augenfälligere Tatsachen ignoriert haben.

Weiter merken sie kritisch an, daß der Vater das Verhalten und die Äußerungen seines Sohnes nicht einfach wiedergibt, sondern dabei bereits interpretiert; sie liefern ein Beispiel dafür: »Bei einer anderen Gelegenheit sagt der Vater zu Hans, obwohl dieser ihm eindeutig seiner Zuneigung zu seiner Schwester versichert hat (nach einigen Klagen über ihr Schreien): ›Wenn du lieber hättest, daß sie nicht auf der Welt wär', hast du sie ja gar nicht gern.‹ Hans (zustimmend): ›Hm, hm.‹ (s. oben).« (a.a.O., S. 390) Keineswegs hatte Hans eindeutig den Vater der Zuneigung zu seiner Schwester versichert; das (übrigens zwei Seiten zuvor bei Wolpe und Rachman wiedergegebene) diesbezügliche Gespräch lautet so:

»Ich: ›Hast du die Hanna gerne?‹

Hans: ›O ja, sehr gerne.‹

Ich: ›Wäre es dir lieber, wenn die Hanna nicht auf die Welt gekommen wäre, oder ist es dir lieber, daß sie auf der Welt ist?‹

Hans: ›Mir wär' lieber, daß sie nicht auf die Welt gekommen wär'‹.« (GW VII: 306 f.)

Richtig ist natürlich generell, daß der Vater interpretiert; es ist eine der zentralen Annahmen Freuds, daß ein Text nicht mit dem eigentlich Ausgesagten identisch ist, und entsprechend wagt man in der Psychoanalyse den Versuch, das Ausgesagte zu erschließen, was notwendig mit Unsicherheit behaftet ist. Man kann lediglich fragen, wie plausibel die Interpretation ist. Tatsache ist, daß Hans hier von zwei dargebotenen Antworten sich die ihm angenehmere auswählt und daß der Knabe lange vorher im Fieber das gerade geborene Schwesterchen weggewünscht hatte:

»Hans ist auf den neuen Ankömmling sehr eifersüchtig und sagt, wenn irgend wer sie lobt, schön findet usw., sofort höhnisch: ›Aber sie hat noch keine Zähne.‹ [...] Er wird in den ersten Tagen selbstverständlich sehr zurückgesetzt und erkrankt plötzlich an Angina. Im Fieber hört man ihn sagen: ›Aber ich will kein Schwesterl haben!‹« (GW VII: 248)

Ein nächster Abschnitt, der hier übergangen werden soll, befaßt sich mit »Freuds Interpretation« (a.a.O., S. 391 f.). Es folgt eine »Kritik an Freuds Schlußfolgerungen«:

»Wir behaupten, daß Freuds Einschätzung des Falles durch die Daten nicht gedeckt ist, weder im einzelnen noch im allgemeinen. Folgende Hauptpunkte betrachtet er als erwiesen: (1) Hans begehrte seine Mutter sexuell, (2) er haßte und fürchtete seinen Vater und wünschte ihn zu töten, (3) seine sexuelle Erregung und das Begehren nach seiner Mutter wurden in Angst umgewandelt, (4) seine Furcht vor Pferden war symbolisch für seine Furcht vor dem Vater, (5) die Absicht der Krankheit war, seiner Mutter nahe zu bleiben, und schließlich (6), seine Phobie verschwand, weil er seinen Ödipus-Komplex überwand.« (a.a.O., S. 393)

Wolpe und Rachman überprüfen jeden dieser Punkte im einzelnen und können selbst keine dieser Freudschen Annahmen bestätigen. Ich greife meinerseits nur einige Punkte von dieser Kritik auf.

»(1) Es wird nicht einmal versucht zu bestreiten, daß Hans durch seine Mutter Befriedigung erlangte und Vergnügen an ihrer Gegenwart hatte. Aber nirgendwo ergibt sich ein Beweis für den Wunsch, sie sexuell zu besitzen. Dennoch stellt Freud fest: ›Hätte ich allein die Verfügung darüber gehabt... ich hätte seine triebhaften Ahnungen bestätigt, indem ich ihm von der Existenz der Vagina und des Koitus erzählt hätte‹ (S. 121). Er spricht von ›triebhaften Ahnungen‹ wie von einer Tatsache, obwohl es keinen Beweis für ihr Vorhandensein gibt.

Der einzige Verführungsversuch, der beschrieben wurde (s.oben), zeigt, daß bei *dieser besonderen Gelegenheit* Hans einen Kontakt sexueller Natur mit seiner Mutter wünschte, wiewohl einen sexuellen Kontakt einfacher und primitiver Art. Das aber ist kein hinreichender Beweis, von dem sich die Behauptung ableiten läßt, daß Hans einen Ödipuskomplex hatte, der das sexuelle Begehren nach seiner Mutter impliziert, den Wunsch, sie zu besitzen und den Vater zu verdrängen. Bestenfalls läßt sich von diesem ›Verführungsversuch‹ sagen, daß Hans den Wunsch nach sexueller Stimulierung durch eine andere Person verspürte (es sei daran erinnert, daß er oft onanierte). Selbst im Falle der Annahme, daß Stimulierung durch seine Mutter von ihm besonders begehrt war, kommen die beiden anderen Merkmale des Ödipuskomplexes (der Wunsch, die Mutter zu besitzen und den Vater zu verdrängen) in den Tatsachen des Falles nicht zum Ausdruck.« (a.a.O., S. 393; Hervorhebung im Original)

Zunächst wäre an die Autoren die Frage zu richten, wie sie sich einen direkten Nachweis des Ödipuskomplexes bei einem knapp fünfjährigen Knaben vorstellen, welches auffällige Verhalten ihrer Meinung nach gezeigt werden muß, um beobachtungswissenschaftlich als ödipal akzeptiert zu werden. Natürlich ist sich Freud bewußt, daß eine solche direkte Beobachtung nur ein schüchtern angedeutetes, im Rahmen des kindlichen Verständnisses von Sexualvorgängen angesiedeltes Verhalten ins Licht bringen kann:

»Was läßt also die direkte Beobachtung des Kindes zur Zeit der Objektwahl vor der Latenzzeit vom Ödipuskomplex erkennen? Nun, man sieht leicht, daß der kleine Mann die Mutter für sich allein haben will, die Anwesenheit des Vaters als störend empfindet, unwillig wird, wenn dieser sich Zärtlichkeiten gegen die Mutter erlaubt, seine Zufriedenheit äußert, wenn der Vater verreist oder abwesend ist. Häufig gibt er seinen Gefühlen direkten Ausdruck in Worten, verspricht der Mutter, daß er sie heiraten wird. Man wird meinen, das sei wenig im Vergleich zu den Taten des Ödipus, aber es ist tatsächlich genug, es ist im Keime dasselbe. Die Beobachtung wird häufig durch den Umstand verdunkelt, daß dasselbe Kind gleichzeitig bei anderen Gelegenheiten eine große Zärtlichkeit für den Vater kundgibt; [...]. Zeigt der Kleine die unverhüllteste sexuelle Neugierde für seine Mutter, verlangt er, nachts bei ihr zu schlafen, drängt sich zur Anwesenheit bei ihrer Toilette auf oder unternimmt er gar Verführungsversuche, wie es die Mutter so oft feststellen und lachend berichten kann, so ist die erotische Natur der Bindung an die Mutter doch gegen jeden Zweifel gesichert.« (GW XI: 344f.)

Erst der Ödipuskomplex, wie er sich aus der Analyse erwachsener Neurotiker ergibt, ist durch »Rückphantasieren« zu einem gröberen Bild verzerrt, wobei der Haß gegen den Vater aus späteren Motiven verstärkt ist, ebenso wie die sexuellen Wünsche auf die Mutter in Formen gegossen sind, die dem Kinde noch fremd sein mußten. (GW XI: 348) Insofern dürften Wolpe und Rachman ein Ödipusverhalten, wie es der Sage entspricht, bestenfalls bei reichlich gestörten Kindern in aller Deutlichkeit beobachten können.

Andererseits kann man bei Hans dieses oben von Freud skizzierte Verhalten sehr rasch entdecken, wenn man sich nur die Mühe macht, die »Analyse der Phobie eines fünfjährigen Knaben« etwas aufmerksamer zu lesen. Zunächst einmal ist der von den Autoren angeführte und gewissermaßen wissenschaftlich abgewiesene Verführungsversuch des kleinen Hans keineswegs der einzige, über den berichtet wird. Direkt vor dem Ausbruch der Phobie »kam er früh zur Mama ins Bett und sagte bei diesem Anlasse: ›Weißt du, was Tante M. gesagt hat: »Er hat aber ein liebes Pischl.«‹« (GW VII: 259); dies fällt auch in die Zeit, in der es ihn besonders danach drängt, mit der Mutter zu »schmeicheln«. Weiter erscheint die Mutter in einer Onanierphantasie (S. 267), und man erfährt, daß Hans sich gegen den Widerstand des Vaters allmorgendlich zur Mutter ins Bett legt (S. 274f.; siehe auch S. 282). Hans drängt die Mutter mehrfach, ihn mit aufs Klosett zu nehmen (S. 292); direkt vom Vater befragt, ob er mit der Mami oft im Klosett war, antwortet er: »Sehr oft.« Das Gespräch setzt sich fort:

»Ich: ›Da hast du dich geekelt?‹

Er: ›Ja... Nein!‹

Ich: ›Du bist gerne dabei, wenn die Mammi Wiwi oder Lumpf macht?‹

Er: ›Sehr gerne.‹« (S. 298)

Man entnimmt der Fallgeschichte auch, daß Hans immer weint, wenn die Mammi dem Vater einen Kuß gibt (S. 324). Die folgende Stelle ist besonders aufschlußreich, da Hans einerseits ziemlich unverblümt den Vater als Konkurrenten hinweg wünscht, andererseits sich auch die Verbindung Pferd-Vater gut demonstrieren läßt:

»›Nachmittag vor dem Haus. Hans läuft plötzlich ins Haus, als ein Wagen mit zwei Pferden kommt, an dem ich nichts Außergewöhnliches bemerken kann. Ich frage ihn, was er hat. Er sagt: ›Ich fürchte mich, weil die Pferde so stolz sind, daß sie umfallen.‹ (Die Pferde wurden vom Kutscher scharf am Zügel gehalten, so daß sie in kurzem Schritte gingen, die Köpfe hochhaltend – sie hatten wirklich einen stolzen Gang).‹

›Ich frage ihn, wer denn eigentlich so stolz sei.‹

Er: ›Du, wenn ich ins Bett zur Mammi komm'.‹

Ich: ›Du wünschest also, ich soll umfallen?‹

Er: ›Ja, du sollst als Nackter (er meint: barfüßig wie seinerzeit Fritzl) auf einen Stein anstoßen und da soll Blut fließen und wenigstens kann ich mit der Mammi ein bißchen allein sein. Wenn du in die Wohnung heraufkommst, kann ich geschwind weglaufen von der Mammi, daß du's nicht siehst.‹

Ich: ›Kannst du dich erinnern, wer sich am Steine angestoßen hat?‹

Er: ›Ja, der Fritzl.‹

Ich: ›Wie der Fritzl hingefallen ist, was hast du dir gedacht?‹

Er: ›Daß du am Steine hinfliegen sollst.‹« (GW VII: 317f.)

Schließlich führt Hans, der endlich über die Rolle des Vaters bei der Kinderzeugung aufgeklärt worden war, mit dem Vater folgendes Gespräch, das sich entspinnt, als Hans mit »seinen« (phantasierten) Kindern spielt:

»›30. April. Da Hans wieder mit seinen imaginären Kindern spielt, sage ich ihm: ›Wieso leben denn deine Kinder noch? Du weißt ja, daß ein Bub keine Kinder bekommen kann.‹

Hans: ›Das weiß ich. Früher war ich die Mammi, *jetzt bin ich der Vatti.*‹

Ich: ›Und wer ist die Mammi zu den Kindern?‹

Hans: ›No, die Mammi, und du bist der *Großvatti.*‹

Ich: ›Also du möchtest so groß sein wie ich, mit der Mammi verheiratet sein, und sie soll dann Kinder bekommen.‹

Hans: ›Ja, das möcht' ich und die Lainzerin (meine Mutter) ist dann die Großmammi.‹« (GW VII: 332; Hervorh. im Original)

Damit hat man nun so gut wie alle Stücke beisammen, die Freud zur Charakterisierung des männlichen Ödipuskomplexes heranzieht: deutliches Interesse an der körperlichen Nähe zur Mutter (wobei der Vater, nicht die Mutter selbst, dagegen Einwände vorbringt), Erwähnen bzw. regelrechtes Anbieten seines Genitales, Übernahme der Mutter in Onanierphantasien, der hartnäckig vertretene Wunsch, bei den intimen Verrichtungen der Mutter anwesend zu sein (dem die Mutter eigenartigerweise nachgibt), Eifersucht auf den Vater, Hinwegwünschen des Konkurrenten. Selbst wenn man den Heirats- sowie den Verletzungswunsch als Resultat suggestiver Befragung ansieht und die Deutung der Giraffenphantasie als Wunsch der Besitzergreifung nicht akzeptieren will, so beruht alles oben Angeführte auf Beobachtungen des Verhaltens bzw. der unmittelbaren Äußerungen, die nur schwerlich eine andere Interpretation zulassen; die Frage stellt sich, ob man eigentlich auf diesem dunklen Gebiet noch mehr Sicherheit bei den Ableitungen verlangen kann als in der Fallgeschichte des kleinen Hans.

Ich übergehe die nächsten Punkte, merke zu Punkt 2 nur an, daß die Autoren nach dem zuvor Gesagten wohl kaum ein so vergröbertes Bild des Ödipus-Komplexes bei einem an sich unauffälligen fünfjährigen Knaben zu erwarten haben, und verweise bezüglich der gegen den Vater angedeuteten Eifersucht und Feindseligkeit auf einige unter der Stellungnahme zu Punkt 1 beigebrachten Belege. Die Behauptung (3), daß die sexuelle Erregung beim kleinen Hans und das Begehren nach seiner Mutter in Angst umgewandelt wurden, ist in dieser undifferenzierten Form nicht von Freud vertreten worden; vielmehr wurden auch andere Affekte in Angst verwandelt, nachdem deren zugehörige Vorstellungen verdrängt waren (vgl. GW VII: 270).

Bezüglich Punkt 4 ist entgegen den spärlich beigebrachten und dann abgewiesenen Belegen durch Wolpe und Rachman auf die zahlreichen Stellen hinzuweisen, die auf eine assoziative Beziehung zwischen Vater und Pferd hindeuten (GW VII: 277, 280, 283f., 286ff., 304, insbesondere aber 317f.). Zum nächsten Punkt führen die Autoren an:

> »Die fünfte Behauptung besagt, daß die Phobie des Kleinen Hans bezweckte, ihn in der Nähe der Mutter zu halten. Abgesehen von der fragwürdigen Ansicht, daß neurotische Störungen zweckgebunden auftreten, trägt diese Interpretation nicht der Tatsache Rechnung, daß Hans auch an Angst litt, wenn er *mit seiner Mutter* spazierenging.« (Wolpe und Rachman, S. 395; Hervorhebung im Original).

Zunächst stellt es eine erhebliche Verkürzung dar, den Sinn der neurotischen Symptome allein auf einen sekundären Krankheitsgewinn einzuschränken; vielmehr charakterisiert ihn Freud in der »Epikrise« genauer:

> »Absicht und Inhalt der Phobie ist eine weitgehende Einschränkung der Bewegungsfreiheit, sie ist also eine machtvolle Reaktion gegen die dunklen Bewegungsimpulse, die sich besonders gegen die Mutter wenden wollten [...] Aber so deutlich auch der Sieg der Sexualablehnung in der Phobie ist, so läßt doch die Kompromißnatur der Krankheit nicht zu, daß das Verdrängte nichts anderes erreiche. Die Phobie vor dem Pferde ist doch wieder ein Hindernis, auf die Gasse zu gehen, und kann als Mittel dienen, um bei der geliebten Mutter im Hause zu bleiben. Darin hat sich also die Zärtlichkeit für die Mutter siegreich durchgesetzt; der Liebhaber klammert sich infolge der Phobie an sein geliebtes Objekt, aber freilich ist nun dafür gesorgt, daß er unschädlich bleibt. In diesen beiden Wirkungen offenbart sich die eigentliche Natur einer neurotischen Erkrankung.« (GW VII: 370f.)

Aber selbst wenn die Phobie nach Freuds Auffassung für den Knaben nichts anderes bezweckte, als sich in der Nähe der Mutter zu halten, so ist die Annahme geradezu naiv, daß die phobische Angst einfach verschwinden müsse, wenn er mit der Mutter zusammen ist. In so simpler Weise kontingenzgesteuert ist wahrscheinlich nicht einmal eine Ratte, geschweige ein fünfjähriger Knabe.

Ich unterlasse es, ausführlicher den letzten Einwand von Wolpe und Rachman zu diskutieren, die eine mangelnde zeitliche Entsprechung zwischen Aufklärung und Einsichten in Zusammenhänge einerseits, therapeutischem Fortschritt andererseits rügen (was bei dieser kindlichen Phobie, welche in ihrem ersten Entwicklungsstadium schon der Analyse unterworfen wird, nicht in einfacher Form zu erwarten ist, da gleichzeitig durch die Analyse alte Verdrängungen abgebaut und neue durch den Krankheitsprozeß hergestellt wurden). Vielmehr soll nun die »alternative Sicht der Phobie des Kleinen Hans« (Wolpe und Rachman, S. 397ff.) betrachtet werden. Die Autoren schicken eine theoretische Einführung voraus:

»Gegen den möglichen Einwand, daß Freuds Erklärung, so unbefriedigend sie auch sein mag, die einzige zur Verfügung stehende sei, ist vorzubringen, daß die Phobie des Kleinen Hans sich in Begriffen der Lerntheorie innerhalb des theoretischen Systems verstehen läßt, das Wolpe (1950) entworfen hat. Diese Vorgangsweise entspricht jener Hulls; die klinischen Anwendungen gehen von experimentellen Ergebnissen aus.

Kurz – Phobien werden als konditionierte Angstreaktionen betrachtet. Jeder ›neutrale‹ Reiz, einfach oder komplex, der auf ein Individuum etwa zu der Zeit einwirkt, in der eine Angstreaktion hervorgerufen wird, erlangt die Fähigkeit, in der Folge Angst zu erzeugen. Ist die Angst bei der ursprünglichen Konditionierungssituation von großer Intensität, oder wird die Konditionierung mehrmals wiederholt, kann konditionierte Angst eine Beharrlichkeit entwickeln, die für *neurotische* Angst charakteristisch ist; und es wird zu einer Generalisation der Angstreaktionen auf Reize kommen, die den konditionierenden Reizen ähnlich sind.« (a.a.O., S. 397f.; Hervorhebung im Original)

Ich unterbreche die Darstellung der Autoren, um anzumerken, daß es sich hierbei um nicht mehr als die wissenschaftliche Verbrämung einer Binsenweisheit handelt (mit anderen Worten: Wenn man von einem Hund gebissen wurde, fürchtet man sich danach vor Hunden) und daß lange vor der Schöpfung des Begriffes der Konditionierung das Phänomen auch der Wissenschaft bekannt war und zur Erklärung herangezogen wurde, nämlich z. B. unter der Bezeichnung: Herstellung assoziativer Verbindungen. So wird es etwa schon von Breuer 1895 in seiner Fallgeschichte der Anna O. aus den *Studien über Hysterie* verwendet, der feststellte, daß im Rahmen einer Absence mit einer Schlangenhalluzination der rechte Arm der Patientin »einschlief«, also momentan gefühllos und gelähmt war. Die Anästhesie und Lähmung der Hand sei »in Assoziation« mit der Schlangenhalluzination getreten. Am nächsten Tag habe ein Zweig die Schlangenhalluzination hervorgerufen, und damit sei zugleich der rechte Arm steif gestreckt worden. »Dies wiederholte sich nun immer, so oft ein mehr oder weniger schlangenähnliches Objekt die Halluzination provozierte.« (Freud und Breuer 1970, S. 34)

Auch Freud stützt sich ausgiebig auf die Annahme assoziativer Verknüpfungen bei der Erklärung der Beinschmerzen seiner Patientin Elisabeth v. R., ebenfalls niedergeschrieben in den *Studien über Hysterie*:

> »Mit aller Bestimmtheit ergab sich ferner, daß die Schmerzen im Gehen und Stehen sich anfänglich im *Liegen* zu beruhigen pflegten. Erst als sie [...] während der Nacht, gleichzeitig von der Sorge um die Schwester und von tobenden Schmerzen gequält, schlaflos im Eisenbahnwagen ausgestreckt lag, stellte sich auch die Verbindung des Liegens mit den Schmerzen her, und eine ganze Zeit hindurch war ihr sogar das Liegen schmerzhafter als das Gehen und Stehen.« (GW I: 216; Hervorhebung im Original)

Freud war also das Konzept bekannt; er benutzt es auch in der Fallgeschichte des kleinen Hans, reflektiert aber im Gegensatz zu Wolpe und Rachman genau die Bedingungen, unter denen es anwendbar ist (s. u.). Die Autoren versuchen nun das Konzept der klassischen Konditionierung auf den Fall des kleinen Hans anzuwenden und begründen dies wie folgt:

> »Von Hans wird uns gesagt, daß er ein empfindsames Kind war, das ›nie ungerührt‹ blieb, ›wenn jemand in seiner Gegenwart weinte‹ und ›lange vor der Phobie unruhig wurde, wenn er im Ringelspiel Pferde schlagen sah‹ (S. 97). Unsere Behauptung geht dahin, daß der Zwischenfall, auf den Freud nur als auf die auslösende Ursache der Phobie des Kleinen Hans verweist, in Wirklichkeit die Ursache der ganzen Störung war. Hans sagt: ›Nein, ich hab sie erst gekriegt. Wie das Pferd vom Stellwagen umgefallen ist, hab ich mich so sehr erschrocken, wirklich! Wie ich gegangen bin, hab ich sie gekriegt‹ (S. 47). Der Vater sagt: ›Das alles wird von meiner Frau bestätigt, auch, daß unmittelbar nachher die Angst ausgebrochen ist‹ (S. 48). Der Beweis, der auf Studien über experimentelle Neurosen bei Tieren zurückgeht (z. B. Wolpe 1958), und die Studien von Watson und Rayner (1920), Jones (1924) und Woodward (1959) über Phobien bei Kindern zeigen, daß es gut möglich ist, daß eine einzige Erfahrung zu einer Phobie führt.« (a. a. O., S. 398)

Hier ist nun ein sehr ernstes Wort am Platze, und ich scheue mich nicht, über die Autoren das Verdikt der wissenschaftlichen Unehrlichkeit auszusprechen. Lediglich die berühmte Studie von Watson und Rayner (1920) kann mit Einschränkungen als Beleg angesehen werden, daß Phobien bei Menschen klassisch konditioniert werden können. Allerdings handelt es sich dabei nicht um eine einzige Erfahrung, die zur Phobie führte; immerhin mußten die Experimentatoren nicht weniger als siebenmal eine Ratte gleichzeitig mit einem lauten Schlag auf eine Eisenstange direkt hinter dem Kind präsentieren, bis der arme Knabe schließlich allein beim Anblick der Ratte schon zu schreien anfing (Watson und Rayner 1920, S. 4f.). Und bereits zehn Tage nach der erfolgreichen Konditionierung entschlossen sich Watson und Rayner, eine Auffrischung vorzunehmen (»It was thought best to freshen up the reaction by another joint stimulation«, a. a. O., S. 7), da Albert angesichts der Ratte nicht mehr schrie. Ein Monat später war die konditionierte Reaktion auf die Ratte trotz vorheriger Auffrischungen bereits deutlich schwächer geworden, und nachdem Albert an diesem Tag auch aus dem Krankenhaus genommen wurde, können Watson und Rayner nur über das weitere Schicksal der konditionierten Reaktionen spekulieren: »Our view is that they persist and modify personality throughout life.« (a. a. O., S. 12)* Die Pferdephobie des kleinen Hans dauerte immerhin von Anfang Januar bis Ende April, obwohl sie nicht zwischendurch durch Konfrontation mit umfallenden Pferden »aufgefrischt« wurde. Schließlich ist es auch für den von Wolpe und Rachman vollzogenen Analogieschluß vom kleinen Albert auf den kleinen Hans sicher nicht ohne Bedeutung, daß der erstere gerade zwölf Monate, der zweite aber fast fünf Jahre alt war.

Die Untersuchung von Woodward (1959) befaßt sich mit der Häufigkeit emotionaler Störungen nach schweren Verbrennungen, und findet solche erwartungsgemäß gehäuft, was die Autorin nicht zuletzt auch in Einklang mit den befragten Müttern auf die Hospitalisierung zurückführt (Woodward 1959, S. 1012). Unter diesen emotionalen Störungen werden zwar »fears and anxiety« mit Abstand am häufigsten genannt, aber keine Aussage wird gemacht über Phobien, die in inhaltlichem Zusammenhang mit dem traumatischen Ereignis stehen könnten. Vielmehr erläutert die Autorin diese Begriffe so: »Fears and anxieties were the most common complaints. They were described by the mothers in various ways. For example: ›He's generally nervous‹, or ›Everything worries him‹.« (S. 1010)

Die andere als Beleg angeführte Arbeit, die von Mary Cover Jones (1924a), ist ebenfalls für die Frage der klassischen Konditionierbarkeit von Phobien irrelevant – es handelt sich um therapeutische Studien an phobischen Kindern, ohne daß über die Genese der Störung Aussagen

* Wenn man bedenkt, daß Wolpe und Rachman Freud rügen, weil er »keine systematische Nachfolge-Untersuchung des Falles« vorgenommen hatte (Wolpe und Rachman 1979, S. 397), gleichzeitig aber die methodisch mehr als fragwürdige, nicht einmal abgeschlossene Studie von Watson und Rayner als Beleg heranziehen, erkennt man, wie selektiv diese beiden Wissenschaftler bei der Anmeldung ihrer szientistischen Ansprüche vorgehen.

gemacht werden. Eine zweite Arbeit von Mary Cover Jones (1924b) zitieren Wolpe und Rachman bezeichnenderweise nicht. In dieser Therapiestudie mit dem kleinen Peter, der Angst vor weißen Ratten hatte, betont die Autorin nämlich ausdrücklich, daß die Phobie vermutlich nicht durch klassische Konditionierung entstanden war: »Peter's fear of the animals which were shown him was probably not a directly conditioned fear. It is unlikely that he had ever had any experience with white rats, for example. Where the fear originated and with what stimulus, is not known.« (Jones 1924b, S. 315)

Von den drei zum Beleg angeführten (und vom Leser im Vertrauen auf die Autoren in der Regel nicht inhaltlich überprüften) Arbeiten bestätigt eine die Hypothese also nur sehr bedingt, die zweite und dritte sind für die Hypothese irrelevant. Mittlerweile ist man anscheinend endgültig davon abgekommen, der klassischen Konditionierung eine wesentliche Rolle bei der Entstehung von Phobien beizumessen, wie sich aus den entsprechenden Passagen des wohl augenblicklich bekanntesten Lehrbuchs der Klinischen Psychologie ergibt: Davison und Neale betonen zunächst, daß in Watsons und Rayners (1920) Konditionierungsstudie am kleinen Albert lediglich die Möglichkeit aufgezeigt wurde, daß manche Ängste auf diese spezielle Weise entstehen können; sie gehen dann auf negative Ergebnisse anderer Studien ein:

> »Wie in Kapitel 5 erwähnt, waren andere Versuche, die Entstehung von Angst über klassisches Konditionieren nachzuweisen, *nicht* erfolgreich. *English* (1929) versuchte zum Beispiel, Angst bei einem 14 Monate alten Mädchen zu konditionieren, indem er das Vorzeigen einer Ente mit lautem Geräusch paarte. Trotz 50 Versuchsdurchgängen bildete sich keine konditionierte Reaktion auf die Ente aus. *Bregman* (siehe *Thorndike*, 1935) versuchte in einer umfangreicheren Untersuchung, bei fünfzehn Kindern, die etwa so alt waren wie Klein-Albert, Angst zu konditionieren und verwandte dabei verschiedene CSs und eine laute Glocke als UCS. Wiederum entwickelten die Versuchspersonen relativ wenig Ängste. Vom ethischen Standpunkt aus ist es ein Glück, daß diese Autoren bei ihren kleinen Versuchspersonen keine Phobien erzeugen konnten.
>
> Obwohl die Ergebnisse von *Watson* und *Rayner* also nicht repliziert werden konnten, fassen viele Lerntheoretiker weiterhin Phobien als durch klassisches Konditionieren entstanden auf.« (Davison und Neale 1984, S. 139; Hervorhebungen im Original)

Nachdem Davison und Neale ein erweitertes Modell darstellen, das zur klassischen auch noch eine instrumentelle Konditionierung annimmt (Zwei-Faktoren-Theorie von Mowrer), kommentieren sie dieses:

> »Bestimmte klinische Berichte über Phobien scheinen ziemlich gut zu einem solchen Modell zu passen. So wird zum Beispiel manchmal berichtet, daß eine sich auf ein bestimmtes Objekt beziehende Phobie nach einer besonders unangenehmen Erfahrung mit diesem Objekt entstanden ist. Manche Menschen entwickeln nach einem schweren Unfall eine intensive Angst vor dem Autofahren. Andere Phobien entstehen offensichtlich auf ähnliche Weise. [...]
>
> Andere klinische Berichte legen jedoch die Annahme nahe, daß sich Phobien auch *ohne* vorausgehende furchterregende Erfahrungen entwickeln können. Viele Menschen mit starker Angst vor Schlangen, Bakterien, Flugzeugen und hochliegenden Orten geben Klinikern an, daß sie keine besonders unangenehme Erfahrung mit irgendeinem dieser Objekte oder Situationen hatten. Ebenso werden viele Menschen, die einen unangenehmen Autounfall hatten oder unglücklich hinfielen, *nicht* diesen Situationen gegenüber phobisch. Das Modell des klassischen Konditionierens kann also nicht die Entstehung aller Phobien erklären.« (a.a.O., S. 139f.; Hervorhebungen im Original)

Zusammenfassend läßt sich somit sagen, daß in gewissen Fällen einmalige stärkere traumatische Erfahrungen tatsächlich zu einer Phobie führen können, daß dies, wenigstens nach den bisher fast durchgehend negativen Ergebnissen experimenteller Studien, jedoch eher selten vorkommen dürfte.

Ich übergehe zunächst die weiteren Argumente Wolpes und Rachmans aus dem vorherigen Abschnitt und gebe den nächsten Teil ihrer Ausführungen wieder:

> »Außerdem wußte der Vater von zwei unangenehmen Zwischenfällen zu berichten, die Hans mit Pferden erlebte, bevor seine Phobie ausbrach. Es ist wahrscheinlich, daß Hans dadurch gegen Pferde sensitiviert wurde, oder, mit anderen Worten, daß er schon teilweise auf Angst vor Pferden konditioniert war. Beide Zwischenfälle ereigneten sich in Gmunden. Der erste bestand in der Warnung des Vaters einer Spielgefährtin, sich vor dem weißen Pferd in acht zu nehmen, weil es sonst beißt, und zum zweiten kam es, als sich ein Freund von Hans, als sie Pferd spielten, so stark verletzte, daß er blutete.« (Wolpe und Rachman, S. 398)

Abgesehen davon, daß die Spielgefährtin nicht allgemein gewarnt wurde, sich vor dem Pferd in acht zu nehmen, sondern speziell, nicht die Finger zum Pferd zu geben (vgl. GW VII: 265), ist dieses Ereignis so banal, daß danach in jener Zeit vermutlich alle Kinder »schon teilweise auf Angst vor Pferden konditioniert« gewesen sein dürften. Was nun den zweiten »unangenehmen Zwischenfall« betrifft, die Verletzung des kleinen Fritzl beim Pferdespielen, so kann er auf Hans allein schon deswegen keinen sehr großen, rein traumatischen Eindruck gemacht haben, weil Hans kurz nach Ausbruch der Phobie eben dieses Spiel mit dem neuen Dienstmädchen wiederholt: »›Am 3. März ist bei uns ein neues Mädchen eingetreten, das sein besonderes Wohlgefallen erregt. Da sie ihn beim Zimmerreinigen aufsitzen läßt, nennt er sie nur ›mein Pferd‹ und hält sie immer am Rock, ›Hüoh‹ rufend.‹« (GW VII: 266; vgl. auch das Pferdespiel in GW VII: 287) Was den »empfindsamen« Hans angeht, der »unruhig wurde, wenn er im Ringelspiel Pferde schlagen sah«, so sollte man dies insofern nicht überinterpretieren, da andererseits der Knabe sich in Schlagephantasien ergeht:

»›Den Pferden schadet es ja nichts, wenn man sie schlägt. [...] Ich hab's einmal wirklich getan. Ich hab' einmal die Peitsche gehabt und hab' das Pferd gepeitscht und es ist umgefallen und hat mit den Füßen Krawall gemacht.‹

[...]

Hans: ›*Was ich dir da erzähl', ist gar nicht wahr.*‹« (GW VII: 315; Hervorhebungen im Original)

Das Umfallen des Stellwagenpferdes scheint schließlich auch ein recht banales (und wahrscheinlich nicht seltenes) Ereignis gewesen zu sein, denn wir erfahren von ihm erst durch die Analyse; die dabei anwesende Mutter hat das Ereignis offensichtlich nicht unmittelbar für berichtenswert gehalten. Danach hatte also der Knabe, der sicher keineswegs zuvor schon eine besondere Angst vor Pferden hatte (denn sein wohlwollendes Interesse an Pferden, ihrem »Wiwimacher« und Pferdespielen ist gut belegt), durch eine einzige letztlich wenig traumatische Erfahrung eine Pferdephobie akquiriert, etwas, was experimentell bis heute trotz einiger Anstrengungen noch nicht hervorgerufen werden konnte, und der Fall des kleinen Hans wäre somit nicht nur ein Meilenstein in der Geschichte der Psychoanalyse, sondern auch der Lerntheorie. Was Wolpes und Rachmans »alternativer Sicht« nun aber restlos allen Wert nimmt, ist die Tatsache, daß Hans bereits vor dem »traumatischen Ereignis« zuerst unbestimmte Angst und dann nicht begründbare Furcht vor der Straße zeigt, bis schließlich – offensichtlich durch den Anblick des stürzenden Pferdes hervorgerufen – die Angst sich nun Pferde als Objekt sucht, das große Rätsel somit vielmehr in der vorgeschalteten, nicht an Pferde gebundenen Angst liegt. Dies wird von Freud auch nachdrücklich betont, und es ist befremdlich, daß sich Wolpe und Rachman mit solcher Leichtigkeit über die Logik zeitlicher Verhältnisse hinwegsetzen:

> »Auch seine, an zwei Abenden hintereinander vor dem Schlafengehen wiederholten, ängstlichen und noch deutlich zärtlich getönten Zustände beweisen, daß zu Beginn der Erkrankung eine Phobie vor der Straße oder dem Spaziergange oder gar vor den Pferden noch gar nicht vorhanden ist.« (GW VII: 261),

und an anderer Stelle: »Dem Gelegenheitsanlasse für den Ausbruch der Krankheit zu viel Einfluß zuzuschreiben, verbieten die zeitlichen Verhältnisse, denn Andeutungen von Ängstlichkeit waren bei Hans lange vorher, ehe er das Stellwagenpferd auf der Straße umfallen sah, zu beobachten.« (GW VII: 367)*

Auch Freud benutzt in seinem Erklärungsmodell das Prinzip der assoziativen Verknüpfung, und auch er geht davon aus, daß die Verknüpfung der Angst mit dem Pferd durch Vorerfahrungen des kleinen Hans sehr erleichtert wird, wobei er natürlich nicht die naive und schwer haltbare Annahme einer eigentlich traumatischen Vorerfahrung macht:

> »Immerhin knüpfte die Neurose direkt an dieses akzidentelle Erlebnis an und bewahrte die Spur desselben in der Erhebung des Pferdes zum Angstobjekt. Eine ›traumatische Kraft‹ kommt diesem Eindrucke an und für sich nicht zu; nur die frühere Bedeutung des Pferdes als Gegenstand der Vorliebe und des Interesses und die Anknüpfung an das traumatisch geeignetere Erlebnis in Gmunden, wie Fritzl beim Pferdespiele umfiel, sowie der leichte Assoziationsweg von Fritzl zum Vater, haben den zufällig beobachteten Unfall mit so großer Wirksamkeit ausgestattet. Ja, wahrscheinlich hätten auch diese Beziehungen nicht ausgereicht, wenn nicht dank der Schmiegsamkeit und der Vieldeutigkeit der Assoziationsverknüpfungen der gleiche Eindruck sich auch geeignet erwiesen hätte, an den zweiten der

* Nicht ganz eindeutig geht im übrigen aus der Fallgeschichte hervor, ob das Umfallen des Stellwagenpferdes der diffusen Angstentwicklung oder der Entstehung der Pferdephobie unmittelbar vorausging, obwohl das letztere sehr viel wahrscheinlicher ist. Im ersten Fall wäre das Modell Wolpes und Rachmans zwar nach wie vor sehr wenig plausibel, würde aber wenigstens nicht in direktem Widerspruch zur Chronologie der Ereignisse stehen. Erklärungsbedürftig wäre aber dann, warum zwischen Trauma und sinngemäß zugehöriger Phobie eine Latenz von mehreren Tagen liegt.

im Unbewußten bei Hans lauernden Komplexe, an den von der Niederkunft der graviden Mutter, zu rühren. Von da an war der Weg zur Wiederkehr des Verdrängten eröffnet, und nun wurde er in der Weise beschritten, daß das *pathogene Material auf den Pferdekomplex umgearbeitet (transponiert) und die begleitenden Affekte uniform in Angst verwandelt erschienen.*« (GW VII: 367f.; Hervorhebungen im Original)

Wie sicher auch im Interesse des Lesers, übergehe ich die weiteren Hinweise von Wolpe und Rachman auf die Adäquatheit ihres Konditionierungsmodells und beende das Kapitel mit dem Schlußkommentar von Eschenröder: »Nach meiner Einschätzung stimmt die lerntheoretische Alternativerklärung von Wolpe und Rachman wesentlich besser mit den vom Vater berichteten Tatsachen überein als die Hypothesen Freuds.« (Eschenröder 1986, S. 72)

Nun, das ist Geschmackssache und hängt wohl vor allem davon ab, welchen Anspruch man an die Stringenz und den Erklärungswert wissenschaftlicher Konzepte stellt.

Literaturverzeichnis

AIGNER, D.
1971. *Die Indizierung »schädlichen und unerwünschten Schrifttums« im Dritten Reich.* Frankfurt/M.: Buchhändler-Vereinigung.

ANONYMUS
1904. »Rezension von S. Freud: Zur Psychopathologie des Alltagslebens«. *Wiener klinische Wochenschrift* 27, 854.

ANONYMUS
1906. »Interpretation of obsessions«. [Sammelreferat mehrerer Arbeiten auf dem Gebiet der Psychopathologie, u. a. von Freuds »Bruchstück einer Hysterie-Analyse« und »Drei Abhandlungen zur Sexualtheorie«] *Psychological Bulletin* 3, 280–283.

ASCHAFFENBURG, G.
1906. »Die Beziehungen des sexuellen Lebens zur Entstehung von Nerven- und Geisteskrankheiten«. *Münchener Medizinische Wochenschrift* 53, 1793–1798.

BAILEY, P.
1965. *Sigmund the unserene. A tragedy in three acts.* Springfield: Charles C. Thomas.

BALLY, G.
1934. »Deutschstämmige Psychotherapie«. *Neue Zürcher Zeitung* 27. Februar 1934, Blatt 2.
1961. *Einführung in die Psychoanalyse Sigmund Freuds.* Reinbek bei Hamburg: Rowohlt.

BINSWANGER, L.
1956. *Erinnerungen an Sigmund Freud.* Bern: Francke.

BIRK
1910. »Rezension von S. Freud: Drei Abhandlungen zur Sexualtheorie«. *Monatsschrift für Kinderheilkunde* 9, 190–191.

BLEULER, E.
1896. »Rezension von J. Breuer und S. Freud: Studien über Hysterie«. *Münchener Medicinische Wochenschrift* 43, 524–525.
1906. [Brief an die Redaktion der Zeitschrift »Centralblatt für Nervenheilkunde und Psychiatrie«]. *Centralblatt für Nervenheilkunde und Psychiatrie* 29, 460–461.

BLOCH, E.
1985. (Originalausgabe 1935) *Werkausgabe/Ernst Bloch. Bd. 4. Erbschaft dieser Zeit.* Frankfurt/M.: Suhrkamp (Suhrkamp-Taschenbuch Wissenschaft 553).

BRECHT, K., FRIEDRICH, V., HERMANNS, L. M., KAMINER, I. J. & JUELICH, D. H. (Hrsg.)
1985. *»Hier geht das Leben auf eine sehr merkwürdige Weise weiter...« Zur Geschichte der Psychoanalyse in Deutschland.* Hamburg: Michael Kellner.

BREUER, J. & FREUD, S.
1895. *Studien über Hysterie.* Leipzig–Wien: Deuticke.

BROME, V.
1969. (engl. Originalausg. 1967) *Sigmund Freud und sein Kreis.* München: List.

BRY, I. & RIFKIN, A. H.
1962. »Freud and the history of ideas: Primary sources, 1886–1910«. In: Masserman, J. H. (Ed.): *Science and Psychoanalysis. Vol 5. Psychoanalytic Education.* New York: Grune & Stratton, S. 6–36.

BUMKE, O.
1906. »Rezension von S. Freud: Bruchstück einer Hysterie-Analyse«. *Schmidt's Jahrbücher der in- und ausländischen Gesammten Medizin* 289, 168–169.
1931. *Die Psychoanalyse. Eine Kritik.* Berlin: Springer.
1938. *Die Psychoanalyse und ihre Kinder. Eine Auseinandersetzung mit Freud, Adler und Jung.* (2. Auflage) Berlin: Springer.

BURCKHARD, M.
1900. »Ein modernes Traumbuch«. *Die Zeit* 6. Jänner 1900, Nr. 275, 9–11, und 13. Jänner 1900, Nr. 276, 25–27.

CAMPBELL, C.
1957. *Induced delusions. The psychopathy of Freudism.* Chicago: Regent House.

CIMBAL, W.
1904. »Rezension von S. Freud: Zur Psychopathologie des Alltagslebens«. *Journal für Psychologie und Neurologie* 4, 70–71.
1933. Bericht des Geschäftsführers über die Weiterführung des Zentralblattes und der »allgemeinen ärztlichen Gesellschaften für Psychotherapie«. *Zentralblatt für Psychotherapie* 6, 141–144.
1934 a. »Aktuelles«. *Zentralblatt für Psychotherapie* 7, I–II.
1934 b. »Aufgaben und Wege zu einer deutschen Seelenheilkunde«. In: Göring, M. H. (Hrsg.): *Deutsche Seelenheilkunde.* Leipzig: Hirzel, S. 108–118.

CLARK, R. W.
1985. (engl. Originalausg. 1979). *Sigmund Freud.* Frankfurt/M.: Fischer Taschenbuch Verlag, Fischer Taschenbuch 5647 (deutsche Erstausgabe 1981, Frankfurt/M.: S. Fischer).

CLARKE, J. M.
1896. »Rezension von J. Breuer und S. Freud: Studien über Hysterie«. *Brain* 19, 401–414.

COHN, J.
1906. »Rezension von S. Freud: Der Witz und seine Beziehung zum Unbewußten«. *Zeitschrift für Psychologie* 43, 143–145.

CREMERIUS, J. (Hrsg.)
1981. *Die Rezeption der Psychoanalyse in der Soziologie, Psychologie und Theologie im deutschsprachigen Raum bis 1940.* Frankfurt/M.: Suhrkamp Taschenbuch Verlag.

DAVISON, G. C. & NEALE, J. M.
1984. (amer. Originalausgabe in 1. Auflage 1974) *Klinische Psychologie – Ein Lehrbuch* (2. durchgesehene Auflage). München: Urban & Schwarzenberg.

DECKER, H.
1971. »The medical reception of Psychoanalysis in Germany, 1894–1907; Three brief studies«. *Bulletin of the History of Medicine* 45, 461–481.
1975. »The interpretation of dreams: Early reception by the educated German public«. *Journal of the History of the Behavioral Sciences* 11, 129–141.
1977. »Freud in Germany. Revolution and reaction in science, 1893–1907«. *Psychological Issues* Vol. XI, No. 1, *Monograph* 41, New York: International Universities Press.

EGYEDI, H.
1933. *Die Irrtümer der Psychoanalyse. Eine Irrlehre mit einem genialen Kern.* Wien–Leipzig: Wilhelm Braumüller.

EISSLER, K. R.
1958. »Julius Wagner-Jaureggs Gutachten über Freud und seine Studien zur Psychoanalyse. Entgegnung auf Prof. Josef Gicklhorns wissenschaftliche Notiz«. *Wiener klinische Wochenschrift* 70, 401–407.
1965. *Medical orthodoxy and the future of psychoanalysis.* New York: International Universities Press.
1966. *Sigmund Freud und die Wiener Universität. Über die Pseudo-Wissenschaftlichkeit der jüngsten Wiener Freud-Biographik.* Bern–Stuttgart: Hans Huber.
1971. *Talent and genius: The fictitious case of Tausk contra Freud.* New York: Quadrangle Books.
1979. *Freud und Wagner-Jauregg vor der Kommission zur Erhebung militärischer Pflichtverletzungen.* Wien: Löcker.
1985. »Eine biographische Skizze«. In: Freud, E., Freud, L. & Grubrich-Simitis, I. (Hrsg.) *Sigmund Freud. Sein Leben in Bildern und Texten.* Frankfurt/M.: Suhrkamp, 10–39.

ELLENBERGER, H. F.
1973. (amer. Originalausg. 1970) *Die Entdeckung des Unbewußten.* Bern: Hans Huber (mittlerweile liegt auch eine ungekürzte, einbändige Taschenbuchausgabe vor: 1985, Zürich: Diogenes).

ELLIGER, T. J.
1986. *S. Freud und die akademische Psychologie: ein Beitrag zur Rezeptionsgeschichte der Psychoanalyse in der deutschen Psychologie (1895–1945).* Weinheim: Deutscher Studienverlag; Weinheim–Basel: Beltz.

ESCHENRÖDER, CH. T.
1986. *Hier irrte Freud. Zur Kritik der psychoanalytischen Theorie und Praxis* (2. Auflage). München–Weinheim: Psychologie-Verlags-Union Urban & Schwarzenberg.

EULENBURG, A.
1906. »Rezension von S. Freud: Drei Abhandlungen zur Sexualtheorie«. *Medizinische Klinik* 28, 740.

EYSENCK, H. J.
1956. »Woran krankt die Psychoanalyse?« *Der Monat* 8, 18–28.
1975. (engl. Originalausg. 1973) *Die Ungleichheit der Menschen.* München: List.
1977. (engl. Originalausg. 1976) *Die Zukunft der Psychologie.* München: List.
1980. (engl. Originalausg. 1964, 1977) *Kriminalität und Persönlichkeit.* Frankfurt/M.: Ullstein (deutsche Erstausgabe 1977, Wien: Europaverlag).
1985. (engl. Originalausg. 1985) *Sigmund Freud: Niedergang und Ende der Psychoanalyse.* München: List.
1986. »Psychologie als Lebenshilfe.« – »?« – »Was kann die Psychologie leisten?« *Deutsche National-Zeitung* 36, Heft 4–6 (17.1.86, 24.1.86, 31.1.86).

EYSENCK, H. J. & WILSON, G. D.
1979. (engl. Originalausgabe 1973) *Experimentelle Studien zur Psychoanalyse Sigmund Freuds.* Wien: Europaverlag.

FISCHER, O.
1910. »Rezension von S. Freud: Drei Abhandlungen zur Sexualtheorie, Über Psychoanalyse, Eine Kindheitserinnerung des Leonardo da Vinci«. *Prager Medizinische Wochenschrift* 50, 625.

FLOURNOY, TH.
1903. »Rezension von S. Freud: Die Traumdeutung«. *Archives de Psychologie* 2, 72–73.

FREUD, E., FREUD, L. & GRUBRICH-SIMITIS, I. (Hrsg.)
1985. *Sigmund Freud. Sein Leben in Bildern und Texten.* Frankfurt/M.: Suhrkamp (Erstausgabe 1976, Frankfurt/M.: Suhrkamp).

FREUD, S.
1940–1952. *Gesammelte Werke* (18 Bände). London: Imago Publishing Co; Bd. 18, 1968 Frankfurt/M.: S. Fischer; seit 1960 die gesamte Edition bei S. Fischer, Frankfurt/M.; im weiteren abgekürzt als GW, die Bandnummer ist mit römischen Ziffern bezeichnet.
1969–1975. *Studienausgabe* (10 Bände sowie unnumerierter Ergänzungs-

band), Frankfurt/M.: S. Fischer; im weiteren abgekürzt als St.A., die Bandnummer ist mit römischen Ziffern bezeichnet.

1975. *Konkordanz und Gesamtbibliographie* (zusammengestellt von Ingeborg Meyer-Palmedo). Frankfurt/M.: S. Fischer.

... Werke Sigmund Freuds im Fischer Taschenbuch Verlag. Frankfurt/M.: Fischer Taschenbuch Verlag; im weiteren abgekürzt als FTB mit Angabe der Bandnummer.

Die nachfolgende Bibliographie basiert im wesentlichen auf der in der *Standard Edition* enthaltenen Gesamtbibliographie, die ich nach Sigmund Freud 1975, Konkordanz und Gesamtbibliographie, S. 79–103, wiedergebe. Nicht alle Schriften sind dabei verzeichnet, sondern meist nur im Kontext des vorliegenden Bandes erwähnte, wobei die alphabetischen Siglen der Gesamtbibliographie beibehalten wurden.

1884e. »Ueber Coca«, *Zentbl. ges. Ther.*, Bd. 2, S. 289.

1885a. »Beitrag zur Kenntniß der Cocawirkung«, *Wien med. Wschr.*, Bd. 35 (5), S. 129.

1885b. »Über die Allgemeinwirkung des Cocains«, *Med.-chir. Zentbl.*, Bd. 20 (32), S. 374.

1888b. »Aphasie«, »Gehirn (I. Anatomie des Gehirns)«, »Hysterie« und »Hysteroepilepsie« in A. Villaret, *Handbuch der gesamten Medizin*, Bd. 1, Stuttgart (Die Autorschaft beruht auf Vermutung, da die Artikel nicht gezeichnet sind). Nachdruck bei Vogel (1953–1954).

1891b. *Zur Auffassung der Aphasien. Eine kritische Studie.* Leipzig-Wien: Deuticke.

1893a. Mit Breuer, J., »Über den psychischen Mechanismus hysterischer Phänomene«. GWI, S. 81.

1893c. »Quelques considérations pour une étude comparative des paralysies motrices organiques et hystériques«. GW I, S. 37.

1893f. »Charcot« (Nachruf). GW I, S. 19.

1894a. »Die Abwehr-Neuropsychosen«. GW I, S. 57.

1895b. [1894] »Über die Berechtigung, von der Neurasthenie einen bestimmten Symptomenkomplex als ›Angstneurose‹ abzutrennen«. GW I, S. 313; St.A. VI, S. 25.

1895d. Mit Breuer, J., *Studien über Hysterie*, Wien; Neuausgabe Fischer Taschenbuch Verlag, Frankfurt/M., 1970 (FTB 6001). Ohne Breuers Beiträge: GW I, S. 75; St.A. Ergänzungsband, S. 37.

1895f. »Zur Kritik der ›Angstneurose‹«. GW I, S. 355.

1896a. »L'hérédité et l'étiologie des névroses«. GW I, S. 405.

1896b. »Weitere Bemerkungen über die Abwehr-Neuropsychosen«. GW I, S. 377.

1896c. »Zur Ätiologie der Hysterie«. GW I, S. 423; St.A. VI, S. 51.

1897b. *Inhaltsangaben der wissenschaftlichen Arbeiten des Privatdozenten Dr. Sigmund Freud* (1877–1897), Wien, GW I, S. 461.

1898a. »Die Sexualität in der Ätiologie der Neurosen«. GW I, S. 489; St.A. V, S. 11; FTB 6732.

1899a. »Über Deckerinnerungen«. GW I, S. 529.

1900a. *Die Traumdeutung*. GW II/III; St.A. II; FTB 6344.

1901a. *Über den Traum.* GW II/III, S. 643; FTB 6073.

1901b. *Zur Psychopathologie des Alltagslebens.* GW IV; FTB 6079.

1905a. [1904] »Über Psychotherapie«. GW V, S. 11; St.A., Ergänzungsband, S. 107; FTB 6016.

1905c. *Der Witz und seine Beziehung zum Unbewußten.* GW VI; St.A. IV, S. 9; FTB 6083.

1905d. *Drei Abhandlungen zur Sexualtheorie.* GW V, S. 27; St.A. V, S. 27; FTB 6044.

1905e. [1901] »Bruchstück einer Hysterie-Analyse«. GW V, S. 161; St.A. VI, S. 83; FTB 6736.

1906a. [1905] »Meine Ansichten über die Rolle der Sexualität in der Ätiologie der Neurosen«. GW V, S. 147; St.A. V, S. 147; FTB 6732.

1907a. [1906] *Der Wahn und die Träume in W. Jensens »Gradiva«.* GW VII, S. 29; St.A. X, S. 9; FTB 6172.

1907c. »Zur sexuellen Aufklärung der Kinder«. GW VII; S. 17; St.A. V, S. 159; FTB 6044.

1908c. »Über infantile Sexualtheorien«. GW VII, S. 169; St.A. V, S. 169; FTB 6044.

1908d. »Die ›kulturelle‹ Sexualmoral und die moderne Nervosität«. GW VII, S. 141; St.A. IX, S. 9; FTB 6044.

1909b. »Analyse der Phobie eines fünfjährigen Knaben«. GW VII, S. 241; St.A. VIII, S. 9; FTB 6715.

1909d. »Bemerkungen über einen Fall von Zwangsneurose«. GW VII, S. 379; St.A. VII, S. 31; FTB 6745.

1910a. [1909] *Über Psychoanalyse.* GW VIII, S. 1; FTB 6016.

1910k. »Über ›wilde‹ Psychoanalyse«. GW VIII, S. 117.

1911c. [1910] »Psychoanalytische Bemerkungen über einen autobiographisch beschriebenen Fall von Paranoia (Dementia paranoides)«. GW VIII, S. 239; St.A. VII, S. 133; FTB 6745.

1912g. »Einige Bemerkungen über den Begriff des Unbewußten in der Psychoanalyse«. GW VIII, S. 429; St.A. III, S. 25.

1912–13. *Totem und Tabu.* GW IX, St.A. IX; S. 287; FTB 6053.

1913j. »Das Interesse an der Psychoanalyse«. GW VIII, S. 389; FTB 6016.

1914c. »Zur Einführung des Narzißmus«. GW X, S. 137; St.A. III, S. 37; FTB 6394.

1914d. »Zur Geschichte der psychoanalytischen Bewegung«. GW X, S. 43; FTB 6096.

1915b. »Zeitgemäßes über Krieg und Tod«. GW X, S. 323; St.A. IX, S. 33.

1915c. »Triebe und Triebschicksale«. GW X, S. 209; St.A. III, S. 75; FTB 6394.

1915d. »Die Verdrängung«. GW X, S. 247; St.A. III, S. 103; FTB 6394.

1915e. »Das Unbewußte«. GW X, S. 263; St.A. III, S. 119; FTB 6394.

1916–17. [1915–1917] *Vorlesungen zur Einführung in die Psychoanalyse.* GW XI; St.A. I, S. 33; FTB 6348.

1917a. [1916] »Eine Schwierigkeit der Psychoanalyse«. GW XII, S. 1; FTB 6016.

1918b. [1914] »Aus der Geschichte einer infantilen Neurose«. GW XII, S. 27; St.A. VIII, S. 125; FTB 6764.

1920g. *Jenseits des Lustprinzips.* GW XIII, S. 1; St.A. III, S. 213; FTB 6394.

1921c. *Massenpsychologie und Ich-Analyse.* GW XIII, S. 71; St.A. IX, S. 61; FTB 6054.

1923a. [1922] »›Psychoanalyse‹ und ›Libidotheorie‹«. GW XIII, S. 209.

1923b. *Das Ich und das Es.* GW XIII, S. 235; St.A. III, S. 273; FTB 6394.

1924f. [1923] »Kurzer Abriß der Psychoanalyse«. GW XIII, S. 403.

1925d. [1924] *Selbstdarstellung.* GW XIV, S. 31; FTB 6096.

1925e. [1924] »Die Widerstände gegen die Psychoanalyse«. GW XIV, S. 97; FTB 6096.

1926e. *Die Frage der Laienanalyse.* GW XIV, S. 207; St.A., Ergänzungsband, S. 271; FTB 6016.

1927a. »Nachwort zur *Frage der Laienanalyse*«. GW XIV, S. 287; St.A., Ergänzungsband, S. 342; FTB 6016.

1927c. *Die Zukunft einer Illusion.* GW XIV, S. 323; St.A. IX, S. 135; FTB 6054.

1930a. [1929] *Das Unbehagen in der Kultur.* GW XIV, S. 419; St.A. IX, S. 191; FTB 6043.

1931b. »Über die weibliche Sexualität«, GW XIV, S. 515; St.A. V, S. 273; FTB 6044.

1933a. [1932] *Neue Folge der Vorlesungen zur Einführung in die Psychoanalyse.* GW XV; St.A. I, S. 447; FTB 6390.

1933b. [1932] *Warum Krieg?* GW XVI, S. 11; St.A. IX, S. 271.

1935a. *Postscript zu An Autobiographical Study.* Deutsch: *Nachschrift zur Selbstdarstellung.* GW XVI, S. 31.

1940a. [1938] *Abriß der Psychoanalyse.* GW XVII, S. 53 (nur Kapitel VI).

1940b. [1938] »Some Elementary Lessons in Psycho-Analysis«. GW XVII, S. 139.

1941e. [1926] Ansprache an die Mitglieder des Vereins B'nai B'rith. GW XVII, S. 49.

1950a. [1887–1902] *Aus den Anfängen der Psychoanalyse.* London; enthält den »Entwurf einer Psychologie« (1895); korrigierter Nachdruck der Paperbackausgabe des S. Fischer Verlages von 1962: Frankfurt/M., 1975.

1960a. *Briefe 1873–1939*. Hrsg. v. E. und L. Freud, Frankfurt/M., 2., erweiterte Aufl., 1968.
1963a. *Sigmund Freud/Oskar Pfister. Briefe 1909–1939*. Hrsg. v. E. L. Freud und H. Meng, Frankfurt/M.: S. Fischer.
1965a. *Sigmund Freud/Karl Abraham. Briefe 1907–1926*. Hrsg. v. H. C. Abraham und E. L. Freud, Frankfurt/M.: S. Fischer.
1971. Freud, S. *Selbstdarstellung – Schriften zur Geschichte der Psychoanalyse* (herausgegeben und eingeleitet von Ilse Grubrich-Simitis). Frankfurt/M.: Fischer Taschenbuch Verlag, Fischer Taschenbuch 6096.
1972. Sigmund Freud über Kriegsneurosen, Elektrotherapie und Psychoanalyse. Ein Auszug aus dem Protokoll des Untersuchungsverfahrens gegen Wagner-Jauregg im Oktober 1920. *Psyche* 26, 939–951.
1974. Sigmund Freud – C. G. Jung. *Briefwechsel*. Hrsg. v. W. McGuire und W. Sauerländer. Frankfurt/M.: S. Fischer.
1985a. Freud, S. *Briefe an Wilhelm Fließ 1887–1904*. Ungekürzte Ausgabe. Hrsg. v. Jeffrey Moussaieff Masson. Frankfurt/M.: S. Fischer.
1985b. Freud, S. *Übersicht der Übertragungsneurosen*. – Ein bisher unbekanntes Manuskript. Ediert und mit einem Essay versehen von Ilse Grubrich-Simitis. Frankfurt/M.: S. Fischer.

FREUD, S. & BREUER, J.
1970. (Erstausgabe 1895) *Studien über Hysterie*. Frankfurt/M.: Fischer Bücherei (Fischer Taschenbuch Verlag).

FRIEDLÄNDER, A.
1907a. »Sammelreferat. S. Freuds neuere Abhandlungen zur Neurosenfrage«. *Journal für Psychologie und Neurologie* 10, 201–213.
1907b. »Kurze Bemerkungen zu der Freud'schen Lehre über die sexuelle Ätiologie der Neurosen«. *Neurologisches Centralblatt* 26, 953–954.
1907c. »Über Hysterie und die Freudsche psychoanalytische Behandlung derselben«. *Monatsschrift für Psychiatrie und Neurologie* 22 (Ergänzungsheft), 45–54.
1910. »Hysterie und moderne Psychoanalyse (Autoreferat)«. *Monatsschrift für Psychiatrie und Neurologie* 27, 81–82.

FROMM, E.
1981a. (amer. Originalausg. 1959) *Sigmund Freud. Seine Persönlichkeit und seine Wirkung*. Frankfurt/M.: Ullstein.
1981b. (amer. Originalausgabe 1973) *Sigmund Freuds Psychoanalyse – Größe und Grenzen*. München: Deutscher Taschenbuch Verlag.

GARDINER, M. (Hrsg.)
1982. (amer. Originalausgabe 1971) *Der Wolfsmann vom Wolfsmann. Sigmund Freuds berühmtester Fall. Erinnerungen, Berichte, Diagnosen*. Frankfurt/M.: Fischer Taschenbuch Verlag (Fischer

Taschenbuch 6764) (Deutsche Erstausgabe 1972, Frankfurt/M.: S. Fischer).

GIBSON, H. B.
1981. *Hans Eysenck. The man and his work.* London: Peter Owen.

GICKLHORN, J.
1957. »Julius Wagner-Jaureggs Gutachten über Sigmund Freud und seine Studien zur Psychoanalyse«. *Wiener klinische Wochenschrift* 69, 533–537.

GICKLHORN, J. & GICKLHORN, R.
1960. *Sigmund Freuds akademische Laufbahn im Lichte der Dokumente.* Wien–Innsbruck: Urban & Schwarzenberg.

GICKLHORN, R.
1972. »Einleitung zu: Sigmund Freud über Kriegsneurosen, Elektrotherapie und Psychoanalyse«. *Psyche* 26, 939–941.

GIESSLER
1902. »Rezension von S. Freud: Ueber den Traum.« *Zeitschrift für Psychologie und Physiologie der Sinnesorgane* 29, 228–230.

GÖRING, M. H.
1933. Mitteilung des Reichsführers der »Deutschen allgemeinen ärztlichen Gesellschaft für Psychotherapie«. *Zentralblatt für Psychotherapie* 6, 140–141.
1934a. (Hrsg.) *Deutsche Seelenheilkunde. Zehn Aufsätze zu den seelenärztlichen Aufgaben unserer Zeit.* Leipzig: Hirzel.
1934b. »Vorwort«. In: Göring, M.H. (Hrsg.) *Deutsche Seelenheilkunde.* Leipzig: Hirzel, S. 7–8.
1934c. »Die nationalsozialistische Idee in der Psychotherapie«. In: Göring, M.H. (Hrsg.) *Deutsche Seelenheilkunde.* Leipzig: Hirzel, 11–16.
1936. »Weltanschauung und Psychotherapie«. *Zentralblatt für Psychotherapie* 9, 290–296.

HAENEL, H.
1904. »Rezension von S. Freud: Zur Psychopathologie des Alltagslebens (Vergessen, Versprechen, Vergreifen, Aberglaube und Irrthum)«. *Neurologisches Centralblatt* 23, 1045–1046.

HARMS, E.
1946. »Carl Gustav Jung – Defender of Freud and the Jews«. *Psychiatric Quarterly* 20, 199–230.

HATTINGBERG, H. V.
1934. »Neue Richtung, neue Bindung«. In: Göring, M.H. (Hrsg.) *Deutsche Seelenheilkunde.* Leipzig: Hirzel, 98–107 (*Zentralblatt für Psychotherapie* 7, 98–107).
1943. Neue Seelenheilkunde. Berlin: Buchholz & Weißwange Verlagsbuchhandlung.

HEYER, G. R.
1934. »Die Polarität, ein Grundproblem in Werden und Wesen der

deutschen Psychotherapie«. In: Göring, M. H. (Hrsg.) *Deutsche Seelenheilkunde.* Leipzig: S. Hirzel, S. 17–23 (*Zentralblatt für Psychotherapie* 7, 17–23).

HIRSCH, A. (Hrsg.)
1988. *Rechte Psychologie. Hans Jürgen Eysenck und seine Wissenschaft.* Heidelberg: Asanger.

HIRSCHMÜLLER, A.
1978. *Physiologie und Psychoanalyse in Leben und Werk Joseph Breuers.* Bern: Hans Huber.

HOCHE, A.
1910. »Eine psychische Epidemie unter Aerzten«. *Medizinische Klinik* 6, 1007–1010.

INFELD, M.
1896. »Rezension von J. Breuer und S. Freud: Studien über Hysterie«. *Wiener klinische Rundschau* 10, 877–878.
1907. »Rezension von S. Freud: Bruchstück einer Hysterie-Analyse«. *Wiener klinische Rundschau* 21, 561.

ISSERLIN, M.
1910. »Die psychoanalytische Methode Freuds«. *Zeitschrift für die gesamte Neurologie und Psychiatrie* 1, 52–80.

JAFFÉ, A.
1968. *Aus Leben und Werkstatt von C. G. Jung.* Zürich: Rascher.

JAHODA, M.
1985. (engl. Originalausg. 1977) *Freud und das Dilemma der Psychologie.* Frankfurt/M.: Fischer Taschenbuch Verlag, Fischer Taschenbuch 42276.

JANET, P.
1893. »Quelques définitions récentes de l'hystérie. III. Le rétrécissement du champ de conscience«. *Archives de Neurologie* 26 (77), 1–29.
1973. (Erstausgabe 1889) *L'Automatisme psychologique. Essai de psychologie experimentale sur les formes inférieures de l'activité humaine.* Réédité en 1973 selon le texte de la 4e édition par les soins de la societé Pierre Janet et du Laboratoire de Psychologie Pathologique de la Sorbonne avec le concours du Centre National de la Recherche Scientifique. Paris: Alcan.

JASPERS, K.
1959. (Erstausgabe 1913) *Allgemeine Psychopathologie* (7. Auflage). Berlin: Springer.

JENSSEN, CH.
1933. »Die Reform der Psychoanalyse durch C. G. Jung«. Kritische Gänge. *Literaturblatt der Berliner Börsen-Zeitung*, Nummer 20 (14. Mai 1933).

JONES, E.
1940. »Sigmund Freud«. *The International Journal of Psycho-Analysis* 21, 2–26.

1953. *The life and work of Sigmund Freud.* Vol. I: *The formative years and the great discoveries, 1856–1900.* New York: Basis Books; London: Hogarth Press; deutsche Übersetzung: Jones (1960 bzw. 1984 a).

1955. *The life and work of Sigmund Freud.* Vol. II: *Years of maturity, 1901–1919.* New York: Basis Books; London: Hogarth Press; deutsche Übersetzung: Jones (1962 bzw. 1984 b).

1957. *The life and work of Sigmund Freud.* Vol. III: *The last phase, 1919–1939.* New York: Basis Books; London: Hogarth Press; deutsche Übersetzung: Jones (1962 bzw. 1984 c).

1969. (engl. Originalausg. 1961) *Sigmund Freud. Leben und Werk.* Herausgegeben und gekürzt von L. Trilling. Frankfurt/M.: S. Fischer.

1984 a,b,c. (engl. Originalausg. 1953–1957) *Sigmund Freud – Leben und Werk,* Band 1, 2 und 3. München: Deutscher Taschenbuch Verlag (deutsche Erstausgabe 1960–1962; Bern: Hans Huber, unter dem Titel: Das Leben und Werk von Sigmund Freud).

JONES, M. C.

1924 a. »The elimination of children's fears«. *Journal of Experimental Psychology* 7, 382–390.

1924 b. »A laboratory study of fear: The case of Peter«. *The Pedagogical Seminary and Journal of Genetic Psychology* 31, 308–315.

JUNG, C. G.

1907. *Über die Psychologie der Dementia praecox.* Halle: C. Marhold.

1933. »Geleitwort«. *Zentralblatt für Psychotherapie* 6, 139–140.

1934. »Zur gegenwärtigen Lage der Psychotherapie«. *Zentralblatt für Psychotherapie* 7, 1–16.

1962. *Wandlungen und Symbole der Libido.* Leipzig–Wien: Deuticke.

1972. *Briefe. Erster Band 1906–1945.* (Herausgegeben von A. Jaffé in Zusammenarbeit mit G. Adler) Olten: Walter.

1974. (Originalausg. 1936) »Wotan«. In C. G. Jung: *Gesammelte Werke,* Band 10. Olten: Walter, 203–218.

1977 a. (Originalausgabe 1936). »The psychology of dictatorship«. In: *C. G. Jung speaking. Interviews and encounters.* (Herausgegeben von William McGuire und R. F. C. Hull). Princeton: Princeton University Press, 91–93.

1977 b. (Originalausgabe 1939) »Diagnosing the dictators«. In: *C. G. Jung speaking. Interviews and encounters.* (Herausgegeben von William McGuire und R. F. C. Hull). Princeton: Princeton University Press, 115–135.

JURJEVICH, R. M.

1974. *The hoax of Freudism.* Philadelphia: Dorrance and Company.

KANT, O.

1933. »Kritisches zur Charakterlehre Freuds und Adlers«. *Münchener Medizinische Wochenschrift* 80, 659.

KIMMERLE, G. (Hrsg.)
1986. *Freuds Traumdeutung: frühe Rezensionen 1899–1903.* Tübingen: edition diskord.

KÖHLER, TH.
1985. *Psychosomatische Krankheiten.* Stuttgart: Kohlhammer.
1987. *Das Werk Sigmund Freuds: Entstehung, Inhalt, Rezeption.* Band 1 von der hypnotischen Suggestionsbehandlung zur Theorie des Traumes. Eschborn: Fachbuchhandlung für Psychologie, Verlagsabteilung.

KORN, H.
1933. »Die Überwindung der Psychoanalyse«. Kritische Gänge. *Literaturblatt der Berliner Börsen-Zeitung*, Nummer 20 (14. Mai 1933).

KRAFFT-EBING, R. V.
1896. »Zur Suggestivbehandlung der Hysteria gravis«. *Zeitschrift für Hypnotismus* 4, 27–31.

KRANEFELDT, W. M.
1934. »Freud und Jung«. In: Göring, M. H. (Hrsg.) *Deutsche Seelenheilkunde.* Leipzig: S. Hirzel, S. 24–38 (*Zentralblatt für Psychotherapie* 7, 24–37).

KRETSCHMER, W.
1982. *Psychoanalyse im Widerstreit.* München–Basel: E. Reinhardt.

KRUEGER, F.
1933. »Die Psychoanalyse und das wirkliche Seelentum«. Kritische Gänge. *Literaturblatt der Berliner Börsen-Zeitung*, Nummer 20 (14. Mai 1933).

KRÜLL, M.
1979. *Freud und sein Vater: Die Entstehung der Psychoanalyse und Freuds ungelöste Vaterbindung.* München: C. H. Beck.

KÜNKEL, F.
1934. »Die dialektische Charakterkunde als Ergebnis der kulturellen Krise«. In: Göring, M. H. (Hrsg.) *Deutsche Seelenheilkunde.* Leipzig: Hirzel, S. 69–84 (*Zentralblatt für Psychotherapie* 7, 69–84).

KUSHNER, M. D.
1967. *Freud – A man obsessed.* Philadelphia: Dorrance and Company.

LADAME
1904. »Rezension von S. Freud: Zur Psychopathologie des Alltagslebens«. *Korrespondenzblatt für Schweizer Ärzte*, 704.

LA PIERE, R.
1974. (Originalausg. 1959) *The Freudian ethic.* Westport, Connecticut: Greenwood Press.

LEHMANN, G.
1943. *Die deutsche Philosophie der Gegenwart.* Stuttgart: Kröner.

LEVY-SUHL

1910. »Rezension von S. Freud: Drei Abhandlungen zur Sexualtheorie«. *Zeitschrift für Psychotherapie und Medizinische Psychologie* 2, 315–316.

LIEPMANN

1901. »Rezension von S. Freud: Ueber den Traum«. *Monatsschrift für Psychiatrie und Neurologie* 10, 237–239.

LOCKOT, R.

1985. *Erinnern und Durcharbeiten. – Zur Geschichte der Psychoanalyse und Psychotherapie im Nationalsozialismus.* Frankfurt/M.: Fischer Taschenbuch Verlag, Fischer Taschenbuch 3852.

LOHMANN, H.-M. (HRSG.)

1984. *Psychoanalyse und Nationalsozialismus. Beiträge zur Bearbeitung eines unbewältigten Traumas.* Frankfurt/M.: Fischer Taschenbuch Verlag, Fischer Taschenbuch 6780.

1986. *Freud zur Einführung.* Hamburg: Junius Verlag.

LORENZER, A.

1984. *Intimität und soziales Leid – Archäologie der Psychoanalyse.* Frankfurt/M.: S. Fischer.

LUDWIG, E.

1946. *Der entzauberte Freud.* Zürich: Carl Posen.

1948. *Doctor Freud: An analysis and a warning.* New York: Hellmann & Williams (deutsche Originalausgabe 1946).

MAAG, P.

1930. *Psychoanalyse und seelische Wirklichkeit.* München: J.F. Lehmann.

MALCOLM, J.

1986. (amer. Originalausgabe 1983) *Vater, lieber Vater...: aus dem Sigmund-Freud-Archiv.* Frankfurt: Ullstein.

MANNONI, O.

1971. (franz. Originalausg. 1968) *Sigmund Freud.* Reinbek bei Hamburg: Rowohlt.

MARCINOWSKI

1902. »Rezension von S. Freud: Ueber den Traum«. *Aerztliche Sachverständigen-Zeitung* 8, 125.

MARCUSE, L.

1982. (Erstausg. 1956) *Sigmund Freud. Das Geheimnis Mensch.* München: Wilhelm Heyne.

MASSON, J. M.

1984. (amer. Originalausg. 1984) *Was hat man dir, du armes Kind, getan? Sigmund Freuds Unterdrückung der Verführungstheorie.* Reinbek bei Hamburg: Rowohlt.

MAYLAN, CH.

1929. *Freuds tragischer Komplex – eine Analyse der Psychoanalyse.* München: E. Reinhardt.

MAYREDER, R.
1906. »Rezension von S. Freud: Drei Abhandlungen zur Sexualtheorie«. *Wiener klinische Rundschau* 20, 189–190.

MENTZ, P.
1901. »Rezension von S. Freud: Die Traumdeutung«. *Vierteljahresschrift für wissenschaftliche Philosophie* 25, 112–113.

MEYER, E.
1906. »Rezension von S. Freud: Drei Abhandlungen zur Sexualtheorie«. *Monatsschrift für Psychiatrie und Neurologie* 20, 92–93.

MILLER, A.
1983 (Erstausgabe 1981) *Du sollst nicht merken. Variationen über das Paradies-Thema.* Frankfurt/M.: Suhrkamp Taschenbuch Verlag.

MÖBIUS, P. J.
1904. »Rezension von S. Freud: Zur Psychopathologie des Alltagslebens (über Vergessen, Versprechen, Vergreifen, Aberglaube und Irrthum)«. *Schmidt's Jahrbücher der in- und ausländischen Gesammten Medizin* 281, 104.

MOLL, A.
1897a. »Probleme in der Homosexualität«. *Zeitschrift für Criminal-Anthropologie, Gefängnis-Wissenschaft und Prostitution* 1, 157–189.
1897b. *Untersuchungen über die Libido sexualis.* Berlin: Fischers Medicinische Buchhandlung, H. Kornfeld.
1909. *Das Sexualleben des Kindes.* Berlin: H. Walther.

MORRIS, N.
1974. *A man possessed. The case history of Sigmund Freud.* Los Angeles: Regent House.

MURALT, A. V.
1946/47. »C. G. Jungs Stellung zum Nationalsozialismus«. *Schweizer Annalen* 3, 692–703.

MUTHMANN, A.
1907. *Zur Psychologie und Therapie neurotischer Symptome. – Eine Studie aufgrund der Neurosenlehre Freuds.* Halle: C. Marhold.

NÄCKE, P.
1901. »Besprechung von Freed [sic], Die Traumdeutung«. *Archiv für Kriminal-Anthropologie und Kriminalistik* 7, 168.

NUNBERG, H. & FEDERN, E. (Hrsg.)
1976–1981. *Protokolle der Wiener Psychoanalytischen Vereinigung.* 4 Bände; Frankfurt/M.: S. Fischer.

OBHOLZER, K.
1980. *Gespräche mit dem Wolfsmann. Eine Psychoanalyse und die Folgen.* Reinbek bei Hamburg: Rowohlt.

PARIN, P.
1985. »Die freudlose Gasse«. *Konkret* 1985, Heft 3, 68–69.

PILCZ
1902. »Rezension von S. Freud: Ueber den Traum«. *Wiener klinische Rundschau* 30, 962.

PINCKNEY, E. R. & PINCKNEY, C.
1965. *The fallacy of Freud and psychoanalysis.* Englewood Cliffs, N.J.: Prentice-Hall.

PRAETORIUS, NUMA
1906. »Rezension von S. Freud: Drei Abhandlungen zur Sexualtheorie«. *Jahrbuch für sexuelle Zwischenstufen* 8, 729–748.

PRINZHORN, H. & MITTENZWEY, K. (Hrsg.)
1928. *Krisis der Psychoanalyse.* Leipzig: Der Neue Geist Verlag.

RACHMAN, S. (Hrsg.)
1963. *Critical essays on psychoanalysis.* Oxford: Pergamon Press.

RAIMANN, E.
1904. *Die hysterischen Geistesstörungen. Eine klinische Studie.* Leipzig–Wien: Franz Deuticke.
1924. *Zur Psychoanalyse.* Berlin–Wien: Urban & Schwarzenberg.

ROAZEN, P.
1973. (amer. Originalausg. 1969) *Brudertier – Sigmund Freud und Victor Tausk: Die Geschichte eines tragischen Konflikts.* Hamburg: Hoffmann und Campe.
1976. (amer. Originalausg. 1971, 1972, 1974) *Sigmund Freud und sein Kreis. Eine biographische Geschichte der Psychoanalyse.* Bergisch-Gladbach: Gustav Lübbe.

ROBACK, A. A.
1929. *Jewish influence in modern thought.* Cambridge/Mass.: Science Art Publications.

ROBERT, M.
1986. (franz. Originalausg. 1964) *Die Revolution der Psychoanalyse.* Frankfurt/M.: Fischer Taschenbuch Verlag (Bd. 6787), (deutsche Erstausgabe 1967, Frankfurt/M.: Fischer Bücherei).
1977. (franz. Originalausg. o.J.) *Sigmund Freud – zwischen Moses und Ödipus. Die jüdischen Wurzeln der Psychoanalyse.* Frankfurt/M.: Ullstein (deutsche Erstausgabe 1975, München: List).

SACHS, H.
1982. (amer. Originalausg. 1944) *Freud – Meister und Freund.* Frankfurt/M.: Ullstein.

SALEWSKI, W.
1931. *Die Psychoanalyse Sigmund Freuds. Grundfragen und Konsequenzen.* Stuttgart: Verlag der Christengemeinschaft.

SCHATZMANN, M.
1974. *Die Angst vor dem Vater.* Reinbek bei Hamburg: Rowohlt.

SCHEIDT, C. E.
1986. *Die Rezeption der Psychoanalyse in der deutschsprachigen Philosophie vor 1940.* Frankfurt/M.: Suhrkamp.

SCHEIDT, J. V.
1973. *Freud und das Kokain.* München: Kindler.

SCHNEIDER, C. M.
1901. »Rezension von Sigmund Freud: Die Traumdeutung«. *Jahrbuch für Philosophie und spekulative Theologie* 15, 475–476.

SCHÖPF, A.
1982. *Sigmund Freud.* München: C. H. Beck.

SCHULTZ, J. H.
1934. »Der Yoga und die deutsche Seele«. In: Göring, M. H. (Hrsg.) *Deutsche Seelenheilkunde.* Leipzig: Hirzel, 61–69 (*Zentralblatt für Psychotherapie* 7, 61–68).

SCHULTZ-HENCKE, H.
1934. »Die Tüchtigkeit als psychotherapeutisches Ziel.« In: Göring, M. H. (Hrsg.) *Deutsche Seelenheilkunde.* Leipzig: Hirzel, 84–97 (*Zentralblatt für Psychotherapie* 7, 84–97).

SCHUR, M.
1982. (amer. und engl. Originalausg. 1972) *Sigmund Freud – Leben und Sterben.* Frankfurt/M.: Suhrkamp Taschenbuch Verlag (deutsche Erstausgabe 1973, Frankfurt/M.: Suhrkamp).

SOKOLOFF, B.
1971. *The permissive society.* New Rochelle, N. Y.: Arlington House.

SPIELMEYER
1906 a. »Rezension von S. Freud: Bruchstück einer Hysterie-Analyse«. *Centralblatt für Nervenheilkunde und Psychiatrie* 29, 322–324.
1906 b. [Erwiderung auf Bleulers Brief an die Zeitschrift: »Centralblatt für Nervenheilkunde und Psychiatrie«]. *Centralblatt für Nervenheilkunde und Psychiatrie* 29, 461.

STERN, W.
1901. »Literaturbericht: S. Freud. Die Traumdeutung«. *Zeitschrift für Psychologie und Physiologie der Sinnesorgane* 26, 130–133.

STRÜMPELL, A. V.
1896. »Rezension von J. Breuer und S. Freud: Studien über Hysterie (1895)«. *Deutsche Zeitschrift für Nervenheilkunde* 8, 159–161.

SULLOWAY, F. J.
1982. (amer. Originalausgabe 1979) *Freud – Biologe der Seele. Jenseits der psychoanalytischen Legende.* Köln: Hohenheim.

SWALES, P. J.
1982. »Freud, Minna Bernays, and the conquest of Rome: New light on the origin of psychoanalysis«. *New American Review* 1, 1–23.
1986. »Freud, his teacher, and the birth of psychoanalysis«. In: Stepansky, P. E. (Ed.) *Freud: appraisals and reappraisals. Contributions to Freud studies.* Vol. 1. Hillsdale, N. J.: The Analytic Press.

THORNTON, E. M.
1983. *Freud and cocaine. The Freudian fallacy.* London: Blond & Briggs.

TIMPANARO, S.
1976. (ital. Originalausg. 1974) *The Freudian slip: Psychoanalysis and textual criticism.* London: N. L. B.

UMPFENBACH
1896. »Rezension von J. Breuer und S. Freud: Studien über Hysterie«. *Zeitschrift für Psychologie und Physiologie der Sinnesorgane* 10, 308–309.
1906. »Rezension von S. Freud: Bruchstück einer Hysterie-Analyse«. *Zeitschrift für Psychologie und Physiologie der Sinnesorgane* (I. Abt. *Zeitschrift für Psychologie*) 43, 239–240.

VOGEL, P.
1953/1954. »Eine erste, unbekannt gebliebene Darstellung der Hysterie von Sigmund Freud«. *Psyche* 7, 481–500.

WAGNER-JAUREGG, J.
1950. *Lebenserinnerungen* (herausgegeben und ergänzt von L. Schönbauer und M. Jantsch). Wien: Springer-Verlag.

WATSON, J. B. & RAYNER, R.
1920. »Conditioned emotional reactions«. *Journal of Experimental Psychology* 3, 1–14.

WEHR, G.
1985. *Carl Gustav Jung – Leben, Werk, Wirkung.* München: Kösel.

WEYGANDT, W.
1901. »Rezension von S. Freud: Die Traumdeutung«. *Centralblatt für Nervenheilkunde* 24, 548–549.
1904. »Rezension von S. Freud: Zur Psychopathologie des Alltagslebens«. *Jahresbericht über die Leistungen und Fortschritte auf dem Gebiete der Neurologie und Psychiatrie* 8, 964.

WIESENHÜTTER, E.
1974. *Freud und seine Kritiker.* Darmstadt: Wissenschaftliche Buchgesellschaft.

WITTELS, F.
1924. *Sigmund Freud. Der Mann – Die Lehre – Die Schule.* Leipzig–Wien–Zürich: E. P. Tal & Co.

WOHLGEMUTH, A.
1923. *A critical examination of psycho-analysis.* London: Allen & Unwin.

WOLFRAM, E.
1918. *Gegen Psycho-Analyse. Imagination: Zerrbild und Angesicht.* Leipzig: Max Altmann.

WOLPE, J. & RACHMAN, S.
1960. »Psychoanalytic evidence: a critique based on Freud's case of Little Hans«. *Journal of Nervous and Mental Disease* 130, 135–148.

1963. »Psychoanalytic evidence: a critique based on Freud's case of Little Hans«. In: Rachman, S. (Ed.): *Critical essays on psychoanalysis.* Oxford: Pergamon Press.

1979. (engl. Originalausgabe 1973) »Psychoanalytischer ›Beweis‹: Eine Kritik anhand von Freuds Fall des Kleinen Hans«. In: Eysenck, H.J. & Wilson, G.D. (Hrsg.): *Experimentelle Studien zur Psychoanalyse Sigmund Freuds.* Wien: Europaverlag, S. 379–407.

WOODWARD, J.

1959. »Emotional disturbances of burned children«. *British Medical Journal* 1, 1009–1013.

WUNDT, W.

1903. *Grundzüge der Physiologischen Psychologie* (5. völlig umgearbeitete Auflage). Leipzig: Engelmann.

ZIEHEN, T.

1904. »Rezension von S. Freud: Zur Psychopathologie des Alltagslebens«. *Deutsche Medizinische Wochenschrift* 30, 1251–1252.

ZIMMER, D. E.

1986. *Tiefenschwindel. Die endlose und die beendbare Psychoanalyse.* Reinbek bei Hamburg: Rowohlt.

ZWEIG, S.

1983. (Erstausgabe o. J.) *Die Heilung durch den Geist.* Frankfurt/M.: Fischer Taschenbuch Verlag, Fischer Taschenbuch 2300.

1984. (Erstausgabe 1944) *Die Welt von Gestern. Erinnerungen eines Europäers.* Frankfurt/M.: Fischer Taschenbuch Verlag, Fischer Taschenbuch 1152.

Personen- und Sachregister

Abraham, K. 31, 81 f., 134 ff., 166 f., 179, 220
Adler, A. 14 ff., 19, 28 f., 179
Aigner, D. 14, 213
Allgemeine Ärztliche Gesellschaft für Psychotherapie 22 ff.
Anna O. 51 f., 66, 86, 114, 205
Anti-Freud-Literatur
  Allgemeines 9 ff.
  Autoren 46 ff.
  Grundtypisches 35 ff.
  Politische Einordnung 93 ff.
Antisemitismus, antisemitisch 13 f., 22, 30, 135 ff., 154 f.
Aschaffenburg, G. 94, 150 ff., 213

Bailey, P. 10, 213
Bally, G. 87, 213
Bernays, Minna 37
Bernfeld, S. 33
Binswanger, L. 47
Birk 146, 154, 213
Bleuler, E. 130, 140, 149, 213
Bloch, E. 50, 213
Brecht, E. 33 f., 43, 214
Breuer, J. 52, 56, 66, 78, 115 f., 130, 205, 214
Bry, I. 134, 137 ff.
Bumke, O. 13 *Fußnote*, 14 f., 40, 148, 214

Carus, G. 16
Charcot, J. M. 45, 50, 52
Cimbal, W. 22, 24, 33, 140, 215
Clarke, J. M. 140, 213
Condillac, E. B. 33
Cremerius, J. 144, 215

Davison, G. C. 208 f., 215
Decker, H. 134, 137 f., 215
Deutsch, H. 168
Deutsche Gesellschaft für Psychotherapie 22 ff., 89
Deutsche Psychoanalytische Gesellschaft 33
»Deutsche Seelenheilkunde« 22, 25 ff., 33, 221
»Dora« 51, 71, 147 ff., 190

Ebbinghaus, H. 67
Egyedi, H. 13 *Fußnote*, 215
Einstein, A. 75
Eissler, K. R. 75 *Fußnote*, 83, 113, 137, 156 ff., 188 *Fußnote*, 215
Eitingon, M. 33, 179
Ellenberger, H. 10, 22, 35, 43 f., 51, 53, 56, 62, 66, 74, 83 ff., 113 ff., 128, 134 ff., 156 ff., 215
Elliger, T. 13 *Fußnote*, 141, 145, 154, 216
Ellis, H. 120, 125
Eschenröder, Ch. T. 10, 43, 46, 52, 59, 74, 84 f., 123, 127, 136, 154, 174 *Fußnote*, 190, 212, 216
Eulenburg, A. 146, 216
Eysenck, H. J. 10, 35 ff., 43 f., 46, 52, 54, 59 ff., 83 *Fußnote*, 84 f., 92, 102 ff., 113, 136, 190 f., 194, 216

Fechner, G. 68
Federn, P. 179
Fenichel, O. 33
Ferenczi, S. 134, 179
Fischer, O. 146, 216
Fließ, W. 47, 53, 57, 59, 78, 121, 173, 175 ff.
Flournoy, Th. 139, 143, 216
Freud, Anna 183 f.
Freud, Ernst 14, 216
Freud, Jakob 184 ff.
Freud, Lucie 14, 216
Freud, Sigmund
  Biographik 13 ff.
  Briefe an Wilhelm Fließ 47, 53, 57, 59, 78, 173, 175 ff., 219 f.

Freud, Sigmund (*Fortsetzung*)
Bruchstück einer Hysterie-Analyse 145, 147ff., 190, 218
Die Traumdeutung 69ff., 130, 137ff., 218
Drei Abhandlungen zur Sexualtheorie 119ff., 132, 134ff., 171ff., 218
Irma-Traum 76ff.
u. Kokain 37, 52f.
Selbstdarstellung 13, 55, 120f., 130f., 145, 182ff., 189, 219
Über den Traum
Zur Psychopathologie des Alltagslebens 72f., 140ff., 216
Friedländer, A. 94, 146, 148ff., 220
Fromm, E. 33, 80ff., 220

Gardiner, M. 134, 220
Gibson, H. B. 102ff., 221
Gicklhorn, J. 83, 165f., 221
Gicklhorn, R. 83, 156, 221
Giessler 144, 221
Goethe, J. W. v. 16f., 18
Göring, M. H. 22, 24f., 33, 221
Grubrich-Simitis, I. 14, 216

Haeberlin, C. 33
Haenel, H. 140, 221
Hamann, J. G. 16
Harms, E. 22, 30 *Fußnote*, 221
Hartmann E. v. 69
Hattingberg, H. v. 27, 221
Herbart, J. F. 16, 33, 68
Herder, J. G. v. 13
Heyer, G. R. 25, 221
Hirsch, A. 102, 222
Hirschmüller, A. 52, 56, 222
Hitler, A. 24, 87f., 136
Hoche, A. 94, 153f., 222
Horney, K. 33

Infeld, M. 148, 222
Internationale ärztliche Gesellschaft für Psychotherapie
(s. a. Überstaatliche ärztliche Gesellschaft für Psychotherapie) 22, 34, 86, 89
Irma-Traum 76ff.
Irrationalismus, irrational 15f., 25
Isserlin, M. 145, 154, 222

Jaffé, A. 34 *Fußnote*, 222
Janet, P. 55, 69, 85, 115ff., 129f., 222
Jaspers, K. 43, 222
Jenssen, Ch. 19ff., 222
Jones, E. 13, 54, 59, 68f., 72, 81f., 127, 131ff., 156ff., 179, 187, 222f.
Jones, M. C. 206ff., 223
Juden, Judentum, jüdisch 19, 22f., 29f., 131, 184ff.
Jung, C. G. 19ff., 33f., 49f., 71, 85ff., 98, 101, 130, 179, 223
Jurjevich, R. M. 10, 35 *Fußnote*, 42f., 84, 98, 101, 130, 168, 223

Kant, O. 14ff, 223
Kimmerle, G. 144, 224
Klages, L. 15f., 49f.
»Kleiner Hans« 11f., 190ff.
Köhler, Th. 43, 52, 56, 60, 77, 84, 86, 114, 116, 118, 135, 139, 224
Korn, H. 16, 18, 43, 224
Krafft-Ebing, R. 51f., 140, 224
Kranefeld, W. M. 22 *Fußnote*, 26, 33, 224
Kretschmer, E. 22f.
Kretschmer, W. 35f., 38ff., 46ff., 54, 83f., 224
Krueger, F., 18f., 25, 224
Krüll, M. 10, 83, 169ff., 224
Künkel, F. 27, 33, 224
Kushner, M. D. 10, 42, 224

Ladame 140, 224
La Piere, R. 10, 42f., 94ff., 109f., 224
Lehmann, G. 34, 224
Leibniz, G. W. 16f.
Levy-Suhl 146, 225
Liepmann 132, 144, 225
Lipps, Th. 68
Lockot, R. 89, 225
Lohmann, H.-M. 85, 225
Lorenzer, A. 171, 225
Löwenfeld, L. 141f.
Ludwig, E. 35ff., 46, 54
Lueger, K. 136
Luther, M. 18

Maag, P. 13 *Fußnote*, 225
Malcolm, J. 176, 225
Mann, Th. 18

Marcinowski 144, 225
Masson, J. M. 10, 63 f., 83, 169 ff., 225
Materialismus, materialistisch 14, 28, 101
Maylan, Ch. 13, 225
Mayreder, R. 146, 226
Mentz, P. 139, 142, 226
Meyer, E. 146, 226
Meynert, Th. 68
Mittenzwey, K. 13 *Fußnote*, 227
Möbius, P. J. 140, 226
Moll, A. 122 f., 128 f., 226
Morris, N. 10, 226
Muralt, A. v. 89, 226
Muthmann, A. 145 *Fußnote*, 226

Näcke, P. 139, 142, 226
Neale, J. M. 208 f., 215, 226
Nietzsche, F. 16 ff.

Obholzer, K. 190, 226
Originalität (siehe Priorität)

Parin, P. 93, 226
Pazifismus, pazifistisch 18, 75
permissive, permissiveness 41 f., 98 ff.
Pilcz 144, 227
Pinckney, C. 10, 42, 100 f., 111 f., 227
Pinckney, E. R. 10, 42, 100 f., 111 f., 227
Pötzl 158 ff.
Prätorius, N. 146, 227
Prinzhorn, H. 13 *Fußnote*, 227
Priorität
  Allgemeines 10, 13, 43, 55 f., 67ff., 113 ff.
  In der Anwendung des kathartischen Verfahrens 55, 114 ff.
  Bei der Entdeckung der infantilen Sexualität 92, 119 ff.
  Bei der Entdeckung des Unbewußten 16, 67 ff., 92
  In der Verdrängungslehre 117 ff.
Psychoanalyse, psychoanalytisch
  Ps. als Gesellschaftsgefährdung 18 ff., 22 *Fußnote*, 40 ff.
  Ps. und Kultur 40 ff., 94
  Ps. Menschenbild 16 ff., 38 ff., 94
  Ps. und Religion 32, 40 f., 48, 94

Rachman, S. 11, 190 ff., 227
Raimann, E. 13 *Fußnote*, 157 ff., 227
Rationalismus, rationalistisch, rational 15 f., 25, 32
»Rattenmann« 190
Rayner, R. 206 ff., 229
Reik, Th. 33
Rezensionen von
  Bruchstück einer Hysterie-Analyse 147 ff.
  Die Traumdeutung 134, 137 ff.
  Drei Abhandlungen zur Sexualtheorie 134, 145 ff.
  Studien über Hysterie 140
  Über den Traum 137 ff.
  Zur Psychopathologie des Alltagslebens 140 f.
Rezeption der Psychoanalyse 10 f., 13, 66
  während der NS-Zeit 14 ff.
Rifkin, A. 134, 137 ff., 214
Roazen, P. 53, 83, 168, 227
Robert, M. 13, 134, 227

Sachs, H. 33, 134, 227
Salewski, W. 13 *Fußnote*, 227
Schatzmann, M. 190, 227
Scheidt, J. v. 37, 53, 227
Schneider, C. M. 138, 142 f., 228
Schnitzler, A. 136
Schöpf, A. 134, 228
Schreber, D. P. 190
Schultz, J. H. 27, 33, 228
Schultz-Hencke, H. 27, 33, 228
Schur, M. 13, 54
Sexualität, infantile Sexualität 17 f., 20, 25 f., 31, 36 ff., 48, 53, 57 f., 100, 121 ff., 145 ff.
Sokoloff, B. 10, 42, 97 ff., 110 f., 228
Spielmeyer 148 ff., 228
Stern, W. 138, 142 ff.
Strümpell, A. v. 56, 140, 228
Süddeutsche Monatshefte 14, 94
Sulloway, F. 10, 43 f., 53, 56, 59, 62, 66, 71, 74, 83 ff., 91 ff., 113 f., 121 ff., 135 ff., 228
Swales, P. 83 *Fußnote* 28

Tausk, V. 83
Thornton, E. M. 10, 37, 41 ff., 50 ff., 62, 66, 85, 102, 106 ff., 136, 229
Timpanaro, S. 67, 229

Überstaatliche ärztliche Gesellschaft für Psychotherapie 22, 34, 86
Umpfenbach 140, 148, 229

Verführungstheorie 10f., 169ff.

Wagner-Jauregg, J. 11, 83, 134, 156ff., 229
»Wagner-Jauregg-Prozeß« 10ff., 83, 86, 156ff.
Watson, J. B. 206ff., 229
Wehr, G. 24, 229
Weygandt, W. 138, 140, 142, 229
Wiener Psychoanalytische Vereinigung 33
Wittels, F. 13, 229
Wohlgemuth, A. 43, 229
Wolfram, E. 13 *Fußnote*, 229
»Wolfsmann« 134
Wolpe, J. 11, 190ff., 229f.
Woodward, J. 206f., 230
Wundt, W. 144f., 230

Zentralblatt für Psychotherapie 22ff., 33f., 86
Ziehen, T. 140, 230
Zimmer, D. E. 10, 37, 43, 46, 50–54, 59f., 74ff., 85, 190, 230
Zweig, St. 13, 134, 230

Bitte umblättern:

Geist und Psyche
Begründet von Nina Kindler 1964

Psychoanalyse

Hilda Abraham
Karl Abraham
Band 42213

Raymond Battegay
Psychoanalytische Neurosenlehre
Band 42279

J. Cremerius / Sven O. Hoffmann / W. Trimborn
Psychoanalyse, Über-Ich und soziale Schicht
Band 42206

Kurt R. Eissler
Todestrieb, Ambivalenz, Narzißmus
Band 42208

Sándor Ferenczi
Zur Erkenntnis des Unbewußten
und andere Schriften zur Psychoanalyse
Band 42194

Anna Freud
Das Ich und die Abwehrmechanismen
Band 42001
Einführung in die Technik der Kinderanalyse
Band 42111

Marie Jahoda
Freud und das Dilemma der Psychologie
Band 42276

Werner W. Kemper
Der Traum und seine Be-Deutung
Band 42184

Werner W. Kemper (Hg.)
Psychoanalytische Gruppentherapie
Band 42094

Melanie Klein
Ein Kind entwickelt sich
Band 42222
Die Psychoanalyse des Kindes
Band 42291

Fischer Taschenbuch Verlag

fi 350 / 4 a

Geist und Psyche
Begründet von Nina Kindler 1964

Psychoanalyse

Peter Kutter
Psychoanalyse in der Bewährung
Band 42263

Peter Kutter/Jörg K. Roth
Psychoanalyse an der Universität
Band 42228

Stavros Mentzos
Neurotische Konfliktverarbeitung
Band 42239
Hysterie
Band 42212
Angstneurose
Band 42266

Humberto Nagera (Hg.)
Psychoanalytische Grundbegriffe
Band 42288

Horst Petri
Angst und Frieden
Band 42294

Hans G. Preuss
Illusion und Wirklichkeit
Band 42281

Theodor Reik
Die verschlungenen Wege des Selbst
Band 42235

Jürgen vom Scheidt
Der unbekannte Freud
Band 42292

Harold Stern
Die Couch
Band 42308

D. W. Winnicott
Von der Kinderheilkunde zur Psychoanalyse
Band 42249
Reifungsprozeß und fördernde Umwelt
Band 42255
Familie und individuelle Entwicklung
Band 42261

Anton Zottl
Otto Rank
Band 42229

Fischer Taschenbuch Verlag

fi 350/7b

Sigmund Freud
Briefe an Wilhelm Fließ 1887–1904
Ungekürzte Ausgabe

Herausgegeben von Jeffrey Moussaieff Masson
Bearbeitung der deutschen Fassung von Michael Schröter
Transkription von Gerhard Fichtner
Leinen. Mit zahlreichen Abb. und Faksimiles, XXXII + 613 S.

»Ganz ohne Publikum kann ich nicht schreiben, kann mir aber ganz gut gefallen lassen, daß ich es nur für Dich schreibe.« (18. Mai 1898)

Sigmund Freuds Briefe an seinen nahen Freund Wilhelm Fließ, den Berliner Hals-Nasen-Ohrenarzt und Biologen, hier erstmals ohne Kürzung veröffentlicht, sind das bewegende tagebuchartige Protokoll der tiefen wissenschaftlichen und persönlichen Krise, aus der Freud, von der akademischen Welt isoliert, in den neunziger Jahren des vergangenen Jahrhunderts das Paradigma der Psychoanalyse entwikkelte. Der Leser kann gleichsam die Geburt eines Ideensystems miterleben, welches wie kaum ein zweites das Denken unserer Zeit geprägt, das Wissen des Menschen über sich selbst von Grund auf revolutioniert hat.

(Der grundlegende ›Entwurf einer Psychologie‹ von 1895, der in der inzwischen vergriffenen Auswahl der Briefe mitabgedruckt war, wird demnächst, neu durchgesehen und ediert, in einem *Nachtragsband* zu Sigmund Freuds *Gesammelten Werken* wieder zugänglich sein.)

Sigmund Freud
Übersicht der Übertragungsneurosen
Ein bisher unbekanntes Manuskript

Ediert und mit einem Essay versehen von Ilse Grubrich-Simitis
Vollständiges Faksimile, mit einer Abbildung, Leinen, 128 Seiten.

Während des Ersten Weltkriegs schrieb Freud an einer Serie von zwölf grundlegenden Abhandlungen, die er unter dem Titel ›Zur Vorbereitung einer Metapsychologie‹ als Buch herausbringen wollte. Doch gelangten lediglich fünf der Aufsätze an die Öffentlichkeit, darunter die klassischen Schriften ›Das Unbewußte‹ und ›Trauer und Melancholie‹. Von den sieben anderen Texten fehlte bislang jede Spur. Ihr Inhalt, so Freud-Kenner, müsse von größtem Gewicht gewesen sein.

Überraschend wurde jetzt der Entwurf zur zwölften dieser metapsychologischen Abhandlungen, betitelt ›Übersicht der Übertragungsneurosen‹, entdeckt. Die als vollständiges Faksimile abgedruckte Handschrift enthält u.a. eine »phylogenetische Phantasie«, in der Freud – angeregt durch Sándor Ferenczis metabiologische Studien – kühn über die evolutionären Anfänge der Neurosen und Psychosen spekuliert.

Die Erstveröffentlichung bringt neben der wortgetreuen Transkription und einer mit zahlreichen Anmerkungen versehenen edierten Fassung einen begleitenden Essay der Herausgeberin.
Unter Verwendung unveröffentlichter Brief-Quellen erhellt sie darin den biographischen, den Werk- und den wisenschaftsgeschichtlichen Kontext des Manuskripts.

S. Fischer Verlag

fi 422/2